KB232394

글로벌시대의 기독교윤리

이장형

장로회신학대학교 신학과와 신학대학원을 졸업하였으며, 숭실대학교 대학원에서 라인홀드 니버에 관한 연구로 철학박사(윤리학 전공)학위를 받았다. 장신대, 숭실대, 한남대 등에서 강의했으며, 소망교회, 가나안교회 등에서 교육목회를 담당하기도 하였다. 2002년부터 현재까지 백석대학교 기독교윤리학 교수로 있다.

2012년 McCormick Theological Seminary 방문교수로 연구했으며, 한국연구재단 지원으로 '다문화 사회의 갈등분석과 극복 방안', '한치진의 윤리와 사상', '한국 기독교윤리학의 수용과 정립' 등에 관한 연구를 수행하였다. 기독교윤리학개론, 기독교문화신학, 종교와 문화, 종교사회학 등을 강의하며, 한국기독교사회윤리학회 회장 및 니버연구소(RISE) 소장, 기독교윤리실천운동 윤리연구소 운영위원, 미래목회포럼 자문위원, 새세대 교회윤리연구소 연구위원 등으로 활동하고 있다. 저서로는『라인홀드 니버의 사회윤리 구상과 인간이해』(2003, 선학사),『기독교윤리의 교육적 실천』(2004, 선학사),『기독교윤리학 개론』(공저, 2005, 대한기독교서회),『글로벌 시대의 기독교윤리』(2007, 북코리아) 등이 있으며 기독교와 사회, 문화, 정치, 인간론, 신학교육 등에 대한 다수의 논문이 있다.

글로벌시대의 기독교윤리

2007년 9월 5일 초판 발행
2012년 9월 20일 개정판 발행

지은이 • 이장형
펴낸이 • 이찬규
펴낸곳 • 북코리아
등록번호 • 제03-01157호
주소 • 462-807 경기도 성남시 중원구 상대원동 146-8
       우림2차 A동 1007호
전화 • (02) 704-7840
팩스 • (02) 704-7848
이메일 • sunhaksa@korea.com
홈페이지 • www.bookorea.co.kr

값 15,000원

ISBN 978-89-6324-237-8(93230)

글로벌시대의 기독교윤리

이장형 저

■ 머리말

부끄러움을 무릅쓰고 또 한 권의 책을 세상에 내어 놓습니다. 전문서적이 잘 안 읽히는 세상이라고 하지만, 그래도 책을 읽고 반응을 나타내는 전공 관련 학자, 학생들이 있기에 보람을 느낍니다. 책의 제목을 '글로벌시대의 기독교윤리'라 한 것은 급속하게 한 가족이 되어가는 세계화의 흐름에 한국 사회 및 기독교인들은 어떻게 대응해야 하는가 하는 고민들을 함께 나누고자 하는 의도에서 비롯되었습니다. 글의 내용은 주로 기독교 사회윤리적 시각에서 인간, 생명, 환경, 문화, 경제 등의 주제와 관련된 것들입니다. 최근 학회지 등에 발표한 논문을 기초로 해서 모두 열 두 장으로 된 책을 구성하게 된 것입니다.

사실 '윤리학'은 있으나 '윤리'는 부재한 사회 속에서 많은 갈등과 고민을 갖고 있는 사회에 또 하나의 책을 내어 놓으면서 보람과 걱정이 동시에 있습니다. 특히 한국사회에서 기독교를 바라보는 시각들이 점점 차가워지고 있다는 데서 위기감과 걱정을 동시에 느끼게 됩니다. 이런 분위기 가운데 이 책을 읽는 분들이 기독교문화 및 인간이해와 사회윤리 등에 대해 조금이라도 도움받을 수 있기를 기대

합니다. 우리 사회 기독교에는 여전히 소망이 있으며, 그런 기대를 갖고 있는 신학도들, 지성인들, 네티즌들을 대할 때 한 사람의 윤리학자로서 책임을 느끼며 전개한 논변들이기 때문입니다.

지리한 장마와 무더위, 여러 일들 가운데서도 제 연구와 집필을 위해 협력해 준 아내와 큰 꿈을 갖고 공부하고 있는 아들 본에게 감사한 마음입니다. 여러 사정 때문에 계획보다 많이 늦어졌기에 책을 약속한 사람들에게는 미안하기도 하지만, 제게는 두려움과 설렘이 함께 느껴집니다. 교수로서 활동할 수 있는 기회를 주신 하나님께 다시 한 번 감사하면서…….

연구년을 맞아 책을 꼼꼼히 읽으며 되짚어 보는 시간을 가졌습니다. 책을 본 독자들에게 송구할 정도로 오·탈자도 많았고, 문맥이 제대로 연결되지 않는 부분들도 많았습니다. 첫판의 틀을 크게 훼손하지 않는 범위 내에서 이해가 쉽도록 성의껏 고쳐보았습니다. 두 번째 판이 '글로벌 시대'를 어떻게 살아가야 할지 참고 삼을 수 있는 자료가 될 수 있길 소망합니다. 책에 대해 조언해 준 여러분들과 교정 작업을 도운 김용환 군의 건승을 기원합니다.

2012년 7월
멕코믹신학대에서
저자

■ 차례

머리말　5

제 1 부

기독교의 이미지와 문화적 접근

제1장

기독교의 공공성과 목회자의 이미지

1. 기독교의 공공(公共)성

최근 많은 관심을 끌고 있는 신학 용어 중 하나가 '공공신학' 혹은 '공적신학'이다. 공공 혹은 공적(public)이란 용어의 의미가 명확히 정해진 것은 아니지만, 기독교의 사회적 책임 및 윤리와 연관되어 이 용어가 많이 사용되고 있는 것으로 보인다. 사용하는 이마다 나름대로의 강조점을 갖고 다양한 의미로 사용되는 가운데서도, 최소한의 합의는 있는 것으로 보인다. 스택하우스(Max L. Stackhouse)는 '공공적' 혹은 '공적'이란 의미를 다음과 같이 설명하고 있다.[1] ① 기독교윤리는 공적인 주제들과 사건들을 다루어야 한다. ② 다른 종교인들이나 비기독교인들과 신학 및 윤리에 관해 공개적으로 토론하는 것은 타당하고 도리에 맞는 일이다. 그렇게 함으로써 그들의 생각과 삶의 방식을 바꿀 수도 있다. ③ 기독교윤리는 사회 구조 전체에 영향을 미치는 방식으로, 다양한 공적인 삶의 영역들의 문제들을 취급하게 된다.

그런데 왜 기독교는 전지구적 차원에서까지 '공적'인 종교가 되려고하는가? 스택하우스는 모든 인류를 사랑하는 하나님은 기독교인들이 세상 모든 사람들의 정의를 위해 노력하길 원하기 때문이라고 말한다. 이런 하나님을 믿는 모든 자들은 공적일 수밖에 없으며, 그 가능성에 대한 증인이 되어야 한다는 것이다. 세계화, 기업, 책임 경영 등과 관련된 문제에까지 미치는 기독교의 책임을 강조한 스택하우스의 사상이 오늘의 한국 사회에 주는 메시지를 생각해야 한다. 그는 "많은 사람들이 세계화가 단지 삶의 방식들을 변화시키는 이외에 종교나 신학 혹은 윤리와 관련하여 많은 가능성을 지니고 있다는 사실을 인식하지 못하고 있다. 세계화는 위협적일 수도 있고 희망을 가져다 줄 수도 있다"는 점을 지적하였다. 세계화(Globalization)의 화(ization)는 하나의 구(球, sphere), 수리상의 단일체, 존재론적 전체를 의미할 뿐만 아니라, 역사적인 과정이 진행되며 발생하고 있고 그것에 의해 어떤 다른 전체(whole 혹은 통일체)가 형성되고 있음을 암시한다. 공공신학에서는 과학기술 및 경제가 갖게 되는 종교 및 가치 문제와 관련되는 성격을 언급하는 것으로 보인다.

---

1) 이하의 논의는 2007년 6월 새세대 교회윤리연구소(NICE) 주관으로 장로회신학대학교에서 개최된 심포지엄의 발표 및 논의를 기초로 정리된 것임.

인간 역사에 있어서 경제 문제는 생각하는 것보다 훨씬 큰 영향을 미치는 경우가 많으며, 경제나 경영은 그 자체로서는 가치중립적인 문제이지만 그 이용에 따라서 다양한 파급 효과를 가져 오는 결과적으로는 가치지향적인 혹은 도덕적인 문제가 될 수도 있다. 그동안 인격성에 관한 논의는 주로 인간에게 집중되어 있었지만, 기업체 등 조직의 인격성과 윤리성에 관한 논의를 시도한 사람도 있다. 구원의 직접적인 대상은 아니라하더라도 기업체의 경우 잠재적인 면에서 인격성을 갖는 도덕적인 실재로 볼 수 있는 특성들을 갖고 있다. 즉 운용하는 인간들의 노력과 관심에 의해서 기업은 윤리적인 성격을 갖게 되는 것이다.[2]

기독교적 삶과 관련이 없는 것으로 여겨졌던 분야까지도 결국은 하나님의 주권 영역 하에 있음을 깨닫고, 하나님의 정의와 사랑을 구체적으로 펴나가는 것이 신앙인의 책무일 것이다. 특히 한국사회의 경우 기독교와 사회의 관계는 상당히 부정적인 갈등과 대립관계를 형성한 측면이 있다. 이를 극복하기 위해서는 기독교 및 교회의 공공성, 사회와의 연대감 및 고유한 정체성이 동시에 강조되어야 할 것이다. 한국 사회와 종교의 연관성을 논의하기 위해서 전통 문화 가운데 발견되는 공통의 이미지 몇 개를 살펴보고자 한다. 우리가 의식하지 못하고 있는 부분에까지 전통적인 종교적 이미지가 작용한 측면들이 있음을 보게 된다.

---

2) Max L. Stackhouse, *Public Theology and Poliyical Economy*, Eerdmans, 1987, pp.131
~132.

2. 종교 문화와 '수'의 의미

종교가 영향력을 행사하기 위해서는 내적인 면에 갖고 있는 종교 특유의 가치와 신앙을 삶 속에서 구현해야 한다. 그런데 어떻게 이런 과제를 실천해야 하는가? 이러한 과제를 해결하기 위해서는 외면적 유사성이 중요한 것이 아니고, 내재된 가치가 무엇인가가 중요하다. 대부분의 종교가 공유하고 있는 수에 대한 이미지에서도 종교와 문화의 공유점들을 볼 수 있다. 예를 들어 대부분의 종교가 3이나 1,000 등의 수를 선호한다. 문화적 차원에서 전개되는 이런 외적 유사성 논의를 비판할 필요가 없으며, 중요한 것은 기독교의 본질적인 가치를 잃고 있지 않고 나아가는 것이 중요한 것이다.[3]

1) '3'과 '천'의 의미

우리 민족이 의미를 부여하고 사용했던 수 중 대표적인 것이 '3'에 관한 특별한 관념이다. '3'이라는 수는 세계 어느 나라에서나 길수(吉數)로 삼고 있지만 동양권, 특히 우리나라에서는 뚜렷한 수 관념을 형성하여 사상계에서부터 민간 풍속에 이르기까지 수 중의 수, 최상의 수로 여겨오고 있다. 유달리 3을 좋아한 우리 민족의 수 관념은 단군신화에서부터 시작된 것이라고 보아야 할 것이다. 환인이 인간 세상인 3위태백을 내려다보았고 천부인 세 개를 가지고 다스리게 한 것이나, 환웅이 3천명을 거느리고 태백산에 내려와 인간의 360여 사

---

3) 수에 관한 논의는 구미래, 『한국인의 상징세계』(서울: 교보문고, 1996), 11~36쪽 참조.

를 맡은 일, 곰이 삼칠(3·7)일 만에 사람으로 변화한 것 등을 예로 들 수 있다.

그러나 단군신화에 나타난 3이라는 수에서 무엇보다 중요한 것은 신(神)이 환인, 환웅, 단군 등 3신(三神)이라는 점이다. 또한 셋이면서 실은 하나라는 삼일신(三一神)적인 존재로 표현되고 있는 것이다. 아버지인 환인은 아들인 환웅에게 초월자의 의지를 담아 지상에 내려보내는데 아들인 환웅은 여전히 신일 수밖에 없다. 그리고 환웅은 인간으로 변한 곰과 혼인, 사람인 단군을 낳은 것이다.

다음으로, 단군신화에서 나타내고 있는 수 관념 중 흥미로운 것은 삼칠(3·7)일의 개념이다. 삼칠일은 이레를 세 번 지낸다는 것으로 즉 21일을 뜻한다. 흔히 7이라는 수는 '럭키 세븐(Lucky Seven)'이라 하여 서구인들의 전용품이라 생각하고 있으나, 우리 민족도 7이라는 수를 좋아하였다. 환웅이 곰과 범에게 100일기(百日忌)를 명하였으나 삼칠일인 21일 만에 곰이 인간으로 변신하는 모습을 보면 삼칠일은 중요한 의미를 지닌 숫자임을 알 수 있다.

천(千)이라는 수도 자주 등장한다. 멀고 길다는 뜻으로 사용되는 경우는 '천리 길도 한 걸음부터'라는 격언을 비롯하여 타향천리, 천리경(千里鏡), 천리마(千里馬), 천리안(千里眼) 등이 있고, 오랜 세월 또는 영원이라는 뜻으로 사용하는 것은 천고불멸, 천추(千秋: 오랜 세월) 등이 있다. 무게의 무거움을 나타내는 예로는 힘이 썩 센 사람을 일컬어 '천근역사(千斤力士: 천근을 들어올릴 만한 장사)'라 하고, 흔히 몸이 힘들고 무거울 때는 '몸이 천근 같다'라는 말을 쓰기도 한다. 불교에서는 현재 겁에 1,000의 부처가 나타난다는 천불신앙(千佛信仰)에 따라 천불공양, 천불전(千佛殿), 천불염(千佛念), 천불사 등의 말이 생겨났다. 불타의 변화하는 몸을 강조하기 위하여 '천백억화신(千百億化身)' 이라는 표현을 쓰기도 하였다.

2) 문화명령과 일반은총

인간 및 문화에 대한 낙관주의적 견해를 순진한 생각이라고 경계하는 목소리가 여전히 높은 것은 사실이지만, 아브라함 카이퍼 (Abraham Kuyper)는 긍정적이고 포괄적인 기독교문화운동을 출범시켰다. 그의 견해는 기독교인과 비기독교인에게 공통적으로 주어지는 하나님의 '일반 은총(common grace) 이론'에 근거하고 있다. 인간의 범죄와 타락에도 불구하고 인류를 향한 하나님의 사랑은 보편적인 은총의 대상이 된다는 일반 은총론은 일곱 가지 근거에 기인한다. 다양한 문화가 전개되고 있는 현대사회 속에서도 여전히 하나의 지침이 될 수 있을 것이다.

(1) 만물을 통치하고 보존하는 하나님의 보편적 섭리
(2) 하나님의 속성인 자비와 사랑
(3) 일반계시를 통한 진리의 빛
(4) 가정을 비롯한 창조 질서
(5) 하나님의 형상대로 창조된 인간성
(6) 그리스도의 대속과 그로 인한 세계의 구속
(7) 세상의 빛과 소금인 언약 공동체의 존재

또한 경계해야 하는 것은 문화 속에서 전개되는 '우상'적인 요소이다. 현대인들은 우상을 옛날 사람들처럼 보이는 형상으로서의 우상에 한정할 것이 아니라 성서가 경계하고 있는 우상의 의미를 폭넓게 생각해 볼 수 있어야 한다. 특히 대중문화가 우상 종교의 매체가 되고 있는 측면이 있다. 대중문화와 우상종교에 대해 방선기 박사는 세 가지 측면에서 설명한 바 있다.[4]

첫째, **우상종교를 전파하는 대중문화**: 우상의 가장 전통적인 정의는 무엇이든지 신을 대표하는 상징물로서 사람들의 예배의 대상이 된다면 우상으로 보는 것이다. 바울이 아테네의 거리에서 보았던 우상들을 우리는 현재의 대중문화 속에서 직접적으로 만나고 있다. 한동안 텔레비전이나 영화에서 유행했던 귀신이라든가 영적인 존재에 대한 내용을 다루는 경우 등이다.

둘째, **우상숭배를 강요하는 대중문화**: 우상을 "실체가 없는 모양이나 형상"이라고 정의한다면, 대중문화야말로 현대인들이 그런 우상에 빠지게 만드는 가장 강력한 힘을 가지고 있다. 대중문화는 사람들에게 실제기 없는 허상을 계속 보여주고, 그것이 마치 실재인 것처럼 여기게 만든다.

셋째, **우상이 된 대중문화**: 우상은 지나치게 마음을 쏟는 대상이나 사람을 가리킨다. 따라서 오늘날의 대중문화 자체나 대중문화가 만들어내는 스타야말로 우상이 되는 경우가 많다.

우리가 살고 있는 포스트모던 문화상황에서는 이성적인 판단보다

---

4) 방선기, 「대중문화와 윤리 그리고 신앙」, 『대중문화 더 이상 침묵할 수밖에 없다』(서울, 예영커뮤니게이션), 51~69쪽.

도 감성적 판단 혹은 이미지의 전달이 더 영향력 있게 작용하는 경향이 있다. 다양한 측면에서 우상적 요소가 어떻게 자리잡고 있는지, 때로는 가장 신앙적인 구호나 모양으로 우리 앞에 다가올 수도 있는 비기독교적인 가치들을 부단히 경계해야 할 책임이 신앙인들에게 있다.

3) 포스트모던 문화

헤센(Hassan)은 「포스트모더니즘의 문화」란 글에서 포스트모더니즘을 모더니즘과 대비시켜서 35개의 단어로 설명한 바가 있다. 그 중 몇 가지를 들어보면 목적(purpose)-놀이(play), 구상(design)-기회(chance), 대상(object)-과정(process), 간격(distance)-참여(participation), 경계(boundary)-교류(intertext), 선택(selection)-조화(combination), 깊이(depth)-표면(surface), 초월(transcendence)-당면(immanence) 등이다.[5] 도식화의 위험이 있긴 하지만, 우리가 처해 있는 사회의 포스트모더니즘적 성향을 이해하는데 크게 도움을 주는 설명이라고 생각된다.

포스트모더니즘은 존재론적인 측면에서 뿐 아니라 인식론적 측면에서도 소위 계몽주의가 추구했던 '보편적 과학'이나 '보편적 이야기'를 공격하며 문화의 다원적 전통과 의사소통의 다양성을 강조한다. 그러나 '이성'의 활용 없이는 어떤 종교적 진리도 표현할 길이 없지 않은가? 실제로 포스트모더니즘의 중심에 있다고 볼 수 있는

---

5) Hassen, "The Culture of Postmodernism", *Theory Culture, and Society*, V.2. 1985, pp. 123~124.

데리다의 해체론은 단일한 패러다임에 바탕을 두고 장기간 유지되어 온 은폐된 원리와 무의식적인 전제들을 발견하고, 그 지배력의 범위와 한계를 표시하는 전략이라고 볼 수 있다. 해체론자들은 파괴되지 않는 사상, 부정 없는 해방은 없다고 강조한다. 그들은 로고스 중심주의의 창시자인 플라톤을 신화적 사유와 시적 사유의 파괴자라고 보며, 미래적 구상의 출발점으로 해체 가능한 모든 것을 해체하는 것이다.

흔히 지금 우리는 존경의 대상이 되는 위인이 없는 시대를 살아가고 있다고 말한다. 기성세대는 대부분 존경하는 사람, 본받고 싶은 얼굴을 마음속에 그리며 살아왔다. 그러나 요즘의 젊은이들에게는 위인이 없다. 물론 지나치게 미화되고 신화화된 역사나 인물에 대한 기술로부터 냉철하고 자유롭다는 측면도 있겠지만, 단지 본받고자 하는 인물이 없을 뿐 아니라 '절대적인 가치와 진리'에 대한 지향이나 탐구심이 없다는 것이 문제이다. 이런 사람들에게 기독교의 진리는 고리타분한 훈계니 무모한 맹신으로 평가 설하되기 쉽다. 성직자에 대한 이미지 또한 부정적일 수밖에 없다. 포스트모더니즘의 시대를 살아가는 현대인들에게 기독교 신앙과 목사의 이미지를 어떻게 세워가며 발전시켜 나아갈 수 있을 것인가? 우선, 이제는 보다 더 우리 자신의 구체적이고 역동적인 이야기에 충실해야 하겠다. 보편적인 거대담론만으로는 기독교의 역동성을 느끼게 할 수 없다. 이런 면에서 내러티브의 중요성을 강조할 필요가 있다. 다양한 의사소통 방식을 이용하면서, 다원화되고 급변하는 세계화 시대에 있어서 기독교적 세계관과 성경적 교훈이 어떻게 구체적으로 작용하고 있는지를 느끼게 해 주이아한다. 단순한 기술적인 가르침으로 '이성'에만

문자적으로 호소하는 것이 아니라, 가슴을 통해 감성적으로 느끼게
해 주어야 기독교 신앙은 복음적 진리로 드러날 수 있을 것이다.

3. 대중매체 속의 기독교

1) 기독교와 목회자의 이미지 정립

기독교는 이제 포스트모던 문화가 갖고 있는 여러 한계와 기독교
에 대한 위협에도 불구하고 기존의 합리성에만 의존하는 설득과 해
명을 넘어서는 종교의 특별한 영역(초월성 등)이 확장되고 있음을 직
시하고, 이를 활용할 수 있는 대책을 강구할 필요가 있다. 물론 종교
의 이미지 제고에 대한 필요성이 이미 다양한 차원에서 언급된 것은
사실이지만,[6] 여전히 중요한 과제라는 점을 인식하고 목사의 긍정적
이미지 및 종교성의 제고를 통한 '하나님 나라'의 확장과 교회의 성
장을 지속적으로 강조해야 할 것이다.

2006년 흥행작인 '타짜'라는 제목의 영화가 있다. 영화는 제목에서
짐작할 수 있는 대로 도박과 폭력, 각종 권모술수 등이 전개되는 줄
거리이다. 그런데 신앙인의 입장에서 마음에 걸리는 부분이 있다. 영
화의 중후반에 보면 소위 '타짜'인 '고니'가 곽철용이란 조직 폭력배
보스와 승용차 안에서 싸움을 벌이게 되고, 결국 그 차가 뒤집혀서

---

6) 두란노서원 발행, 월간 『목회와 신학』 2004년 10월호에서 "왜 한국에서의 기독교이미
　지를 생각해야 하나"(이문장) "목회자의 이미지를 재고하자"(방선기) 등의 글이 특집으
　로 소개된 바 있다.

보스 곽철용이 죽는다. 그런데 곽철용의 고급 승용차 룸미러에는 나무 십자가가 매달려 흔들리고 있었고, 그의 장례식은 하얀 가운을 입은 기독교 목사의 집례로 많은 사람들이 모여서 찬송을 하면서 진행되었다. 꼭 그런 기독교 장례식 장면이 필요했을까? 그런데 심각한 것은 기독교를 이렇게 바라보고 있는 시각이, 영화를 만든 사람들만의 생각은 아니라는 점이다. 왜 기독교와 크리스천들을 우리사회에서 이렇게 바라보고 있는 것인가? 그들을 탓하기에 앞서, 우리끼리는 잘 한다고 하고 있는데 만약 인정받고 있지 못하고 있다면 무언가 우리에게 문제가 있는 것이 아닌가?

2) 매체를 통한 접근방법

젊은이들 사이에서는 속어적 표현이긴 하지만 '필이 꽂혀야' 무언가 메시지가 전달된다는 이야기들을 하는 경우가 많이 있다. 이 문제와 관련해서 기독교 및 목사는 어떻게 '느껴지고' 있는가를 살펴볼 때, 여전히 개선해야 할 부분이 많이 있다. 특히 종교 전반에 대한 것보다도 성직자인 목사의 역할 및 그 이미지가 중요한 것으로 보인다. 예를 들어 한국 사회에서의 교회 및 목사의 이미지에 대해서 물으면 교파 분열, 교회 분쟁, 독선적인 성격 등 부정적 이미지가 많다. 천주교의 사회봉사 및 청렴의 이미지에 비해 비교가 되는 측면이 있다. 모든 자료를 정밀 검토한 것이 아니고, 시기에 따른 차이와 오차의 가능성이 있지만 지난 2007년 1월 1일부터 2월 15일까지 조선·중앙·동아 등의 일간 신문에 게재된 목사와 관련된 기사를 분석해 보았다.[7] 요집을 정리해 보면 총 29건의 기사가 게재 되었는데, 긍정적인 기사 12건, 중립적인 기사 12건, 부정적인 기사 5건으로 볼 수 있다. 아래의 표와 같이 얼핏 생각하는 것보다 부정적인 기사가 많은 것은 아니었으나, 중립적인 기사는 보는 각도에 따라 부정적일 수 도 있고, 대개 심리적으로 볼 때 긍정적인 경우 보다는 부정적인 경우를 오래 강하게 기억에 두는 경우가 많음을 고려할 필요가 있다. 이런 면에서 산술적으로 긍정, 중립적인 기사가 많았음에도 불구하고, 부정적인 이미지가 강하게 남는 경향이 있다면 이를 독자들이나 대중들의 편향된 시각으로만 돌릴 수는 없는 일이며 어떻게 이에 대처해야 할 것인가 고민해야 할 것이다.

	긍정적인 경우	중립적인 경우	부정적인 경우
조선일보	• 산산이 깨진 '코리안 드림' …… 중국동포들 "삶 힘들어요"(2007.02.01) • 영국 인권변호사 엘리자베스 바사(2007.01.31) • 은행원 출신 20대, 여군 사관후보생 수석 합격 (2007.01.26) • 여의도순복음교회 "심장병어린이 사랑 해외로" (2007.01.25) • 佛, 2차대전 때 유대인 3	• 파푸아뉴기니어 성경 들어보셨나요(2007.02.01) • 종교·시민단체 "개헌발의 신중해야"(2007.01.31) • 긴급조치 무죄 판결 판사 "국민 법 감정 고려해 판결할 것일 뿐" (2007.01.30) • 70년대 청계천 생활상 사진집(2007.01.29) • 총명한 13세 소녀, 대학생된다(2007.01.26)	• "한국교회, 소금은 많은데 맛을 잃었다" (2007.02.06) • '원조탈북' 김만철 씨 우울한 귀순 20주년 (2007.02.04)

---

7) 주요 일간지 중 조선, 중앙, 동아만 검색을 하였고, 정밀 검색이 아닌 개략적인 기사 검색이었으므로 약간의 차이가 있을 수 있다. 스크랩의 의도 자체가 전반적인 상황 파악과 대안 마련을 위한 것이기 때문이다.

	천 명 구한 마을에 경의 (2007.01.19) • 교회문 두드려라, 그러면…… "영어가 열린대요"(2007.01.18) • 세월은 가도 킹 목사의 인권 사상은 남아 (2007.01.15) • 정혜영, 딸 돌잔치 대신 불우환아에 선행 '화제' (2007.01.26)	• 마틴 루터 킹 집행위 수여 국제평화상에 소강석 목사(2007.01.21) • [사설] 노무현 대통령의 '20년 승부'(2007.01.21) • 한기총 올해 '북한을 위한 기도의 해' 선포 외 (2007.01.18) • 노대통령 "편하게 일생 보낼 생각 없어" (2007.01.20) • 인간이 절망할 때 그분은 희망 시작 / 박정현 목사(2007.01.18)	
중앙일보	• 여군사관 수석 합격한 은행원 김난희 씨 (2007.01.27) • 100년 전통의 전문 직업인 양성 숭의여대 (2007.01. 31) • 노 대통령, 6월 항쟁 인사 초청(2007.01.20)	• [문창극칼럼] 제도를 넘어 사람으로 (2007.01.22)	
동아일보	• 국내 첫 민영 기독교 교도소 선다 국내 첫 민영 기독교 교도소 선다. [사회](2007.01.04)	• 개신교회 '평양대부흥 100주년' 기도회 개최 [문화 / 생활](2007.01.14)	• 큰 교회가 감기 걸리면 작은 교회는 중병 앓아요."(2007.01.25) • 정신지체여성 성폭행 목사 구속(2007.01.22) • 개종 강요한 남편·목사에 배상책임 …… 위자료 지급하라(2007.01.05)
계	12건	12건	5건

3) 전문성과 특수성

목사직의 전문성과 특수성에 입각한 전문직 직업윤리 정립이 필요하다. '목사 및 목회자 윤리'에 대한 강조가 어제 오늘의 일은 아니며, 성서가 말하고 있는 목사의 자격과 요건을 우리는 잘 알고 있다. 그런데 부단히 강조할 필요가 있는 것은 목사직의 성직으로서의 특수성 이전에 전문직 직업윤리 차원에서의 정립이 이루어 질 수 있어야 한다는 점이다. 무어(Moore)는 전문직의 특성을 다음과 같이 설명한 바 있다. ① 고도의 지적인 훈련을 필요로 하며, 일정한 자격을 요구한다. ② 공공에 대한 봉사를 주된 목표로 삼으며, 기술과 지식을 사회적으로 유익하게 사용할 책임을 진다. ③ 금전적 보수를 일차적 목적으로 추구하지 않으며, 물질적인 부의 획득을 직업상의 성공과 무관한 것으로 간주한다. ④ 업무수행에 있어서 자유를 중시하며, 원칙적으로 자율적인 책임을 진다.[8]

스스로 돌이켜 보더라도, 성경의 가르침과 교리를 적용하기 이전에 전문직이 요구받고 있는 직업윤리적 기준에 합당하지 못해 발생하는 이미지 및 위상의 추락이 적지 않음을 생각해 볼 수 있다. 나아가 목사에게는 성직자에게 요청되는 특별한 자세 및 대인 관계가 필요하다. 슐라이어마허는 종교와 도덕의 구분 및 교회와 성직에 대해 말하는 가운데, 성직자에 대한 종교의 도덕화를 거부하면서 이렇게 설명하고 있다.

"종교를 선포하려는 사람은 순수하게 종교성을 선포하는 것이다.

---

8) 이관춘, 『직업은 직업이고 윤리는 윤리인가』(서울: 학지사, 2006), 269쪽에서 재인용.

참된 성직자가 국가와 함께 품위 없고 앞뒤가 맞지 않는 제 조건에 관여한다면, 이것은 종교의 대가가 소유하는 온갖 명예심과 배치되는 일이다."[9]

아울러 슐라이어마허(C. Schleiermacher)는 교회가 국가로부터 자유로와야 한다는 점을 강조하면서 평신도나 성직자 자신들의 폐쇄적 결합을 경계한다.[10] 그의 경고는 개인적인 이해관계를 앞세우거나 신앙적 연대를 빙자하여 '연고'를 내세우기 쉬운 한국적 상황에 적용시켜 볼 수 있을 것이다. 그는 제자들이란 원래 단체를 결성해서는 안 되며, 성직자는 우의(友誼)관계를 형성해서는 안 되며, 자신의 일이나 그들을 찾아오는 사람들을 조합에서 하는 것처럼 나누어서도 안 된다고 말한다. 오직 목사들 앞에는 '회중'들만 있을 뿐이며, 어떤 특정한 양떼를 위한 목사만이 아니라는 점을 지적하기도 하였다.

기독교에 있어서 진정한 목사의 모습은 어디에 있는 것인가? 전문직은 일정한 자격을 갖춘 이들에게 상당한 자율권을 주었기 때문에 직업윤리적 입장에서도 고도의 도덕성을 요구하게 되는 것이다. 개인적 이해관계를 넘어서 목사에게 요구되는 말씀의 선포와 교회나 선교지를 위한 봉사 등의 책무 수행이 무엇보다 기본적이고 중요함을 강조해야 한다. 한국교회 목회 상황 속에서 발생하고 있는 목사직과 관련된 상당수의 문제는 신앙이나 신학의 문제가 아니라 상식이나 전문직 직업윤리 차원의 문제라고해도 과언이 아닐 것이다.

---

9) 슐라이어마허, 최신한 역, 『종교론』(서울: 대한기독교서회, 2003), 86쪽을 참고.
10) 이와 관련된 논의는 위의 책 87쪽을 참고하였다.

4) 종교성의 회복

　종교성의 회복이 절실하게 요청된다. 이는 기독교적 영성의 회복이라고 할 수도 있을 것이다. 즉 목사에게는 직능에 합당한 차별성이 확보되어야 한다. 과거에 비해 평신도들의 교회활동 및 사역 참여가 다양해지고 양적으로도 많아졌다 하더라도, 목사의 고유적인 직능과 역할은 강조될 수밖에 없다. 최근 동양 신비종교나 천주교로 개종하는 사람들의 많은 경우가 성직자가 갖고 있는 신비감이나 그 차별성에 의존하는 경우가 많음을 고려할 필요가 있다. 신자들은 많은 경우에 성직자에게 무언가 특별한 모습이 있기를 기대하는 것이다. 한 사람이 특정한 종교를 받아들이는 과정에는 개인적인 성향들이 드러나는데 일반적으로 ① 심하게 느껴지는 지속적인 긴장의 경험, ② 그 문제를 종교적으로 파악하고 해결하려는 전망, ③ 자신을 종교적 구도자로 규정하는 자세 등을 필요로 한다.

　루돌프 오토(Rudolf Otto, 1869~1937)는 누미노제(Numinose)란 용어를 통해 종교를 설명한 바 있다.[11] 즉 누미노제는 '누멘(numen)'이라는 라틴어에서 왔는데, 누멘은 로마 종교에서는 일종의 정령을 말하는 것이었다. 이 정령은 강이나 숲, 이상한 장소, 문지방, 그리고 벽난로 같은 데 살면서 인간의 등 뒤에 숨어 전율적인 공포심을 불러일으키는 존재이다. 오토는 이런 누미노제 경험이 모든 종교의 핵심이라고 보았다. 그에 따르면 누미노제 경험은 두려움과 경외심을 불

---

11) 이와 관련된 논의는 니니안 스마트, 김윤성 역, 『종교와 세계관』(서울: 이학사, 1999), 94~95쪽을 참고하였다.

러일으키는 동시에 매혹적이기도 한 '신비에 대한 경험(mysterium tremendum et fascinans)'이다.

전에 비해 다양해지고 자유로워진 예배 형태로 인해 목사들과 회중들이 근접하는 계기가 많으며, 전도집회가 아닌 일반 토크쇼 등에도 목사가 등장하는 일들이 있다. 영향력 있는 매체를 통해 다수를 향해 복음을 전하는 계기를 갖는다는 것은 좋은 일이다. 그러나 냉정하게 따져보아야 할 문제가 있다. 대중매체를 통해 등장하는 소수의 유명 목사들은 자신들이 기독교적 세계관과 가치관을 간접적으로라도 전달하고 있다고 생각할지 모른다. 그러나 알찬 내용보다는 유머 섞인 전달을 우선적으로 요구받고 있는 다른 설교자들의 고충을 고려할 필요가 있으며 목사에 대한 일종의 가학적인 만족을 추구하고 있는 사람들에게 이용당하고 있는 것은 아닌지 냉정하게 돌아볼 필요가 있을 것이다.

5) 균형 잡힌 종교

종교학에서는 흔히 종교를 세 형태로 분류하는 데, 건전한 기독교가 되기 위해서는 세 가지의 형태의 균형 잡힌 이미지를 필요로 한다. 한국의 기독교와 개 교회가 어느 한 편에 편향되고 있지는 않은지 살펴볼 필요가 있다.[12]

물론, 다른 분류도 가능하겠으나 제 종교를 그 신념체계와 동기에

---

12) 종교의 유형에 관한 논의는 윤이흠의 논문, 「신념유형으로 본 한국종교사」, 『한국종교의 이해』(서울: 십분당, 2002), 33~36쪽에 의존하였다.

따라서 1) 기복형(祈福型, Magic Type), 2) 구도형(求道型, Truth-questing Type), 3) 개벽형(開闢型, Eschatology Type)으로 나누는 것이다. 기복형 종교는 그 중점적 관심이 질병이나 일반적 재앙과 같은 구체적인 사건을 구체적으로 해결해 보려는 행위를 위주로 하고 있다. 이런 사유 체계에서는 인간의 삶의 이상이 현세적인 조건에 있다. 이상과 현세의 관계에 있어서 현세의 조건들이 모두 충족된 삶은 바로 인간의 이상적 삶이 되는 것이다. 따라서 기복 행위는 비록 내세의 일을 빈다고 하는 경우에도 내세의 이상적 조건을 현세의 조건에서 유추하는 특징이 있다. 기복 행위의 정당성과 복에 관한 논의는 기독교 신학 안에서 이미 다양한 논의와 일정한 합의가 교파나 전통에 따라 이루어진 것으로 볼 수 있다. 그런데 분명한 것은 이런 성격을 기독교 역시 예외 없이 갖고 있으며, 결코 그 필요성을 거부할 수 없는 것도 사실이다.

구도형 종교는 인간 존재의 실존적 제약성에 대한 예리한 각성과 현실적 조건을 넘어선 이상적 자아의 완성을 추구하는 문제에 그 관심을 집중한다. 이런 사상 체계에서는 현실적 조건과 이상 사이의 커다란 차이를 철저하게 인식하게 된다. 이상의 인식은 곧 현실 속에서의 자아의 삶의 자세를 변형시키고 현세적 조건과 삶의 의미를 근본적으로 재해석하게 하는 힘을 가져다 준다. 한국 기독교는 전반적으로 이 면에 있어서 취약성이 있다. 앞부분에서 언급한 것처럼 '종교적 영성'이 수반되는 가운데 구도자의 이미지를 갖추어야 목회 및 선교에 긍정적인 영향을 줄 수 있을 것이다. 목사도 의식주를 필요로 하는 생활인의 한 사람이라는 것을 누구나 인정하며 잘 안다. 그러나 성직자들에게는 무언가 감추어진 영역이 있어야 한다. 교회의 회중이나 일반 사람들에게 목사의 우선적 관심이 무언가 다르다는 것을 느끼게 해 주어야 하며, 목사의 주어진 역할을 잘 담당하기 위해서도 필요한 부분이다. 교회의 역사 속에서 중세기 수도원은 여러 부정적인 영향을 끼치기도 했으나 기독교를 지탱한 부정할 수 없는 힘이었음을 간과해서는 안 된다.

개벽형 종교는 역사의 황금시대가 도래할 것을 기대하고 그 때가 올 것을 준비해야 하는 일에 관심을 집중한다. 황금시대가 오면 지금까지의 사회적 문제들과 개인적인 생존의 어려움들이 모두 일거에 해결되며, 황금시대의 조건은 현존적 인간 및 사회 조건과 본질적으로 차이가 있는 이상 사회가 도래한다고 믿는 것이다. '하나님의 나라' 실현과 삶의 종말론적 성격과 의미 부여는 기독교의 특징 중의 하나이기에 기독교는 개벽형 종교로서의 모습도 갖고 있는 것이다.

이제, 위에서 말한 종교학적 분석을 기독교적으로 수용해 보자면 바람직한 기독교의 모습은 이 세 가지 요소를 함께 갖게 될 때 가능하다고 할 수 있다. 물론 시내적, 공간적인 상황 속에서 한 쪽의 성향을 강하게 갖게 되는 경우가 현실적으로 대부분이긴 하지만, 항상 세 요소가 균형을 이룰 수 있는 바람직한 방향 정립이 필요하다고 보아야 할 것이다.

4. 긍정적 이미지의 창출

종교 본연의 기능과 역할은 과학문명과 물질주의가 팽배할수록 역설적으로 더 필요성을 갖게 된다. 교회를 교회 되게 하는 것, 목사를 목사되게 하는 것은 무엇인가라는 근본적인 질문을 다시 던져보게 된다. 결국은 본질적인 것과 부수적인 것의 구별이 필요하다. 기독교와 목사가 가장 '종교적'인 기능을 잘 수행하게 될 때 하나님 나라의 확장 및 기독교의 사회적 인정 및 영향력 증가라는 결과를 가져올 수 있을 것이다. 기독교는 여러 종교 가운데 하나로 있기를 원하지 않고, 그것을 넘어서는 영향력을 갖기를 원한다. 그러나 이를 위해서는 기본적이며 공통적인 종교로서의 위상과 성직자의 긍정적 이미지가 우선 확보되어야 한다. 기독교의 교회는 대부분 교파성을 갖고 주거지역에 밀접하게 자리하고 있고, 성직자 독신주의나 소종파적 성격을 배격하고 사회적 연대감을 강조하기 때문에, 특유의 종교성을 유지 보전하는데 어려움이 있을 수 있다. 기독교가 우리 사회에서 영향력 있는 종교가 되고 많은 사람들이 교회로 들어오는 분위기가 되기 위해서는 목사의 긍정적 이미지와 특유의 종교성 제고가 무엇보다도 중요한 요건인 것이다.

참고문헌

고범서, 『포스트모던시대의 사회윤리』. 서울: 소화. 1998.
김영한, 『한국기독교 문화신학』. 서울: 성광문화사. 1992.
윤이흠, 「신념유형으로 본 한국종교사」, 『한국종교의 이해』, 서울: 집문당, 2002.
이문균, 『포스트모더니즘과 기독교신학』, 서울: 대한기독교서회. 2000.
한국기독교문화연구소 편, 『21세기, 포스트모더니즘과 기독교』, 서울: 숭실대학교
　　　출판부. 1996.
니니안 스마트 저, 김윤성 역, 『종교와 세계관』. 서울: 이학사, 1999.
슐라이어마허, 최신한 역, 『종교론』, 서울: 대한기독교서회. 2003.
Silverman, Hugh. ed., *Derrida and Deconstruction*, New York: Routledge. 1989.

제**2**장

기 독 교 의   문 화 적   접 근 과   기 독 교   선 교

1. 효과적인 선교와 문화적 접근

소위 '한류 열풍'을 일으킨 배우 중 배용준 씨가 있다. 그가 팬을 갖고 있는 일본을 방문할 때는 국빈에 버금가는 대우를 받은 것으로 알려지고 있다. 이와 관련된 기사는 상황을 이렇게 옮기고 있다.

겨울연가[1](일본현지 제목 <겨울 소나타>)의 주연 배우인 배용준이

---

1) <겨울연가>는 2002년 1월 14일부터 3월 19일까지 총20회 KBS에서 방영된 드라마이다. 출연배우로는 배용준·최지우·박용하·박솔미 등이 있으며 단순히 스토리 중심의 드라미를 탈피하는 영상시와 같은 드라마를 지향한 것으로 평가되었다. 주제는 변하지

일본을 방문한 3일 오후 하네다(羽田)공항에 그의 모습을 보려는 여성 팬 약 5,000명(경찰 추산)이 몰려들었다. 하네다 공항은 극심한 혼잡과 함께 국내선 연결버스 운행이 지연되는 사태까지 벌어져 일부 여행객들이 불편을 겪는 등 최근 일본에서 불고 있는 '겨울연가 열풍'을 실감케 했다. (중략) 이날 공항에는 방송사 중계차가 동원되는 등 취재진들의 열띤 취재경쟁이 벌어졌고, 4일자 마이니치(每日)신문과 도쿄신문이 1면에 관련 기사를 게재하는 등 대부분의 신문이 주요 기사로 다뤘다. 공항 관계자는 1998년 공항터미널이 생긴 뒤 가장 많은 인파가 몰려든 것 같다. 할리우드 스타를 능가하는 인기라고 말했다.[2]

이 사례는 문화적인 상품이 전통적인 이념과 정서까지도 뛰어넘고 있음을 보여주고 있다. 사실 우리가 처해 있는 포스트모던적인 상황은 이성보다는 감성이 지배하는 경향이 강하다. 이러한 대중문화의 영향력을 무시할 수 없는 상황 속에서, 효과적인 선교를 위한 문화적 접근이 왜 필요한지 논의해 보고자 한다. 우선, 이를 위해서는 포스트모던적인 상황이 우리 사회의 전통적인 문화와 갈등을 일으키는 부분을 정리해 보고자 한다. 즉 문화에 대해 전통적으로 우리가 어떤 입장에 서 있는가를 살펴보고, 대중문화에 대한 분석 등을 고찰한 후 문화를 통해 효과적인 선교를 가능하게 하는 구체적인 방안 등을 모색해 보고자 한다. 흔히 21세기의 주요한 코드는 '문화'라고 말한다. 기독교는 문화 속에서 존재하고 있으며, 기독교 복음 전파와 선교도 일정한 시간과 공간의 지배를 받는 하나의 문화화 과

않는 사람과 사랑에 관한 이야기를 다루고 있다.
2) 『조선일보』(서울), 2004.4.25. A23면.

정으로 볼 수 있기 때문이다.

2. 포스트모더니즘 문화와 갈등의 사회 상황

1) 갈등상황의 극복

우리 사회가 극복해야 할 주요 문제 가운데 하나는 사회적 갈등 상황이다. 대통령 선거와 국회의원 선거 등에서 보면 이전보다는 다소 완화되기는 했지만 여전히 뿌리 깊은 지역 간의 갈등이 여러 면에서 드러나고 있다. 또한 심각한 것은 이념적 성향에 있어서의 보수와 진보, 연령대에 있어서의 기성 세대와 청년 세대 간의 갈등 양상이 보인다는 점이다. 사실 신학적인 면에서 보면, 인간 사회는 인간의 본성에 기인한 지속적인 갈등에 놓여 있다고 할 수 있다. 그러나 더욱 심각한 것은 세상을 감싸고 복음회의 대상으로 삼아야할 교회와 사회간에 갈등 양상이 보이는 경우도 있다는 점이다. 물론 이 문제를 선과 악의 싸움, 영적인 것과 육적인 것의 대립으로 해석할 수 있는 측면도 있으나, 교회와 사회의 갈등 양상은 결코 바람직하지 못하다. 종교사회학자 노치준은 현장 교역자로서 지역사회와 교회의 관계에 대해 이렇게 언급한 바 있다.

> 지역사회와 갈등적인 관계에 있게 되면 교회는 지역 안의 게토[3]가

---

3) 게토(ghetto): 유럽사회에서 유대인들만 모여 살도록 법으로 정해 놓은 지역으로 고립된

되어버린다. 그 지역에 속해 있으면서도 지역주민들과는 무관한 단체가 되어 지역교회로서의 참 의미를 잃기 쉽다. 지역 공동체가 살아있는 농어촌 지역의 경우 지역주민들과 갈등을 일으키는 교회는 선교적 사명을 감당하기 어렵다. 지역 공동체가 파괴된 도시지역에서 지역주민과 갈등관계에 있는 교회는 지역 공동체의 보완 기능을 해야 하는 교회의 사명을 이루지 못하게 된다. 지역사회에서의 갈등을 해소하기 위해서는 '섬기는 교회, 사회봉사에 관심을 기울이는 교회'로 그 성격을 전환해야 한다.

효과적인 선교를 위해서 한국교회와 사회의 갈등 상황이 극복되어야 한다는 것은 당연하다. 갈등 양상으로 보여지는 것 자체가 바람직하지 못하다. 기독교는 적극적으로 예수께서 '평화의 실천자' 였던 것처럼, 사회가 안고 있는 갈등의 문제를 해결하는데 영향력을 발휘할 수 있는 공동체가 되어야 한다. 뿐만 아니라 대학과 학문의 영역에서 노력할 부분도 있다. 기독교 세계관의 입장에서 보면, 신학 뿐 아니라 모든 학문이 기독교적인 세계관과 가치관에 기초하여 전개되도록 하여 특정한 이념 성향에 치우치지 않도록 지속적으로 노력해야 한다. 특히 기독교 대학은 사회를 향한 폭넓고 심도 있는 연구와 실천적이며 구체적인 봉사를 통해 현재 우리 사회에 나타나는 대표적인 갈등인 이데올로기 갈등, 지역 갈등, 세대 간 갈등, 계층 간 갈등, 다수자와 소수자 사이의 갈등 등을 극복, 해결하는 지도적 위치에 서야 한다.

다행히 한국의 기독교를 분석해 보면 계층적 편향성을 갖고 있지

구역을 의미하는 말로 쓰이게 된다.

않다는 평가를 받는다. 따라서 모든 사람들이 교회 안에서 하나가 되고, 이 힘이 사회 전체를 향한 지도력으로 전환 될 수 있는 가능성이 충분히 있다. 객관적인 면에서 보면 개인 및 집단의 이해관계가 개인 및 사회적 갈등의 저변에 깔려 있는 경우가 많은데, 기독교는 특정한 계층의 이익으로부터는 자유로운 측면이 있다. 즉 갈등이 최소화되며 진정한 하나님의 평화가 이루어지는 경우에 기독교의 역할은 가장 적극적이며 효과적으로 드러날 수 있다. 다른 한편으로 사회학적인 면에서 특정세력과 기독교가 결합되어 있지 않다는 점은 긍정적인 힘으로 작용할 수 있을 것이다.

> 우리 사회의 경우 종교가 사회의 특정세력과 결합되지 않았다는 점에서 다행스러운 측면이 있다. 즉 우리나라의 중요 종교라 할 수 있는 개신교, 천주교, 불교의 신도가 특정한 사회적 세력과 선택적 친화성을 가지지 않고 있다. 기독교를 예로 든다면, 기독교인들이 지역적으로는 전국에 모두 산재해있으며, 계층적으로는 상류층, 하류층 모두에게서 발견된다. 이데올로기나 성별, 세대라는 기준을 놓고 볼 때에도 비교적 골고루 흩어져 있다. 즉 사회의 특정세력과 기독교가 독점적으로 결합되지 않고 있다.

다양한 갈등이 정치, 사회적인 측면에서 나타나고 있는 상황이라면 이념, 문화적인 측면에서는 포스트모던적 현상이 우리가 처해 있는 상황을 잘 설명해 주고 있다. 포스트모더니즘(postmodernism)의 태동은 1960년대까지 거슬러 올라간다. 포스트모더니즘은 체계화된 사상이라기보다는 하나의 운동으로 미국과 프랑스를 중심으로 학생운

동, 여성운동, 흑인 인권운동, 제3세계의 사회운동과 전위예술, 해체
와 후기 구조주의 사상 등에서 시작된 것으로 볼 수 있으며, 1970년
대 중반 이후 다양한 분야에서 계속된 논의의 과정을 거쳤다. 우리
사회에서 포스트모더니즘에 대한 논의는 '90년대 초반 절정을 이루
었다가 요즘은 그에 대한 관심 및 직접적인 논의가 많이 줄어든 것
으로 보인다. 그러나 포스트모더니즘이 지금 우리가 살아가고 있는
시대를 잘 설명해주는 용어 및 사조인 것은 부정할 수 없을 것이다.
물론 포스트모더니즘의 특성상 그 정의를 내리기는 쉽지 않다. 포스
트모더니즘은 어떤 개념이나 규정을 그 스스로 거부하려는 움직임을
강하게 내포하고 있기 때문이다.

원하든 원치 않든 모든 인간은 문화 속에서 살아가고 있다. 문화
는 인간을 둘러싸고 있는 환경이라고 설명할 수도 있기 때문이다.
원래 문화란 말은 '경작하다'는 뜻을 가진 'colere'에서 유래했기에 땅
을 경작하는 농경문화와 일차적인 관련이 있지만, 넓게 보면 창조의
질서 속에서 살아가는 인간의 삶의 방식 전체를 의미한다고 할 수
있다. 'culture'라는 말이 'cult(제의)'에서 왔음을 고려할 때 종교적인
성격도 있음을 짐작해 볼 수 있다. 혹자는 중세 기독교처럼 신앙의
영역과 문화의 영역을 이분법적으로 나누기도 한다. 전통적으로는
교회와 세상을 구분해서 생각하는 태도가 실제적으로는 우세했다고
볼 수 있다. 마치 "아테네와 예루살렘이 무슨 상관이 있으며, 학교와
교회가 무슨 상관이 있는가"라는 교부 터툴리안(Tertullian)[4]의 생각처

---

4) A.D.160~225년 경 생존했던 아프리카의 교부다. 그는 문학과 수사학을 공부했고 법률
   가로도 활동했다. 199년경 집필한 '호교론'은 미신을 배격하고 기독교의 도덕성에 대한
   비판에 대해 변증하면서, 기독교가 국가에 위험 요소가 아니라는 것을 변증하고 있다.

럼 말이다. 그는 당시 일부 기독교인들이 기독교신앙과 헬라철학의 이념을 적극적으로 연결시키는데 아무런 공감도 표시하지 않고 "스토아, 플라톤, 또는 변증법적 철학으로 얼룩진 기독교를 집어치우라"고 크게 꾸짖은 바 있다.[5] 그러나 인간은 문화적인 존재이며, 문화를 떠나서 살아갈 수 있는 사람은 아무도 없다. 모든 사람은 다른 사람들 및 자연의 관계 속에서 생겨나는 문화의 영향을 받으며, 또 문화를 형성해가며 살아가는 것이다. 기독교적 가치관 및 세계관도 결국은 문화를 통해서 매개되는 것이므로 우리가 당면하고 있는 포스트모던적 문화에 대해 세심하게 살펴 볼 필요가 있다.

2) 포스트모던 문화의 영향

포스트모더니즘은 그 용어의 구조에서 볼 수 있듯 모더니즘과 깊은 관련성을 갖고 있다. 서구에서 모던 혹은 근대라고 하면 18세기 계몽주의로부터 시작된 이성 중심의 시대를 가리킨다. 즉 종교나 외적인 힘보다 인간의 이성에 대한 신뢰를 강조한 계몽사상은 합리적 사고를 중시했다. 그러나 모더니즘은 지나친 객관성의 강조로 인해 20세기에 들어서면서부터 도전을 받기 시작했다. 특히 니체(Nietzsche)와 하이데거(Heidegger)의 실존주의가 큰 영향을 주었고, 데리다(Derrida)는 글쓰기가 말하기를, 이성이 감성을, 백인이 흑인을, 남성이 여성을 어떻게 억압했는가를 보여주었다. 미셸 푸코(Michel Foucault)는 지식이 권력에 저항해왔다는 계몽주의 이후 발전 논리의

---

5) 김영한, 『한국기독교 문화신학』(서울: 성광문화사, 1992), 103쪽.

허상을 보여주고 지식과 권력의 관계를 지적하였다.

그런데 문화, 예술 분야에서는 19세기의 사실주의6)에 대한 반발이 20세기의 모더니즘이었고, 다시 이에 대한 반발이 포스트모더니즘이었다. 즉 모더니즘적 표현이 극대화되었을 때 단순한 재현에 대한 회의 등이 생기면서 이미 포스트모더니즘이 지향하고 표현하려는 방식들이 표출된 측면도 있다. 이런 면에서 포스트모더니즘을 모더니즘의 연속적 발전과 계승이라는 측면에서 바라볼 수도 있다. 특히 우리사회는 합리성과 자유를 기본원리로 하는 계몽주의적 사고방식의 단계를 온전하게 거쳤다고 보기 어렵기 때문에, 이런 견해가 더욱 설득력 있을 수도 있다. 그러나 포스트모더니즘은 개성, 자율성, 다양성, 대중성 등을 중시하면서 절대이념을 거부한다. 또한 광고와 패션에 의한 소비문화지향성, 여성 및 민중 운동 등과 관련되고 있는 점에서 모더니즘에 대한 반작용의 측면, 그 단절이 매우 강하기 때문에 새로운 사조로 보는 것이 적절할 것이다.

근대성을 논할 때 가장 중요한 기준은 합리성이었다. 즉 어떤 지식이나 행위가 이성에 부합하면 진리로서의 타당함을 갖는다는 것이다. 이는 계몽주의의 산물이라고 볼 수 있는데, 가치 및 행위의 판단 기준이 기본적으로 이성에 의존하고 있음을 보여준다. 이에 반해서 포스트모더니즘은 진리 판단의 기반을 인정하지 않는다는 면에서 반토대주의(anti-foundationalism)의 성격을 갖고 있다. 물론 기독교적 입장에서 포스트모더니즘이 부정적인 측면만 있는 것은 아니다. 이문균

---

6) 사실주의는 대상을 그대로 옮길 수 있다는 재현(representation)에 대한 믿음으로, 미술에서는 원근법을 중시하여 어떻게 하면 실물처럼 그릴 수 있을까를 고심하였다.

은 포스트모더니즘을 논하면서, 기독교에 주는 긍정적인 영향을 이렇게 소개하고 있다.

> 알렌(Diogenes Allen)은 포스트모던 세계를 무엇보다도 현대 세계 이후의 현실로 파악한다. 그는 현대세계가 기독교에 가하던 압력에 비하면 포스트모던 세계의 등장은 기독교에 기회가 될 수 있다고 생각한다. 그는 현대 세계 속에서 기독교는 현대세계의 관점과 원칙을 받아들여 기독교교리의 독특한 내용을 문자적으로 고집스럽게 유지함으로 스스로 고립을 자초할 수밖에 없는 진퇴양난의 곤경에 처했다고 파악한다. 그런데 포스트모던세계의 등장은 더 이상 기독교가 그런 궁지에 빠져 있지 않아도 좋은 환경을 제공한다는 것이 그의 입장이다.[7]

이처럼 기독교적 관점에서 알렌의 지적처럼 포스트모더니즘은 현대사회가 갖는 지극히 제한적이며 협소한 실증주의·객관주의의 압박에서 기독교를 해방시킨 측면이 있다. 전통적인 기독교의 성경에 대한 해석 및 교리는 계시에 근거해 있으므로 합리주의는 사실 그 권위를 인정할 수 없다고 흔들어 놓았기 때문이다. 그러나 포스트모더니즘은 기독교에 대해 부정적인 영향을 훨씬 더 많이 끼치고 있다. 포스트모더니즘은 기독교의 신학적 진술에 대한 정당성을 위협하고 있다고 볼 수 있다. 포스트모더니즘이 실재(reality) 자체를 부정하기 때문에 실재나 신에 대한 어떤 주장도 설득력을 잃게 되기 때문이다. 포스트모더니즘에서 보면 과학은 과학을 실천하는 집단의 실천이며, 종교는 특정한 종교 집단의 실천에 지나지 않는다고 평가하므로, 자

---

7) 이문균, 『포스트모더니즘과 기독교신학』(서울: 대한기독교서회, 2000), 272쪽.

신이 속한 집단 내에서만 설득력이 있다. 이런 면에서 종교적으로 중요한 술어인 '믿는다'는 말은 단순한 정서적 만족의 지속을 의미할 뿐이다. 이제까지 전통적으로 권위를 갖고 있던 계시로서의 텍스트(text)들은 믿을만한 것이 못된다고 주장하기도 한다.

3) 포스트모더니즘을 넘어서서

E. B. 타일러가 문화 또는 문명이란 지식, 신앙, 예술, 도덕, 법률, 관습 및 기타 사회구성원으로서의 인간에 의해 획득된 모든 능력과 관습의 총체라고 설명하였듯이, 문화는 일정한 목표 및 이상을 향하는 특징이 있다. 그런데 포스트모더니즘은 인간의 본성에 대한 단일성을 부정하면서, 도덕적·종교적 정체성의 목표자체를 거부하는 경향이 있다. 미셸 푸코는 "인간은 바닷가 모래 위에 그려놓은 얼굴처럼 지워질 것"이라고 인간 본성의 정체성을 부정하면서 기존의 억압체계 전반에 대한 거부와 저항을 강조했다. 아처(Archer)는 포스트모더니즘의 기독교에 대한 위협을 지적하면서, 포스트모더니즘 안에는 신과 실재와 인격의 죽음이 담겨 있다고 했다.[8] 즉 전통적 윤리의 존립근거가 되는 이상적인 '인간 본성'에 대한 위기가 윤리학적 상대주의(ethical relativism)로 이어질 가능성이 충분히 있다. 윤리학적 상대주의는 단순히 인류·문화에 대한 다양성을 인정하는 문화적 상대주의(cultural relativism)와는 다른 것으로, 가치판단의 절대적 기준 자

---

8) 위의 책, 278쪽 참조. 포스트모더니즘은 실재 자체를 부정하기 위하여 실재는 이해하거나 증명할 수 없기 때문에 삶이란 경박한 기분의 표현 이외의 다른 것이 아니라고 주장하는 것이다.

체를 부정하는 것이다.

그렇다면 우리가 처해 있는 문화에 대한 이해와 해석 없이 기독교가 생존 및 발전할 수 있을까? 적어도 발전적인 모습, 기독교 공동체 내의 용어로 말한다면 효과적인 선교를 기대할 수 없을 것이다. 문화와 따로 떨어진 기독교는 결국 지극히 추상적이며 기형적인 모습이 되고 말기 때문이다. 특히 문제가 되는 것은 전통적으로 받아들여지고 있는 리차드 니버의 문화와 그리스도의 유형 분석으로 볼 때, 이론적으로는 다섯째 유형을 지지하면서도, 문화에 대한 이해나 접근 방식에 있어서는 실제로 그렇지 않은 경우가 많다는 점이다. 인간은 다른 동식물들과는 비교할 수 없는 특별한 지위를 하나님께 부여 받았다. 따라서 소위 '문화명령'의 수행은 인간의 특권이자 책임인 것이다. 효과적인 선교를 위해 포스트모던 문화 및 대중문화에 대한 비판적 이해 및 적절한 수용이 요청되고 있다.

3. 대중문화의 특성 이해와 수용

1) 대중문화와 대중매체

우리 사회는 문화 중에서도 특히 대중문화(popular culture)가 큰 영향력을 행사하고 있음을 앞에서 언급하였다. 전에는 문화라고 하면 소위 고급문화가 주류를 형성하였으나, 지금은 고급문화와 대중문화의 이분법적 도식자체가 거부되고 있으며[9], 그 영향력 면에서 대중문화는 더욱 산업화된 모습으로 영향력을 행사하고 있다. 특히 자본주의 경제 체제하에서 대중문화의 위력은 앞으로도 계속 큰 영향력을 행사할 것으로 예상되고 있다.

교회 내의 기독교 문화조차도 고전적인 요소는 사라져가고, C.C.M. 등의 성장 및 보급, '열린 예배' 등의 시도와 맞물려서 지극히 대중적인 전달방법과 내용들을 도입하고 있다. 그런데 문제는 체계적인 비판과 논의를 거쳐 대중 문화적 요소를 수용한 교회나 목회자보다는 여전히 비판적이고 부정적인 인식을 갖고 있으면서도 현실적인 요구와 필요성 때문에 수용한 경우가 많다는 점이다. 심한 표현인지 모르나 '울며 겨자 먹기'식으로 대중문화적인 방편과 요소를 도입했지만, 여전히 그 수용 정도에 대해서는 갈등과 머뭇거림을 갖고 있는 경우를 많이 볼 수 있다.

필자는 대중문화의 이해를 위해 우선 대중문화에 대한 몇 가지 이론과 분석을 살펴보고자 한다. 대중문화와 관련된 이론을 살펴보는 것은 기독교 선교에 있어서 어떻게 대중문화적인 요소를 이해하며 적용할 것인가를 보는 시각을 제공할 것이기 때문이다. 물론 전형적인 대중문화의 시대에 살고 있음을 인정하면서도 대중문화의 특징을 설명해 내는 것은 그리 쉽지 않다. 소위 '대중성'에 대한 논의에서부터 매우 다양한 이론이 있기 때문이다. 또한 대중문화에 대한 분명한 가치평가와 이론적 정립이 되어 있지 않기 때문에 오는 혼란도 있다. 사실 기독교와 관련된 것을 내버려 둔다 하더라도, 구체적으로

---

9) 구체적인 예로 전에는 불가능했던 세종문화회관, 예술의 전당 등 콘서트홀 이용이 대중가수들에게도 개방되고 있으며, 소위 대중 예술인들에게도 정부의 문화훈장 등이 수여되고 있다.

대중의 개념에 대한 혼란이 있다. 국내에서 가장 규모가 큰 연예 기획사 대표가 이런 말을 한 적이 있다. '보아' 등 어린 가수 발굴을 두고 지나친 상업주의라고 비난하는 데 대해서 그는 "당연히 상업주의다. 자본주의 사회에서 사회주의와 같은 시각으로 비난한다는 것이 답답할 따름이다. 물론 보아처럼 어린아이들을 발굴할 때는 신중을 기하려 노력한다. 이 시기가 아이의 일생을 가늠할 수 있기 때문이다. 계약 기간 책임지는 것은 당연하고, 이후에도 중장기적으로 활동할 수 있도록 계획을 세우고 있다"고 대답하였다.[10] 자기 변증적인 이야기로 볼 수 있겠으나, 대중문화에 대해 이중적인 잣대를 갖고 있는 사회에 대한 항변이라고 볼 수도 있겠다. 대중문화에 대한 다양한 논의와 이론 가운데 대중매체와의 관련성, 자본주의 시장경제와의 관련성이 특히 중요하다.

우선, 대중문화는 대중매체와 관련된 문화라는 점이다. 사실 대중문화가 갖는 힘의 대부분은 질적인 면보다는 대량전달이란 방법적인 측면에 있다고 할 수 있을 것이다. 흔히 사람들이 매스컴(mass communication)과 매스미디어(mass media)를 구별하지 않고 혼용하는 경우를 볼 수 있는데, 결국 대중문화는 TV, 소설, 인터넷 등 대중에게 대량으로 전달되는 시스템을 전제로 하고 있으며, 그 기반 위에 서 있다고 해야 할 것이다.

데니스 맥퀘일(Dennis McQuail)은 대중문화를 "일반적인 연예 오락물, 화려한 흥행물, 음악, 책, 영화 같은 대중적인 문화 산물이나 행위를 가리킨다. 그러나 무엇보다 대중매체의 전형적인 내용물 특히

---

10) 『주간한국』(서울), 1984호, 2003.8.14. 참조.

허구적이고 극적인 오락물과 동일시되어 왔다”고 설명한다.11) 원래 대중이란 개념 속엔 상당히 질적인 평가의 개념이 수반되고 있었다고 할 수 있다. 그러나 요즘은 대중문화의 개념이 좁은 의미의 대중 예술 뿐 아니라 고급 예술, 민중 예술, 원시 예술, 전위 예술까지 포함하는 현대의 문화 상황을 일컫는 개념이 되고 있다. 어빙(IrvingHowe)은 대중문화의 개념을 이렇게 적고 있다. “대중문화라는 개념은 그 자체로 단순히 긍정적이거나 또는 부정적인 개념이 아니다. 그것은 외모, 지적 수준, 사회적 지위 등과 관계없이 신문, 라디오, 잡지, 텔레비전 그리고 온갖 종류의 전시회를 통해서 누구에게나 쏟아지는 정보의 홍수와 그래도 그 속에서 길을 잃지 않고 자신의 선택을 취해보려는 우리의 허영과 갈등의 상황을 웅변적으로 표현한다. 한마디로 ‘mass culture’로서의 대중문화라는 개념은 대중교육의 전파와 대중매체의 발전으로 엄청나게 확대된 문화시장의 존재와 함께 이제 원칙적으로 어떤 종류의 문화라도 누구에게나 접근이 가능해진 현대의 문화상황을 효과적으로 표현 한다”12)

대중문화의 내용적인 문제점을 인정하면서도 그 강점에 주목하는 사람들은 mass culture보다는 popular culture란 용어를 의도적으로 사용하는 경향이 있다. ‘mass’는 한 집단의 성원, 인격적 개인이라기보다는 무차별적이며 의식화되지 못한 집합체를 의미하는 경멸적인 성격이 들어 있기 때문이다. 허버트 갠즈(Herbert Genz)는 다음과 같이 말

---

11) Dennis McQuail, *Towards Sociology of Mass Communications* (London : Collier Macmillan, 1980), p.22.

12) Howe Irving, “Notes on Mass Culture”, Rosenberg & D.M White(eds.) 1964, p.496. 박성봉, 『대중예술의 미학』(서울: 동연, 1995), 33쪽에서 재인용.

하였다. "대중문화(mass culture)란 용어는 분명히 경멸적인 어조이다. 이때 'mass'로서의 대중은 집단의 성원이나 구성하는 개인들이라기보다는 무차별적인 집합체, 심지어는 오합지졸(mob)을 의미한다. 그래서 대중문화(mass culture)는 이런 무리의 문화 부재를 의미하는 것이다. 이런 부정적인 평가의 대중문화(mass culture)에 대항적으로 등장한 것이 대중문화(popular culture) 혹은 대중예술(popular art)이라고 할 수 있을 것이다."13)

대중문화가 대중매체의 문화라는 것은 매체의 발전에 따라 대중문화의 영향력이 증가했음을 보아 쉽게 파악할 수 있다. 우리사회의 경우 1960~70년대에 비할 수 없을 만큼 1980~90년대의 문화는 대중화되었으며, 새로운 세기에 들어 와서는 가히 대중문화의 황금기를 맞고 있다고 해야 할 것이다. 직업에 대한 선호도를 보아도 이제 귀천에 대한 의식은 이미 사라졌고, 연예인들이 직업선호도에서 항상 상위에 랭크되고 있으며, 소위 '공인'으로서의 지위까지 확보한 상황이 되었다.

2) 대중문화와 자본주의 시장경제

그렇다면 우리사회의 대중문화 형성 과정은 어떠했는가? 우리사회에서 대중문화가 본격적으로 드러난 것은 경제개발 구호 아래 농촌이 해체되면서 도시에 인구 집중현상이 발생했던 1960년대이다. 1960년대에는 인구의 약 60%가 농촌에 살았으나 1976년에 들어서면서 역전

---

13) 강현두 편, 『현대사회와 대중문화』(서울: 나남, 1998), 176쪽에서 재인용.

되었고, 1990년대가 되면서 80% 이상이 도시에 살고 있는 상황이 되었다.[14] 결국 도시화는 '밀집'이란 현상을 가져오게 되고 군사혁명으로 집권한 1960~1980년대 정권은 정치적 불만과 저항의 위험을 극복하기 위하여 문화적인 대안을 찾게 되었다. 그리고 짧은 시간에 파급되는 대중문화를 중점적으로 육성하게 되었으며 이는 대중매체의 육성으로 구체화되었다.

정부는 1969년 전자산업육성법을 공포하며 1969년 8월8일 문화방송 텔레비전을 개국하게 된다.[15] 이후 텔레비전 보급은 폭발적인 증가 추세를 보이게 된다. 1960년대에는 10만대에 불과하던 텔레비전이 1972~73년에 백만 대를 돌파, 1975~76년대에 2백만 대 돌파, 1983~84년에 8백만 대를 돌파하는 경이적인 성장을 기록하게 된다.[16]

1980년대 역시 정권은 대중문화를 이용하는 정책을 추진한 바 있다. 특히 이전의 흑백 TV에서 컬러 TV로의 전환은 대중문화 전반에 걸쳐 다양한 변화를 유발하였다. 즉 단순히 영상 자체뿐 아니라 상업 문화 전반적인 면에서 화려한 색의 다양성 표출이 가능해졌고, 색상이 중요한 위치를 차지하게 되었다. TV 수상기의 보급도 이전의 흑백시대 보다 훨씬 단 기간에 고부가가치의 상품을 시장에 쏟아 놓았는데, 세계적인 전자강국으로의 발전정책 추진과 맞물려서 더욱 많은 지원을 받았다고 보아야 할 것이다.[17] 이제는 브라운관 방식의

---

14) 인구의 도시집중은 결국 수도권 인구 집중이란 풀기 어려운 문제의 원인을 제공하고 있으며 아파트, 다세대 중심의 주거문화를 형성했고, 지하실방 및 '옥탑방'이란 신조어를 낳게 되었다.

15) 국내 TV의 역사는 1961년 12월31일 국영방송 KBS가 개국되면서 부터이다. 1963년1월부터는 시청료 징수 및 광고방송이 시작되었다.

16) 강준만, 『대중문화의 겉과 속』(서울: 인물과사상사, 2003), 39쪽.

아날로그 방송이 디지털 및 액정방식의 고화질 텔레비전으로 급격히 변화되고 있는 추세이다. 즉 텔레비전은 광고뿐 아니라 전자 산업과도 관련되어 있음을 고려해야 한다. 엄밀히 말해서 텔레비전은 하드웨어가 먼저 나오고 소프트웨어는 그 요구에 부응하여 나중에 나왔다. 강준만은 텔레비전 매체의 특징에 관해서 이렇게 설명하였다. "적어도 미국에서 초기의 방송사들은 모두 전자산업이 소유하고 있었다는 점을 잊어서는 안 된다."[18]

대중문화는 상업적 논리의 지배를 받으며 자본주의 시장경제를 기반으로 하고 있다. 인터넷 포털 사이트의 영향력이 커져가고 있긴 하지만 여전히 영향력 있는 대중매체로 인정받는 것이 TV와 신문이다. 그런데 텔레비전은 국영방송인 KBS 제1텔레비전을 제외하고는 시청료 수입 및 국가적인 재정보조가 거의 없다. 결국 구독료를 받고 있는 신문의 경우에도 80~90%의 수입을 광고료에 의존하고 있다. 상황을 살펴보면 구독료 수입으로만은 신문 보급소 운영조차 힘들다고 하며, 실제로 신문 구독료는 종이 값 정도에 지나지 않는 상황이다 보니 광고의 비중은 여러 면에서 중요할 수밖에 없다. 특히 국내 경제에서 광고가 차지하는 비중도 상당하다. 광고시장은 '88년 처음으로 1조 원대를 넘어선 이후 '89년 22.4 '90년 27.8 '91년 16.5 '92년 17.5%씩 고성장을 거듭해 왔는데, '93년 우리나라의 총 광고비는 모두 3조1천9백79억 원에 이르렀다. 이 가운데 신문이 1조3천3백26억 원, 라디오가 1천3백71억 원, 잡지가 1천2백39억 원을 차지했다.

---

17) 위의 책. 41쪽 참조. 현재 우리나라에서는 디지털고화질 텔레비전이 상용화되는 과정에 있으며, 수상기 제작은 세계적인 선진 기술로 인정받고 있다.
18) 강준만, 『대중문화의 겉과 속』(서울: 인물과사상사, 2003), 38쪽.

’97년 4조8천5백80억 원에 이르렀던 총 광고비는 IMF 사태로 인해 ’98년에 3조6천2백70억 원까지 떨어졌으나 ’99년 이후에 다시 늘어나는 추세를 보이고 있다.

그런데 광고주들은 매체를 이용할 때, 독자의 수 및 경제적 사회적 지위 등을 고려하게 된다. 텔레비전의 경우에는 결국 시청자 층에 따라서 광고 수주가 결정된다. 어떤 프로그램은 노인층 및 농어촌 지역 시민들에게 큰 인기를 얻게 되는 경우도 있는데, 이런 경우 상품을 살 수 있는 구매력이 낮고 매체의 이미지에도 부정적인 영향을 미칠 것이란 평가가 가능할 것이다. 즉 광고주들은 언제나 구매력 있는 소비자가 많은 프로그램들을 선호하게 된다. 우리나라보다 미국에서는 언론사를 사고 파는 일이 자주 있는데, 언론기업의 평가는 결국 매체가 확보하고 있는 수용자의 수와 함께 그 사회, 경제적 수준이 고려되는 것이다. 결국 수용자들이 상품으로 평가되어 판매되는 경우라고 볼 수 있다. 즉 개개의 프로그램들은 소득이 어느 수준인 계층에 인기가 있는가에 따라서 광고주가 달라지게 된다. 이런 현상은 시청자들이 프로그램을 선택하는 측면보다는 광고주들이 시청자를 사는 시장 경제적인 논리가 대중매체에서 일어나고 있음을 보여주고 있는 것이다.

일반적으로 시장경제의 원칙은 수요와 공급의 균형에 의존한다. 그러나 언론시장은 좀 특이하다고 할 수 있다. 오히려 “공급이 수요를 창출 한다”는 법칙이 텔레비전과 관련해서는 매우 설득력 있게 받아들여지고 있다. 사실 방송 시장에서는 시청자들의 수요가 프로그램 공급을 창출해낼 수 있는 가능성이 거의 없다고 할 수 있다. 시청자들은 일방적으로 전달되는 공급의 양을 수요의 양에 의해 일정부분 대응하는 정도가 가능할 뿐이다. 상업적인 대중방송은 좀 더 구체적으로 텔레비전 수요자의 머릿수보다는 구매력에 관심을 갖고 있다고 할 것이다. 오래된 예로 1969년 미국 CBS에서 시청률이 높은 프로그램을 일시에 폐지시킨 일이 있었다. 이유는 시청자 층의 급격한 변화가 파악되었기 때문이다. 한국에서도 농촌을 배경으로 한 장수 드라마가 폐지된 일이 있는데, 여러 요인이 있긴 하겠지만 주 시청자 층의 상품구매력이 반영되었을 것은 분명하다.

4. 선교적 기여를 위한 기독교의 이미지 변화

지금까지 대중문화에 대한 이해 및 수용과 선교적인 활용을 위해 포스트모던적인 상황과 대중문화 등에 대한 특성 등을 살펴보았는데, 이제는 기독교의 이미지 변화에 대해 언급하고자 한다.

1) 기독교의 이미지 변화 필요성

우리 사회에 있어서 기독교는 어떤 이미지를 갖고 있는가? 실상이나 구체적인 데이터 보다 더 영향을 주는 것은 기독교의 이미지인데, 많은 경우 부정적인 이미지가 앞서는 경향이 있다. 전문가들은 지난 몇 번의 총선에서도 후보의 개별적인 능력보다도 '당의 이미지'가 큰 영향을 주었다고 지적하고 있다. 이제 우리는 기독교의 긍정적인 종교로서의 이미지 제고를 위해서 대중문화 및 매체를 적극 활용해야 한다. 그동안 타종교나 천주교에 비해서 기독교는 "오른손이 하는 일을 왼손이 모르게 하라"는 성경 말씀에 너무 문자적으로 충실하려고 했는지도 모른다. 예를 들어서 가장 많은 사회복지시설과 교육기관을 운영하면서도 그렇게 도덕적인 집단으로 평가받지 못하고 있다면 억울한 일이 아닌가?

요즘은 보수와 진보를 막론하고 대다수의 교회가 사회복지 및 봉사 분야에 참여하고 있다. 기독교의 사회봉사는 성경에서 근거를 찾고, 행해질 수도 행해지지 않을 수도 있는 부차적인 것이 아니라 교회의 본질이며 넓은 의미의 말씀 선포에 속하는 것으로 이해되고 있기 때문이다. 즉 교회의 사회봉사는 하나의 부수적인 기능이 아니라 본질적인 기능이다. 박영호 교수는 이렇게 강조하였다.

"교회는 사회의 양심으로서 사회에 대한 봉사를 해야 한다. 교회는 하나님께 대한 수직적인 의무와 수평적 의무인 이웃을 사랑하고 봉사하는 의무를 조화시켜야 한다. 사회봉사는 신학적이고 신앙적인 접근이다. 교회는 사회봉사를 근본적으로 신학적인 문제로 다루어야 한다. 사회봉사는 교회가 어떤 경우에든지 반드시 실천해야 하는 영적인 차원의 본질적인 사역이다."[19]

물론 봉사의 진정성을 가장 중요한 전제로 하는 것은 당연하지만, 다양하게 전개되는 사회 복지 및 봉사활동의 영역을 좀 더 문화적으로 개발, 다양화할 필요가 있다. 무엇보다 대중매체를 통한 홍보가

---

19) 박영호, 『기독교 사회복지』(서울: 기독교문서선교회, 2001), 15쪽.

필요하다는 점을 간과해서는 안 된다. 얼마 되지 않은 재정을 투입하면서도 시민단체의 구제와 봉사는 사회적인 반향을 일으키는 경우가 많은데, 한국교회는 많은 것을 퍼주면서도 인정받고 있지 못한 경우가 많다. 여러 원인이 있겠으나 대중매체의 활용에 소극적이었던 것도 하나의 원인일 수 있다. 기독교를 통해서 행해지고 있는 다양한 노인복지 및 장애인 대상 프로그램, 외국인 노동자를 위한 봉사, 소외계층의 교육과 물질적 후원 등 사회와 지역 사회를 위한 봉사가 단순한 전도의 방편이 아니라 사회를 위한 봉사와 섬김이라는 것을 어떻게 느끼게 해 줄 수 있을 것인가? 이제는 좀 더 효과적인 방법을 찾아야 한다. 교단 및 교회의 홍보는 기독교 언론이나 교단지만을 대상으로 해서는 의미가 없다. 다수의 사람들에게 영향력을 주고 있는 다양한 대중매체를 활용해야 한다.

2) 기독교적 교양과 덕성을 지닌 직업인 양성

모든 일에 있어 기획이나 프로그램보다 앞서는 것은 사람 그 자체이다. 이는 인격의 문제라고 볼 수도 있으며 덕의 문제라고 볼 수도 있다. 덕은 그 사람의 총체적인 기질과 관계되는 문제이기 때문이다.[20] 기독교 복음의 핵심 가운데 하나인 "네 이웃을 네 몸과 같이 사랑하라"는 그리스도의 지상명령은 구체적으로 신앙인들의 인격과 교양을 통해서 전달된다. 물론 선교 전략적인 차원과 여러 차원의 논의가 가능하겠지만 진실한 교양 있는 기독교인들을 우리사회는 필

---

20) 필립 워,서반, 임성빈 역, 『기독교윤리학의 역사』(서울: 한국장로교출판사, 2000), 159쪽.

요로 하고 있다. 얼마 전 번역, 소개된 바 있는 리처드 마우(Richard J. Mouw)의 『무례한 기독교』라는 책은[21] 그리스도인들이 다른 문화와 종교를 가진 자들에게 복음의 진리를 드러내기 위해서는 무엇보다도 정중하고 친절하며 관용하는 태도 즉 기독교적 교양과 예절을 갖추어야 한다는 점을 설득력 있게 주장하고 있다. 마우는 점점 사나워지고 전투적이 되어 가는 사회에서 결코 일상적이지 않은 '비일상적인 정중함(Uncommon Decency)'을 갖추고 일반 시민들을 대하고 살아가야 함을 강조한 것이다. 마우는 강한 신념과 교양의 관계에 대해서 이렇게 언급하고 있다.

> 마틴 마티가 말한 것처럼, 오늘날의 문제 중 하나는 예의바른 사람은 종종 강한 신념이 없고, 강한 신념을 가진 사람은 예의가 없다는 점이다. 나는 우리의 문제를 이런 방식으로 표현한 것이 마음에 든다. 그래서 우리는 교양 있는 태도에다가 우리 신념에 대한 '강렬한 정렬'을 결합할 길을 모색할 필요가 있는 것이다. 우리에게 주어진 진정한 도전은 신념 있는 시민교양을 계발하는 일이다.[22]

마우는 계속해서 시민적 교양은 곧 공적인 예의라고 설명한다. 그것은 자신과 다른 사람들을 대할 때 이해심을 품고 기지, 중용, 고상한 태도, 예절을 베푸는 것인데, 외적인 공손함을 표현하는 것만으로는 충분하지 않다고 지적한다.[23] 즉 교양있는 태도에는 '내적인' 측

---

21) 리처드 마우, 홍병룡 역, 『무례한 기독교』(서울: 대학생선교회출판부, 2004).
22) 위의 책, 16쪽.
23) 위의 책, 16쪽.

면도 있다. 단 오해하지 말아야 할 것은 기독교적 시민교양이 우리 주변에서 일어나는 현상을 비판해서는 안 된다는 식의 상대주의적 관점을 말하는 것은 아니라는 점이다. 다른 사람들이 믿고 행하는 것을 무조건 옳다고 인정하는 것이 교양 있는 태도는 아니라는 것이다. 즉 다른 이들이 자신의 신념을 표현할 권리가 있다고 주장하는 것과 그들이 그렇게 하는 것이 옳다고 주장하는 것은 서로 다르다.

비공식적인 통계이긴 하지만, 교회 근처에 사는 사람들의 신자 및 교회 출석률이 일반 평균보다 낮다는 말이 있으며, 교회 사무원들의 의견을 종합해 보면 사무원과의 전화 응대에서 가장 불편하고 대하기 어려운 사람이 비기독교인이 아니라 교인들이라고 한다. 주관적인 편견일 수도 있겠으나, 우리 자신을 돌아볼 필요가 있다. 대중문화와 관련된 실력 있는 많은 종사자들이 기독교인인 것이 여러 면에서 드러나고 있다. 한 예로 주로 연말에 시행되는 방송국 연예 관련 시상식에서 보면 수상자들의 수상 소감이 "먼저 하나님께 영광을 돌립니다"인 경우가 많다. 그러나 그런 멘트 한마디로 신앙인의 역힐을 다 하는 것은 아니다. 여러 일탈 행위와 부정과 비리가 등장하기 쉬운 상황 속에서 얼마나 진실한 사람이 되고 정의 편에 서서 살아가는가 하는 것이 더욱 중요한 문제일 것이다. 기독교 신앙에 확고히 선 사람들이 기독교 영역 안에만 머무르려 하지 말고, 사회 전체를 향해 실천적인 능력을 보여 주어야 한다. 다양한 영역 가운데 자신의 삶의 자리를 '소명(Vocation)'으로 해석하며 수용하는 직업인들이 많아질 때 효과적인 기독교 선교는 가능할 것이다.

참고문헌

강준만, 『대중문화의 겉과 속』, 서울: 인물과 사상사, 2003.

김영한, 『문화신학』, 서울, 성광문화사, 1992.

노치준, 「한국교회의 대사회적 갈등」, 『목회와 신학』, 도서출판 두란노, 2004.4, 90~96쪽.

박영호, 『기독교 사회복지』, 서울: 기독교문서선교회, 2001.

이문균, 『포스트모더니즘과 기독교신학』, 서울: 대한기독교서회, 2000.

원용진, 『대중문화의 패러다임』, 서울: 도서출판 한나래, 2002.

리처드 마우, 홍병룡 역, 『무례한 기독교』, 서울: 한국기독학생회출판부, 2004.

리처드 니버, 김재준 역, 『그리스도와 문화』, 서울: 대한기독교서회, 1995.

제3장
기독교적 인간이해의 편향성 극복

1. 윤리학에 있어서 인간이해의 중요성

윤리학 체계 속에서 인간의 본성 이해, 이와 관련된 덕(virtue)과 책임(responsibility) 등의 주제 등은 역사적으로 일관되게 중요한 자리를 차지했으며, 현대 사회에서도 더욱 중요성이 부각되고 있다. 물론 사회체계의 발달에 따라 사회적인 관계와 구조적인 상황의 비중이 도덕적 사고와 분석에 강한 영향을 끼치게 되면서, 인간의 본성 이해가 무의미한 것으로 여겨지는 경향도 생겨나고 있다. 또한 윤리 판단에 있어서 발생하는 행위와 사건의 책임 소재가 불분명한 것처럼 여겨지는 경우도 있고, 메타윤리(meta ethics)적 방법론의 대두와 함께 윤리적 회의주의에 도달하는 경우도 있다. 규정주의로 설명되는 스티븐슨(C. L. Stevenson)은 좁은 의미에서의 윤리적 주관주의 대 객관주의 논쟁을 넘어서서, 윤리적 판단은 아무것도 서술하고 있지 않기 때문에 참일 수도 거짓일 수도 없다고 하였다. 즉 윤리적 판단은 태도를 서술 하는 것이 아니라 태도를 표현하는 것뿐이라고 주장하기도 한다.[1] 그러나 우리는 인간이 무엇과도 비교할 수 없는 책임적, 응답적 존재이며, 대부분 행위의 주체가 된다는 것을 현실적, 경험적으로 인정하지 않을 수 없다. 만약 이것을 인정하지 않는다면 윤리학이 성립할 수 있는 여지가 없기 때문이다.

윤리학적 논의에 있어서 인간 이해는 매우 중요한 문제이기에, 본 장에서는 기독교적 인간 이해를 위해 기독교 사회윤리학자인 라인홀드 니버(Reinhold Niebuhr)[2]를 인간이해와 관련시켜 살펴보고자 한다. 니버의 사상은 여러 차원에서 설명 가능하지만, 그 바탕에는 기독교적 인간관이 자리 잡고 있으며, 니버는 이를 기초로 그의 사회윤리학을 전개하고 있기 때문이다.[3] 한마디로 말한다면, 니버는 인간의 가능적인 측면과 불가능적인 측면을 조화롭게 설명하고 있다. 기독교의 역사 속에서 어느 한 쪽만을 강조할 때, 인간이해와 윤리적 책임의 문제는 균형을 잃게 된다.

---

1) Peter Singer, 황경식 · 김성동 역, 『실천윤리학』(서울: 철학과현실사, 1997), 26쪽.
2) 니버(1895~1971)의 생애와 사상 개관은 Bob E. Patterson, Reinhold Niebuhr(Texas: Word Books, 1977)에서 기본적인 정보를 얻을 수 있다. 니버의 한글 표기는 니브어, 니부어 등도 가능하다. 이 책에서는 니버로 표기하였다.
3) 개인윤리와 사회윤리를 주제나 논의 분야에 따른 구분으로 생각하는 경우가 많은데, 개인윤리와 사회윤리는 기본적으로 윤리적 접근방법론의 차이에 기인한다고 하겠다. 이에 대한 추가적인 논의는 고범서의 『사회윤리학』(서울: 도서출판 나남, 1993)을 참고할 수 있다.

2. '불가능한 가능성'으로서의 인간이해

1) 아우구스티누스적 전통

인간에 대한 니버의 이해는 구약성서의 창조 이야기, 신약성서의 가르침 및 중세 사상가 아우구스티누스(Augustinus)에게로 거슬러 올라간다. 니버의 기독교현실주의와 인간이해는 인간의 본성, 죄, 구원과 관련된 예언자적 희망 등을 놓고 볼 때, 신학적으로 그 기초를 아우구스티누스에게 두고 있다고 볼 수 있다. 아우구스티누스는 계시종교인 기독교가 그리스·로마철학을 만나면서 이루어진 새로운 상황 속에서 발생한 시민 사회의 문제를 포괄적으로 다룬 사상가이다.4) 그는 『신국론』에서 사회적 현실에 관해 언급했는데, 고전적인 시대에는 이성이 모든 비이성적인 요소들 위에 군림하면서 도시국가의 정의와 질서가 성취되는 것으로 여겨졌다고 보았다. 그러나 그는 인간의 이성적 능력만을 강조한 것이 아니라 인간의 이기심에 관한 성서적 통찰을 수용하고 있다. 즉 아우구스티누스는 인간의 합리성을 우선적으로 존중하는 고전적 이론을 거부하고, 오히려 인간의 탐욕과 사악한 야심으로부터 발생하는 악의 요소에 주목하였다. 이런 관점이 여러 면에서 라인홀드 니버의 윤리 사상의 실마리가 되고 있다. 그러나 아우구스티누스는 인간이 피조물로서의 본성과 인간에게 부여된 초월성 사이에서 항상 긴장관계를 지니고 있다고 보았다. 결국 이 긴장이 니버에게 있어서는 인간의 긍정적인 측면으로 설명되

---

4) I. Strauss. ed., **A History of Political Philosophy.** p.279.

고, 나아가 부정적인 측면을 관계적으로 통합하여 '불가능한 가능성'이란 역설적인 개념으로 수용, 발전되는 것이다.

아우구스티누스는 다른 사람에 대한 우위를 주장하는 욕망과 교만의 욕구를 죄에서 나온 것으로 설명한다.『신국론』에 의하면 지상의 나라가 처해 있는 두드러진 특징은 인간의 저차원적 욕구들의 무정부 상태와 자신의 이기적 욕구들을 공동선 위에 놓으려는 극복할 수 없는 경향에서 나오는 것으로 본다. 그는 다음과 같이 설명한다.

> "두 가지 사랑이 두 도성을 건설하였다. 심지어 하나님까지도 멸시하는 자기 사랑이 지상의 도성을 만들었고, 자기를 멸시하면서 하나님을 사랑하는 사랑이 하나님의 도성을 만들었다. ······ 지상의 도성에서는 자기 몸이나 마음이나 혹은 이 두 가지 모두에게 유익한 것만을 추구했고, 심지어는 하나님에 대해 알 수 있던 자들마저도 교만에 지배되어 자기들의 지혜로 스스로 높다 하면서 우둔하게 되어, 썩지 아니하는 하나님의 영광을 썩어질 사람과 짐승과 벌레 형상의 우상으로 바꾸었다."[5]

또 다른 면에서 아우구스티누스의 '신의 도성'과 '지상의 도성'의 구분은 그의 역사철학적 조망이었다고 볼 수 있다. 그는 완전한 정의가 실현되는 신의 도성과 사치와 부패가 성행하는 지상의 정치현실을 동시에 바라보면서, 정치적 현실의 불완전성을 폭로하고 있는 것이다. 이런 면에서 아우구스티누스는 기독교적 신앙을 바탕으로 하는 니버의 기독교현실주의적 사회인식의 원형을 제공하고 있으며,

---

5) Augustine, De civitate Dei. (the two city) 14. 28. 대부분 "신국론"이라 번역되었으나 원래의 의미를 살리면 "두 도성"이 좀 더 적절한 표현이다.

니버는 아우구스티누스를 통해 '신의 도성'을 도덕적 판단을 위한 가치의 기준으로 삼았고, 지상에서의 제도와 기구를 잠정적이며 예비적인 것으로 판단하는 통찰력을 얻었다고 보아야 할 것이다.

2) 인간의 이기심과 죄성

니버는 아우구스티누스가 지적한 인간의 공동체를 위협하는 악이 이기심에서 비롯되었다는 주장에 주목하고 있다. 즉 인간이해에 있어서 인간의 탐욕스러운 자아사랑이 이기심의 원인으로 제시되며, 이는 또한 교만이나 우월감, 자아 중심성 등으로 나타날 수 있는 것이다. 니버의 주요 사상가운데 하나인 개인윤리와 사회윤리의 구별은 '이기심'의 정도에 기인했다고 볼 수도 있다. 인간의 이기심과 관련된 현상은 더 발전 되면 집단이기주의 및 사회적 의견 충돌의 원인이 되기도 하는 것이다.

니버는 그의 대표저작 중 하나인『노넉석 인간과 비도덕적 사회(Moral Man and Immoral Society)』에서 개인윤리와 사회윤리를 구별할 것을 역설했다. 그 요지는 개인 대 개인의 관계에 있어서는 사랑과 도덕이 비교적 높은 단계까지 실현될 수 있지만, 집단 대 집단의 관계에 있어서는 '집단적 이기주의'가 강력하게 작용하기 때문에 사랑과 도덕의 실현이 현저하게 저하된다는 것이다. 니버는 계몽주의와 합리주의처럼 악의 문제를 지나치게 낙관적으로 해석한 사상을 평가한다. 즉 역사 속에서 발생한 참혹한 사태들과 모순된 인간의 선성(善性)에 관한 확신을 재평가할 필요가 있다고 지적한다. 대부분의 낙관주의적 사조는 인간의 인거과 의지에 있어서 죄가 현존하고 있다는 생각을 거부하고 있다고 보기 때문이다.

인간은 피조물로서의 한계를 갖는 죄인이기에, 인간들이 만든 제도와 법도 절대적인 것이 되지 못하고 상대적이며 잠정적일 수밖에 없는 한계를 갖는다. 그러므로 니버는 사회적 현실과 여러 문제들에 대한 지속적인 분석과 응답을 통해 절대적인 선에 가까운 근사치(approximation)을 만들어야 한다고 주장한 것이다. 근대의 합리주의자들은 정신을 지나치게 이성과 동일시하고, 이성을 신과 동일시하는 경우가 많았다. 이에 대립하여 낭만주의자들은 자연이 인간의 창조성 혹은 질서와 덕망의 근원으로서의 의미를 갖고 있음을 강조한다. 그렇지만 낭만주의는 자연의 생명력 속에 어느 정도 정신의 자유가 들어 있는가 하는 문제와 자연의 통일성과 결합력이 인간의 정신에 의해 어느 정도 조정될 수 있는가에 대해 분명히 인식하지는 못한 한계가 있음을 고려해야 한다.

기독교 신앙에 의하면 인간 정신은 자유의 문제에 있어서 신적인 지혜에 의존하지 않고는 여러 면에서 불완전할 수밖에 없다. 종교는 종족의 습관이나 행동에 관한 이성적 규칙과 행동에 있어서의 일반적이며 추상적인 규범을 초월하기 때문이다. 독자성을 가진 인간의 개성을 지나치게 강조하다보면 인간이 갖고 있는 피조물성을 간과하는 위험이 있음을 지적한 것이다. 아울러, 니버는 인간의 한계와 피조물로서의 성격을 지나치게 강조하다보면 책임감 결여와 사회의 무정부화가 발생할 수 있는 위험과 부정적 측면이 있음을 동시에 지적하고 있다.

종교개혁자 마르틴 루터(M. Luther)의 종교적 개인주의는 신에 대한 인간의 책임과 독특한 관계를 강조하였으나, 경건주의자들은 신과 인간 사이에 융합-무매개적, 직접적 경험이 가능하다고 생각하여 은

총보다는 신비주의 쪽으로 기울게 되었다. 또한 니버는 낭만주의가 결국 도덕, 정치, 종교에 있어서 철저한 상대론으로 치우치는 경향이 있다고 보았다. 종교와 정치에 있어서 낭만주의적 상대론은 개인의 개념을 자기 파멸로 인도함으로써 주관적인 주장을 드러내는 경우도 많았다. 따라서 낭만주의가 지향한 생존의 특성은 독자적이며 자의적인 것으로, 영원한 의미의 세계에 있어서의 자신의 한계와 완성을 발견하는데 미치지 못하고 있다.

아우구스티누스는 "죄에 의해서 우리가 죽게 되었지만 죽음에 의해서 우리가 죄를 짓는 것은 아니다"라고 말한 바 있다.[6] 니버는 인간의 유한성이 무한성과 조화를 이루지 못하는 것이 죄라고 지적하면서, 하나님을 중심으로 한 율법에 의한 죄관이 아니라, 인간의 자유와 자율적 정신에 근거하여 죄인으로서의 인간관을 설명하고 있다. 니버는 전형적인 낙관주의적 전통과는 달리 타락한 인간의 본성에도 집중하고 있다. 자유의지와 관련해서 죄는 불가피한 것이었지만, 필연적인 것은 아니라고 보았다. 조물주가 인간을 유한하게 창조하긴 했지만 유한성 그 자체가 악한 것은 아니며, 인간은 하나님의 형상을 통한 초월성을 갖는 이중적인 입장에 있기 때문에 불가피하게 죄를 짓는다고 설명한 것이다.

3) 변증법적, 관계적 인간이해

니버는 앞에서 설명한 '불가능'한 존재로서의 인간 이해와 '가능'

---

6) Augustinus, Pelagian Works, Vol.I. p.150. Ibid., p.173에서 재인용.

한 인간 이해를 종합하여 발전시킨다. 울프(J. Wolf)는 니버의 사상에 대해 변증법이기보다는 '관계적인 사유(relational thought)'라고 표현하는 것이 더 적절하다고 설명한다.[7] 즉 니버의 변증법은 엄격한 종합이 아니며, 두 대립 요소 간의 절충과 병행의 방법은 더욱 아니라는 설명이다. 즉 니버의 특징을 이원성이 함축되어 있는 인식 및 발전 과정이라고 보았다. 울프에 의하면 니버의 인간에 관한 이론 전개 및 분석은 이렇다. 인간 이해에 있어서 대립되는 두 측면을 기술하면서 긍정 및 부정의 요인을 점차 줄여가며, 기본 부정에 대한 반 긍정과 기본 부정에 대한 반 부정을 상호 관련시키는 방식이다. 니버는 앞서 논의한 이기주의와 자기희생의 문제도 변증법적 관계로 고양시키고 있다. 이기주의와 자기희생 사이의 역설적인 긴장은 자기 확대의 충동과 사랑의 원리 사이의 긴장을 이루게 하고, 나아가 상호적 사랑(eros)과 희생적 사랑(agape)의 변증법적 관계를 형성한다고 볼 수 있다.

니버는 인간의 죄악을 종교적 차원에서의 불의와 도덕적 차원의 부정의란 이중 구조로 설명하고 있다. 인간은 죄로 인하여 자아가 그 자신의 삶과 사회생활에서의 중심을 차지하게 되었다. 나아가 그 자아는 임의적으로 다른 사람의 삶을 자신의 의도에 종속시키고, 다른 사람에게 부정의와 불의를 행하게 한다. 이런 면에서 니버는 절대적 사랑인 아가페보다 한 단계 낮은 상호애를 하나의 현실적인 규범으로 제안하고 있다. 니버는 상호애가 현실적인 상황에서 보면 최

---

7) William J. Wolf, "Reinhold Niebuhr's Doctrine of Man", C. Kegley & R. W. Bretall, op.cit., pp.231~232.

고의 선을 가져올 수 있을 것이라고 주장한다. 이는 쌍방 간에 만족과 보상을 주는 상호성의 성격을 지니고 있는 것으로, 인간사 속에서 이런 상호애가 제대로 추구되지 않고 왜곡될 때 자신의 이익만을 추구하는 자기애로 나타난다.

그런데 중요한 것은 이 상호애가 궁극적인 규범으로 자리 잡게 되는 경우에는 이기적인 자기애로 부패, 퇴보한다는 것이다. 따라서 반드시 보다 높은 단계인 아가페 사랑에 의해 통제되고 조정되어야 할 필요가 있다. 여기서 아가페 사랑의 기능이 도출되는데, 아가페 사랑은 현실세계에서는 실현 불가능한 윤리적 이상이지만 사람들의 도덕적 수준을 고양시키고 재충전과 점검을 받게 하여 사회적 정의를 향한 노력을 가능하게 하는 역할을 한다. 결국 아가페 사랑은 인간사회의 현실 속에서 대부분의 경우 '불가능한 가능성(impossible possibility)' 또는 '가능한 불가능성(possible impossibility)'이란 변증법적 관계를 형성하면서 존재하는 것이다.

3. 인간의 가치와 책임에 대한 재인식

신학의 역사 속에서 소위 보수주의 계열은 인간의 능력을 불신하며 죄성을 강조하다보니 인간의 가치 자체가 평가 절하되거나 간과되는 경우가 많이 있었다. 그러나 인간의 가치는 본래적이며, 비교할 수 없는 것임을 받아들여야 책임에 대한 이해와 강조가 가능한 것이다.

1) 가치와 인간이해

니버의 사회윤리를 인간관 중심으로 이해하는 작업은 인간의 가치 및 책임의 문제와 관련된다. 사실 가치론(value theory)은 윤리학뿐만 아니라 미학 등에 있어서도 중요한 문제다. 가치의 기원을 어디에 두는가에 따라서 가치의 주관성과 객관성 등에 관련된 많은 논의가 있긴 하지만, 인간이 목적적 가치와 본래적 가치를 갖는다는 데에는 이론의 여지가 별로 없다. 그러나 가치에 대한 설명이나 정의에 앞서서 가치의 무분별한 사용에 대한 가넷(Garnett)의 경고를 참고할 필요가 있다. 가넷은 "가치라는 말이 거의 절망적일 정도로 애매하게 쓰이고 있는데, 가치의 일반론이라고 할 경우처럼 적절한 때를 제하고 애매하게 쓰이는 것을 막아야 한다"고 한 바 있다. 이는 가치 문제의 난해성과 오해의 여지를 잘 보여주고 있다.[8] 가치와 인간이해의 관련성에 있어서, 가치를 나누자면 종교적인 차원에서 이해하는 객관론과 심리학적으로 설명하는 주관론으로 나누어 볼 수 있다. 니버의 인간관은 두 입장 모두 관련되며, 결국 '관계적 이해' 또는 '종합적 입장'이라고 볼 수 있을 것이다.[9]

데이비드 흄(David Hume)은 가치를 전적으로 마음과 내면의 세계에 속한 주관적인 것이라고 보았다. 즉 가치의 객관성을 부정하면서 '대상에 반응하는 정신 작용'이라고 하였다.[10] 흄 이래로 많은 사람

---

8) A. Campbell Garnett, The Moral Nature of Man (New York: The Ronald Press Company, 1952), p.130.

9) 멜빈 레이더, 버트람 제섭 저, 김광명 역, 『예술과 인간가치』(서울: 이론과실천, 1987), 24~38쪽 참조.

10) David Hume, An Enquiry Concerning the Principles of Morals(London: Oxford

들이 가치를 전적으로 마음의 세계와 내면의 세계에 속해 있는 것이라고 주장하였다. 반면에 기독교의 '하나님의 형상'으로서의 인간 이해와 죄의 한계를 갖는 피조물로서의 인간 이해는 가치의 객관적 성격을 갖고 있다. 인간의 존엄성과 가치를 언급하는 데 있어서 종교적, 초월적 요소만을 배타적으로 주장하면 설득과 수용의 한계를 드러낸다. 결국 심리적 주관성을 동시에 고려하지 않을 수 없다. 이런 면에서 니버의 사회윤리 구상의 기저에 있는 인간관은 '관계적' 이해차원에서 다양한 가치론에 입각하고 있다. 물론 지나친 단순화 및 도식화의 위험이 있긴 하지만, 결국 주체와 대상의 상호 관계가 전개되는 것이 사회적 현실이다. 니버의 사상에 있어서는 잠재적 가치와 현실적 가치, 주관적 가치와 객관적 가치 등 여러 차원의 가치들이 종합되고 있다.

인간을 인격, 도덕적 책임과 지위를 지닌 존재로 이해하는 것을 지나친 이성중심의 합리주의적 발상이라고 비판하는 사람들도 있다. 그러나 여전히 이성에 의해 합리적 판단을 내리는 존재는 인간뿐이라는 신념과 이와 관련된 윤리설은 자유와 책임을 가능하게 하는 근거가 되고 있다. 여러 윤리학설 중 직관주의적 윤리설(intuitional ethical theo ry)이 가능한 것도 인간의 선천적인 도덕적 우월성을 전제하고 있는 것이라고 볼 수 있다.

칸트의 의무론적 윤리설에 있어서, 도덕은 반인과적인 인간의 자유와 합리성을 전제로 하고 있다. 선에 관한 그의 이론에 의하면 목적론적 윤리설에서 중요하게 여기는 쾌락이나 행복은 본래적으로 선한 것

University Press, 1902), pp.291~292 참조.

이 아니다. 칸트는 감정과 정념에 있어서의 절제, 자기 통제, 평온한 사유를 인간의 바람직한 성품이라고 말하고는 있지만, 그것들도 무조건적으로 선한 것은 아니다. 칸트에게 있어서 무조건적으로 선한 것은 오직 선의지 뿐이다. 따라서 칸트의 윤리설에서는 의무에 부합하는 행위와 의무에서 나오는 행위가 구별되고 있는 것이다. 이런 면에서 보면 인간의 고유 목적은 분명히 행복의 극대화가 아닌 자신의 본성 계발이다. 칸트에 의하면 이 원칙은 합리적 이성의 명령에 따라가는 보편적, 무조건적인 것이며, 경향성, 욕구, 생활 환경 등 상황에 좌우되지 않는다. 따라서 그의 정언명령은 "인간을 목적으로 대우하고, 수단으로 대우하지 말라"는 인간 존엄성을 전제로 하고 있다.[11] 윤리 체계에 있어서 많은 경우에 목적론과 의무론은 대립적인 것으로 받아들여지고 있으나, 꼭 그렇게 생각할 필요는 없다. 둘 사이의 관계를 상보적으로 볼 수 있는 근거도 많이 있다.

2) 의무론과 목적론의 상보관계

의무론과 목적론을 상호 보완적인 관계로 보고 있는 로스(W. D. Ross)는 규칙의무론자로서 조건적 의무와 실제적인 의무를 구분하여 설명하고 있다. 즉 실제적 의무란 실제로 옳은 것, 의무인 것으로서 특정한 상황에서 실제로 행해야 할 것이라고 본 것이다. 그런데 이런 경우에 행해야 하는 의무들이 상충하는 경우가 많으므로, 의무는

---

11) Richard L. Purtill, 김기순 · 양승렬 역, 『윤리적 사고방식』(서울: 숭실대 출판부, 1996), 73쪽.

결국 예외를 갖게 된다는 것이다.[12] 그러나 로스는 조건적 의무에 해당하면서 예외 없는 규칙이 있다고 보았다. 즉 다른 도덕적 고려 사항이 개입되지 않는 한 실제적 의무가 되는 조건적 의무이다. 따라서 로스는 실제적 의무의 규칙은 아니지만 조건적 의무의 규칙으로서 예외 없이 적용되는 도덕규칙이 있음을 암시하고 있다. 결국 '규칙의무론'은 의무론과 목적론이 결합되는 성격을 갖고 있다. 리챠드 퍼틸은 제한 규정 하에서 의무나 책무들에 대한 다음과 같은 서열을 받아들일 수 있다고 설명하고 있다.[13] 그가 말하는 구체적인 의무 서열은 다음과 같다. ① 다른 사람을 해롭게 하지 말아라. ② 다른 사람에게 끼친 해를 보상하라. ③ 서약을 지키도록 하라. ④ 받은 은혜에 보답하라. ⑤ 적어도 그들에게 합당한 만큼은 사람들을 대우하라. ⑥ 합당하든 안하든 사람들에게 선을 베풀도록 하라. ⑦ 어떤 방식으로 자신을 향상시키도록 하라.

가장 대표적인 목적론적 윤리설인 공리주의의 '최대다수의 최대행복'이란 원리는 가능한 많은 행복을 산출해야 한다는 원리인데, 여기에는 가능한 한 광범위하게 분배해야 한다는 정의의 원리가 들어 있음을 간과해서는 안 된다. 그런데 때로는 이 두 원리가 상충을 일으킬 수도 있다. 벤담(J. Bentham)은 분배에 있어서 "모든 사람은 각각 하나로 간주되며, 어느 누구도 하나 이상으로 간주되지 않는다"고 하였는데, 이 원리가 유용성의 원리와 갈등을 일으킬 수도 있음을 고려해야 한다.

---

12) W. Frankena, 황경식 역, 『윤리학』(서울: 종로서적, 1984), 47-48쪽.
13) Richard L. Purtill, 김기순 · 양승렬 역, 앞의 책. 67쪽.

공리주의 이론이 '최대의 선'을 산출하는데 집착하다 보면 개인을 희생시키는 것이 정당화 될 수 있으며, 미래의 결과에 집착하여 과거의 행위에 대한 책임을 무시하는 사례가 발생할 수도 있다. 자유민주 사회에 있어서 개인의 자유와 생명권, 사생활의 보장은 가장 기본적인 권리로 인식되는데, 이런 권리들에 대한 침해가 발생하는 경우 공리주의는 정당화되기 어려운 약점이 있다.

이런 문제와 약점들을 해결할 수 있는 논변이 니버의 '현실주의적 사회윤리 구상' 속에 들어있다. 니버의 사회윤리 구상과 체계는 그의 철저한 정치적, 도덕적, 신학적 인간이해를 바탕으로 하고 있다. 왜냐하면 니버가 본 인간은 '가능적 존재'로서의 특별한 권위와 존엄성을 갖고 있으며, 동시에 이기주의에서 비롯되는 행동으로 가득찬 명백한 '불가능적 존재'이기도 하기 때문이다. 니버는 사회적 각성과 도덕적 선의지의 증가가 사회적 갈등의 야만성을 완화시키는데 도움이 된다하더라도, 그것들로 갈등 자체를 제거할 수는 없다고 보았다. 따라서 국가 혹은 경제 집단 내에 있어서의 갈등 제거는 어느 정도 이성과 동정심을 발휘할 수 있고 도덕적 선의지를 갖고 있는 것을 전제로 한다고 볼 수 있다. 그러나 갈등의 완전한 해결은 인간의 본성 및 상상력과 지성의 한계를 고려해볼 때 불가능하다고 볼 수밖에 없는 하나의 이상인 것이다.

물론, 인간은 본성적으로 사회의 문제를 해결할 수 있는 기본적인 자질과 능력을 갖고 있다. 인간은 다른 사람들과 유기적 관계 속에서 인격 및 정체감을 형성해간다. 아울러 인간은 자연적 충동 때문에 타인들의 욕구가 자신과 상충될 때조차도 타인들의 욕구를 고려할 줄 안다. 지성은 자애로운 충동을 증대시킬 수 있고, 그 결과 인간으로 하여금 자신과 유기적이고 자연적인 관계에 의해 얽혀있는 사람들 이외의 욕구와 권리도 고려하게 해준다. 그러나 평범한 사람들의 도덕적 능력에는 일정한 한계가 있기 때문에, 타인에 대한 배려를 다른 사람들에게 부과하는 것은 불가능한 일이다.[14]

사실상, 사회생활에 있어서 개인이나 집단 사이의 관계는 기본적으로 각자의 이해관계에 뿌리를 두고 있기 때문에 이해관계를 넘어서는 윤리적 해결을 기대하기가 쉽지 않다. 따라서 서로 갈등을 일으키는 이해관계를 해결하기 위해서는 인간에 대한 냉철한 통찰과 새로운 방법이 도입될 필요가 있다. 인간의 정신력과 상상력은 여러 면에서 한계와 제약을 받고 있으며, 개인적인 이해관계를 초월하여 동료 인간들의 이익을 자기의 이익만큼 충분히 고려할 수 없으므로 불가피하게 강제력을 사용하기도 한다. 즉 인간들은 사회적 관계에 있어서 피할 수 없는 근원적 이기심과 자신이 속해 있는 집단과 관계된 힘의 영향을 받는다. 이와 관련하여 렌스키(G. E. Lenski)가 "다른 사람들의 반대에도 불구하고 자기의 의사를 관철시킬 수 있는 가능성"을 힘이라고 정의한 것을 다시 생각해보게 된다.[15] 사회를 구성하는 개인이나 집단은 힘의 역학 관계 속에서 이익과 관련한 견제와 균형의 상황 속에서 순응하거나 대항하며 살아가고 있다. 이런 면에서 삶의 현장은 힘의 각축장이라고 볼 수 있으며, 도덕적 이상이나 가치의 실현은 이런 요소들을 고려해야 한다는 것을 니버의 사회윤리적 통찰은 제시하고 있다.

---

14) Reinhold. Niebuhr, Moral Man and Immoral Society: A Study in Ethics and Politics. (New York: Charles Scribner's Sons, 1932), p.3.

15) G. E. Lenski, Power and Privilege (New York: McGraw Hill Books, 1966), p.43.

소위 진보적인 신학과 기독교는 사회문제에 대한 신앙적 태도에 있어서 인간의 집단행위와 개인의 도덕적 이상 사이에 있는 항구적 차이를 인정 하지 않는 경향이 있다. 니버는 진보적 기독교를 도덕주의라고 평가하면서, 비현실적인 측면에 대해 기술한 바 있다. 즉 진보적인 기독교의 도덕주의는 그 자체로 완전하고 순수할지 모르나 기본적인 정의를 제대로 성취해 낼 수 없다. 어느 사회에서나 기본적 정의란 인간의 공동적 노력을 올바로 조직하고 사회적 제반 세력 간의 평등을 실현하면서 공동이익을 추구할 때 만들어진다. 또한 이 익에 기인한 경쟁에서 빚어지는 피할 수 없는 충돌을 적절히 억제할 수 있느냐는 문제도 중요한 관건이다.[16] 이상적으로는 가능하지만 역사 속에 나타난 기독교회와 신자들의 모습은 도덕적 이상주의의 허약함과 순진성을 드러내 주었다고 볼 수 있다.

4. '불가능한 가능성'과 '아가페'의 윤리

니버의 윤리에 있어서 '아가페'의 사랑이란 매우 함축적인 의미를 갖고 있다. 그 의미 파악을 위해서는 윤리학 전통에 있어서 '의무 판단(deontic judgements)'과 함께 '덕성 판단(aretaic judgements)'의 흐름이 있음을 상기할 필요가 있다. 즉 덕성판단이란 도덕적 평가에 있어서 사람의 성품, 동기, 의도, 행적 등에 관해서 판단하는 것이다. 도덕적

---

16) R. Niebuhr, Interpretations of Christian Ethics (New York: Merdian Books, 1956), pp.139~198.

으로 선한지 악한지, 책임이 있는지 무책임한지, 비난받을만한지 존경할만한지, 유덕한지 부덕한지 등의 판단을 하는 것이다.

이렇게 보면 덕이란 단순히 매력이나 수줍음 같은 인간의 성격적 특성이라기보다는 인격적 특성이다.[17] 즉 인간이 단지 특정한 방식으로 생각하고 느끼는 성향이 아니라, 특정한 상황에서 특정한 행위를 하는 성향에 주목하고 있는 것이다. 이런 측면은 결국 윤리학의 거시적 두 흐름이라고 할 수 있는 의무론과 목적론에 있어서, 양쪽 모두를 중요한 개념으로 보고 있다고 할 수 있다. 또한 이 문제는 도덕적 원칙과 인격적 성향도 상보적인 것이라고 볼 수 있으며, 결국 도덕적 논의의 핵심에는 "어떤 인간이 되느냐"에 관한 문제가 자리잡고 있음을 함축한다.[18]

니버의 사회 윤리는 원리로서의 정의와 실천으로서의 사랑을 동시에 강조했다. 즉 니버는 어떤 정의가 단순히 정의만을 고집한다면 이미 변질된 것이라고 하면서, 정의에 기초한 요구가 단순히 자기 이익의 계산에 집착하는 길로 빠지는 것을 막기 위해서는 아가페 사랑을 필요로 한다고 역설하였다. 사랑 없는 정의는 단순히 권력의 균형에 불과하다. 동시에 정의가 없는 사랑도 사랑일 수가 없다. 왜냐하면 존재의 현실을 고려하지 않는한 사랑은 막연한 감상주의에 빠지는 위험을 갖고 있기 때문이다. 니버에게 있어서는 사랑과 정의의 관계가 인간의 본성과 사회 및 역사적 현실 속에서 더욱 뚜렷이 구별되면서도 상호관계를 맺고 있다.[19]

---

17) W. Frankena, 황경식 역, 『윤리학』(서울: 종로서적, 1984), 109쪽.
18) 위의 책, 122쪽.
19) Gordon Harland, Thought of Reinhold Niebuhr (New York: Oxford University Press,

인간을 어떻게 이해하느냐에 따라서 윤리적 평가 및 가치 평가는 자리매김을 달리한다. 그런데 니버의 존재 자체를 꿰뚫고 있는 치밀한 인간관은 피조물로서의 한계와 도덕적 담지자 및 행위자로서의 인간을 조화롭게 변증법적으로 발전, 부각시키고 있다. 인간을 '불가능한 가능성(the impossible possibility)'이라고 본 니버의 윤리는 생명체 복제, 유전자 조작 등에서 볼 수 있는 생명 존엄성의 위기에 직면하고 있는 우리들에게 거시적인 차원에서의 윤리적 가치판단과 행동의 기준을 제시해 주고 있다.

1960), p.25.

참고문헌

고범서, 『社會倫理學』, 서울: 도서출판 나남, 1993.

Brown, Chales C, *Niebuhr and His Age*. Philadelphia: Trinity Press, 1992.

Friedrich, G. & Küng, H., 김균진 역, 『유토피아니즘과 기독교』, 서울: 종로서적, 1986.

Honecker, Martin, 남정우 역, 『사회윤리학 이론의 구상』, 서울: 대한기독교출판사, 1988.

Jonas, Hans, 이진우 역, 『책임의 원칙: 기술 시대의 생태학적 윤리』, 서울: 서광사, 1994.

MacIntyre, Alasdair, 이진우 역, 『덕의 상실』, 서울: 문예출판사, 1997.

Niebuhr, Reinhold. *Does Civilization Need Religion? —A Study in the Social Resources and Limitation of Religion in Modern Life*, New York: Macmillan Co., 1927.

______, *Moral Man and Immoral Society: A Study in Ethics and Politics*, New York: Charles Scribner's Sons, 1932.

______, *Reflections on the End of an Era*, New York: Charles Scribner's Sons, 1934.

______, *Beyond Tragedy: Essays on the Christian Interpretation of History*, New York: Charles Scribner's Sons, 1937.

______, *Christianity and Power Politics*, New York: Charles Scribner's Sons, 1940.

______, *The Children of Light and the Children of Darkness: A Vindication of Democracy and a Critique of Its Traditional Defense*, New York: Charles Scribner's Sons, 1944.

______, *The Irony of American History*, New York: Charles Scribner's Sons, 1952.

______, *Christian Realism and political Problems*, New York: Charles Scribner's Sons, 1953.

______, *The Nature and Destiny of Man: A Christian Interpretation. 2 volumes in one. Vol. 1, Human Nature. Vol. 2, Human Destiny*, New York: Charles Scribner's Sons, 1953.

______, *An Interpretation of Christian Ethics*, Living Age Books, New York: Meridian Books, 1956

______, *The Self and the Dramas of History*, New York: Charles Scribner's Sons, 1957.

______, *Essays in Applied Christianity*, Edited by D. B. Robertson. New York: World Publishing Co., Meridian Books, 1959.

______, *Reinhold Niebuhr on Politics*, Edited by Harry R. Davis and Robert C. Good. New York: Charles Scribner's Sons, 1960.

______, *Reinhold Niebuhr: His Religious, Social, And Political Thought*, Edited by Kegley, Charles W. and Bretall, Robert W. New York: The Macmillan Company, 1961.

______, *Man's Nature and His Communities*, New York: Charles Scribner's Sons, 1965.

______, *Faith and Politics: A Commentary on Religious, Social, and Political Thought in a Technological Age*, Edited by Ronald H. Stone. New York: George Braziller, 1968.

Pasewark, Kyle A. *A Theology of Power: Being beyond Domination*, Minneapolis: Fortress Press, 1993.

Rachels, James, 김기순 역, 『도덕철학』, 서울: 서광사, 1983.

______, 황경식 역, 『사회윤리의 제문제』, 서울: 서광사, 1983

Rader, Melvin & Jessup, Bertram, 김광명 역, 『예술과 인간가치』, 서울: 이론과 실천, 1987.

Smith, Michael Joseph, *Realist Thought from Weber to Kissinger*, London: Louisiana State University Press, 1986.

Sylvan, Richard, Bennett David, *The Greening of Ethics*, Arizona: Arizona Press, 1994.

Warren, Mary Anne, *Moral Status*, New York: Clarendon Press, 1997.

제**2**부

기독교현실주의적 문제 해결

제4장

대량 소비문화시대와 기독교공동체

1. 소비문화의 확산

우리가 살고 있는 시대를 여러 면에서 설명할 수 있겠지만, 그 중 빼 놓을 수 없는 것은 소비[1] 문화가 지배하고 있는 시대라는 것이다. 사실 문화는 일종의 환경이기 때문에 누구나 피할 수 없는 상황이다. 기독교인들도 예외 없이 소비문화에 노출되어 있으며, 소극적으로

---

[1] 소비란 소비재와 서비스가 만들어지고, 구입되고 이용되는 과정을 말한다. 이런 정의는 전통적인 견해가 확대되고 있음을 보여준다. 전통적인 구매행위의 강조 뿐 아니라, 구매에 선행하는 제품개발 및 구매 뒤의 제품이용이 소비 행위에 포함되는 것이다. 그랜트 매크래켄, 이상률 역, 『문화와 소비』(서울: 분예출판사, 1997), 29쪽. 각주 1 참조

영향을 받을 뿐 아니라 때로는 영향을 주기도 하는 것이다. 즉 소비문화와 관련하여 기독교는 독립변수로 혹은 종속변수로 작용하고 있다. 그런데 소비문화는 문화라는 용어가 말해주듯 단순한 경제 영역에 국한된 문제가 아니고, 신앙 공동체의 구조나 본질적인 부분에까지도 영향을 줄 수 있는 측면이 있다. 대량 소비문화의 시대에 있어서 유아들도 예외가 아님을 지적하면서 유아들을 상대로 한 소비문화를 묘사한 한 글이 있다.

> 0.5초당 1개씩 세계 어디선가 바비 인형이 판매되고 있다. 세계적으로 1억 2,000만 명 이상의 어린이들이 CTW(Children's Television workshop: 미국의 비영리 교육단체로 <세서미 스트리트>를 제작·방영했다)를 시청하고 있다. 최근 맥도날드가 우는 소리를 하고 있지만 여전히 미국 인구의 8%가 매일 맥도날드를 이용하고 있다. 맥도날드의 매출액 가운데 5분의 1 가량이 어린이용 햄버거 세트인 '해피밀(Happy Meal)'이다. 음악시장·식품시장·영화시장·게임시장·의류시장·신발시장·장난감시장·텔레비전 방송시장·스포츠 시장·학용품시장·소매시장·온라인 소매시장·건강 및 화장품시장·여행시장 등 현재 어린이들을 타깃으로 하고 있는 모든 시장들이 급성장하고 있다.[2]

이 장에서는 현대 사회의 소비문화가 우리 생활 및 의식에 어떻게 자리잡고 있는가를 살펴보고, 기독교 공동체가 이 문제에 어떻게 대응하여야 할 것인가를 모색해보고자 한다. 특히 지구촌화, 세계화가 급속히 진행되고 있는 상황에서 '소비문화'는 기독교 공동체의 정체

---

2) 줄리엣 B. 쇼어, 정준희 역, 『쇼핑하기 위해 태어났다』(서울: 해냄출판사, 2005), 33쪽.

성을 드러내주는 중요한 부분이 될 수 있을 것이다. 이제 기독교윤리의 논의도 '어떻게 생산하는가'라는 관심에서 '어떻게 소비하는가'라는 관심으로 이행해야할 부분이 많이 있다.

2. 소비문화의 시대

1) 소비와 문화의 관계

사실 전혀 관계없을 것 같기도 했던 소비와 문화가 근래에는 깊은 관련을 맺고 있다. 현대 사회의 중요한 코드가 되고 있는 '문화'는 서구식 자본주의 영향으로 '소비문화'를 통해 소비와 밀접히 관련되고 있다. 특히 지구촌의 여러 면에서 영향력을 행사하고 있는 미국은 세계 최고의 소비중심 사회이다. 그런데 미국인들은 다른 선진국 국민들보다 더 장시간 근무하지만 저축률은 더 낮고 소비자들의 채무가 폭발적으로 증가하여 매년 약 150만 가정이 파산신청을 하고 있다고 한다. 반면 가족 구성원의 수는 줄었음에도 불구하고 주택의 크기는 점점 넓어지고 있으며 주택의 특징은 대형 옷장과 서너 개의 차고가 딸려 있다는 것이다.[3] 그런데 이런 현상은 우리 사회에서도 가시화되고 있다. 가구 수의 증가와 함께 대형 주택을 선호하는 경향이 도시의 주택난을 가속화하고 있으며, 대도시 부동산 문제의 중요한 원인이기도 하다. 근래에는 우리나라를 비롯한 아시아 시장이

---

[3] 줄리엣 B. 쇼어, 정준희 역, 『쇼핑하기 위해 태어났다』(서울: 해냄출판사, 2005), 9쪽.

소위 명품 브랜드의 주요 소비처가 되고 있다. 패션산업 중 명품 브랜드의 매출은 2007년 추산 약 800억 달러(약 73조 원)으로 추산되는데, 이중 아시아가 차지하는 비용이 유럽(35%) 미국(24%)보다도 큰 37%에 달한다.

소비의 급속한 증가는 노동 시간의 증가를 수반하게 된다. 대량소비를 위해서는 대량생산이 발생하며, 많은 비용을 필요로 하게 된다. 즉 비용의 확보를 위해서는 개인 및 가계 수입의 증가를 추구할 수밖에 없는 것이다. 미국의 경우에도 지난 50년 동안 대부분의 사람들이 수입이 높아지는 대신 노동시간이 증가했다. 그런데 노동시간 증가에 대해서 대부분의 노동자들이 저항을 하지 않고, 여론조사 결과를 보면 노동시간이 늘어났음에도 불구하고 노동자들 대부분이 노동시간과 임금 간의 균형에 만족하고 있다고 한다. 쥴리엣 쇼어는 노동자들이 노동시간의 증가에 저항하지 않고 순순히 따르고 있다는 점을 지적한 바 있다.[4]

문화에 대한 정의는 무척 다양한데, 개인이 지적 자질을 개발·발전시키는 개화나 문명화의 의미를 내포한 개념이나 특정 문명권의 지적 소산의 총체를 가리키는 말로 문화유산, 유적, 문물, 무형문화 등을 의미하는 경우가 있다. 그런데 이보다 넓은 의미로 문화는 세계를 해석하고 구성하는 활동과 관념의 총칭으로 볼 수 있다.[5] 스타트는 문화의 특성을 여러 면에서 정의하였는데, 소비 문제와 관련될

---

4) 위의 책, 11쪽.
5) 그랜트 매크래켄, 이상률 역, 『문화와 소비』(서울: 문예출판사, 1997), 13쪽.

수 있는 설명을 찾아보면 다음과 같다.[6]

   (1) 문화는 무형적이며 비가시적이다.

   (2) 놀이문화나 패션처럼 문화는 욕구를 충족시켜준다.

   (3) 문화는 학습된 것이다. 여기에는 예절교육처럼 가정에서 이루어지는 공식적 학습, 광고를 통해 모방하는 비공식적 학습, 그리고 교육기관에서 이루어지는 기술적 학습이 있다.

   (4) 문화는 다수에 의하여 공유되는 것이다. 가족, 교육기관, 종교기관 같은 사회제도뿐만 아니라 대중매체나 광고를 통하여 다수의 사람이 공유한다.

   (5) 문화는 고정된 것으로 보이지만 변화한다.

그의 설명 중 주목할 것은 문화가 시간의 진행에 따라 변화한다는 것인데, 결국 소비도 일정한 경향성을 갖고 변해왔음을 고려한 필요가 있다. 인류가 살아오면서 소비는 언제나 있었을텐데, 현대사회의 문제는 대량화와 가속화 과정을 밟고 있다는데 주목할 필요가 있다.

2) 문화적 변화와 소비

남승규는 최근의 문화적 변화를 소비문제와 관련시켜 남승규는 네 가지 측면에서 이렇게 설명하고 있다.[7]

---

6) 남승규, 『소비자 심리학』(서울: 도서출판 학지사, 1997).
7) 위의 책, 114~115쪽 참조.

첫째, 개인화가 이루어진다. 타인 지향적 가치보다는 자기 지향적 가치를 강조함에 따라 자기만의 취향에 따른 자기만족이나 자기실현을 추구하는 경향이 증가할 것이다.

둘째, 권리와 안전에 대한 관심이 증가한다. 개인의 권리나 안전에 대한 관심이 증가함에 따라 소비자 권리를 지키려는 움직임이 더욱 강화될 것이다.

셋째, 신뢰가 부족해진다. 냉소주의와 좌절감을 맛본 소비자들은 경계적인 태도를 취하게 될 것이다. 기업과 제도권에 대한 신뢰 부족은 소비자의 경각심을 일깨우고, 제품·서비스·아이디어가 기대에 부응하지 못할 때 강한 반발을 보이게 될 것이다.

넷째, 성의 해방(liberation of sex)이 강조된다. 성에 대한 새로운 윤리관과 인식은 성에 대한 기존의 태도를 변화시킬 것이다. 광고계에서도 1992년부터 광고에서 성별 차이로 사용해 온 남성과 여성이라는 말 대신 남자와 여자라는 표현을 많이 쓰기 시작했다.

아울러, 문화를 소비와 관련시켜 논하게 될 때 그 연계점으로 가치의 문제가 사용될 수 있음을 볼 수 있다. 즉 문화의 구성 요소에는 문화적 신념, 문화적 가치, 문화적 규범 등이 있는데, 특히 가치는 중요한 요소로서 '무엇이 바람직한가' 또는 '무엇을 해야 하는가'에 관하여 사회 구성원이 공유하고 있는 특별히 중요한 관념을 말하기 때문이다. 예를 들어, 서양에서는 합리적 사고와 행동 방식으로 인하여 공정성을 중요시하지만, 동양은 유교적 사고와 행동 방식으로 인하여 예절이나 미덕을 더욱 중요시한다.[8] 이런 면에서 문화 및 사고

---

8) 남승규, 『소비자 심리학』(서울: 도서출판 학지사, 1997), 116쪽.

방식은 소비생활에 영향을 주기도하며, 동시에 소비생활이 문화의 구성요소가 되기도 한다는 것이다. 남 교수는 『소비자 심리학』에서 문화적 차이에 영향을 미치는 소비심리와 관련된 요소들을 다음 표와 같이 소개한 바 있다.[9]

문화적 차이에 영향을 미치는 기본 요인	
영향 요인	예
1. 마케팅 환경의 차이	소매점의 유형과 질이 크게 다를 수 있다.
2. 소비방식의 차이	각국의 제품 소비 수준이 상당히 다를 수 있다.
3. 언어 차이	촉진 주제의 용어/개념이 적절히 반영되지 않을 수 있다.
4. 여건의 차이	사회 경제적 여건은 나라마다 매우 다를 수 있다.
5. 이용 방법의 차이	같은 제품이나 서비스를 매우 상이하게 이용할 수 있다.
6. 잠새시상무문 차이	나라별로 소득·사회계급·연령·성 등이 나를 수 있다.
7. 조사 기회의 차이	문맹률이 높으면 자료수집이 어렵다.
8. 평가 기준의 차이	제품이나 서비스의 혜택을 다르게 탐색할 수 있다.

소비심리의 여러 요소들은 구체적으로 마케팅 분야와 관련되겠지만, 넓은 의미로는 소비문화의 전반적인 현상에 관련되는 측면이 있다. 기업이 해외시장을 개척할 때 흔히 경험하는 문화충격도 소비와

---

[9] 위의 책, 117쪽.

문화와의 밀접한 관련성을 보여주는 하나의 예에 해당한다. 결국 가치, 문화, 소비는 인간의 행동에 있어서 밀접히 연계되어 있으며 가치 평가는 개인과 공동체의 생활양식 전반을 지배하는 '상위의 개념'이므로 그 관계와 영향을 심도있게 고려할 필요가 있다.[10]

3) 소비문화의 역사적 발전

역사속에서 인류의 기본적인 소비품은 의, 식, 주이다. 그 중 전통적이며 보편적인 식품에 해당하는 빵에 관한 생산 및 소비 과정에 관한 문화사로서의 두툼한 책이 나올 수 있을 정도로[11] 소비문화는 다양하고 복합적인 내용을 담고 있다. 소비에 관한 다양한 각도의 역사 서술이 가능하겠지만, 그랜트 매크래켄에 의하면 소비의 역사는 크게 세 단계의 중요한 시기가 있었다고 한다. 이 설명을 수용하

---

10) 남 교수는 『소비자 심리학』에서 문화는 소비자로서의 개인의 행동에도 똑같이 다음과 같은 영향을 미친다고 설명하고 있다.
  ① 쾌락주의를 중시하는 문화에서는 여가관련 제품과 서비스 그리고 시간 절약형 제품이나 서비스의 성공 가능성이 높을 것이다.
  ② 안정추구를 강조하는 문화에서는 외제 상표와 유명상표를 선호하고, 보험에 가입하는 고객의 수가 급증할 것이며, 천연·무공해·건강식품 같은 시장의 전망이 높을 것이다.
  ③ 타인지향을 중시하는 문화에서는 상표·제품·포장·광고 메시지 설계에 있어 사회적 소구가 중요할 것이다.
  ④ 인본주의 문화에서는 헌금이나 성금의 모금운동이나 복지시설 등과 같은 자선사업이 유망할 것이다.
  ⑤ 개인주의를 중시하는 문화에서는 개인의 정체성이나 개성을 강조하는 광고 메시지나 제품 디자인이 효과적일 것이다.
  ⑥ 권위·신분·집단주의를 중시하는 문화에서는 고급품, 회원권, 콘도 같은 사업이 호조를 보일 것이다.
11) 하인리히 야콥, 곽명단·임지원 역, 『빵의 역사』(서울: 우물이 있는 집, 2002).

는 입장에서 보면 현대사회는 이미 네 번째 단계에 진입했다고 할 수 있다.

첫째, 16세기 후반 영국에서의 소비 붐을 들 수 있다. 엘리자베스 1세 시대의 영국 귀족들은 새로운 열광을 갖고, 새로운 규모로 돈을 지출하였다. 그들은 서양에서의 소비의 성질을 극적으로 변화시킨 측면이 있다. 그들의 환대방식과 여러 의식, 의복 등에 있어서 많은 돈이 지출되었으며, 과시적인 지출이 발생하였다. 이런 소비폭발의 원인은 두 차원에서 설명되는데, 엘리자베스1세가 지출을 통치의 수단으로 사용한 가운데 귀족들 사이에 일어난 사회적인 경쟁을 들 수 있겠다.[12]

"엘리자베스는 자신의 정치적인 이유 때문에, 소비를 군주로서의 자신의 권력을 확대시키기 위한 거대한 극장을 만들어내는 수단으로 이용할 줄 알았다. 그녀는 또한 소비를 앞으로 너무 강력해질지도 모르는 그녀의 신하들을 가난하게 만들기 위한 책략으로 이용할 줄도 알았다. 반면에 귀족들은 그를 따라서 지출하였다. 사회적 경쟁자들의 존재라는 익숙치 않은 사정도 또한 귀족들로 하여금 그렇게 하도록 촉진시켰다. 이러한 지출의 점증은 그들이 곧 경쟁적인 소비의 노예가 되었다는 것을 의미하였다."[13]

둘째, 18세기에 소비의 폭발이 있었다. 이 시대에는 재화 세계가 극

---

12) 그랜트 매크래켄, 이상률 역, 『문화와 소비』(서울: 문예출판사, 1997), 45쪽.
13) 위의 책, 54쪽.

적으로 확대되어 가구, 도기, 은제품, 거울, 포크와 나이프, 정원용품 등을 구입하는 새로운 기회가 제공되었다. 매켄드릭 등은 이 때를 현대소비문화의 시작을 목격할 수 있는 시기라고 설명하고 있다.[14]

이 시대는 특히 유행의 개념이 생겨나면서 많은 사회집단과 더 많은 제품에 영향을 주기 시작했다. 소비에 있어서 유행과 기호란 요소가 작용하기 시작했다는 면에서, 사람들의 수가 본격적으로 중요한 시기가 되고 있다. 엘리자베스1세 시대의 소비는 주로 귀족계급에 제한되어 있었으나, 18세기에 들어서면서 이제 대중 소비의 개념이 등장한다.[15] 이때부터 가족을 위한 구매보다는 자신을 위한 구매가 본격화 되었다고 할 수 있다. 소비의 개인화가 진행되었다는 면에서도 주목할 필요가 있다.

셋째, 19세기는 이제 소비가 하나의 문화로 자리매김 되는 시대이다. 즉 소비와 사회가 매우 긴밀한 관계를 형성하게 된다. 소비는 대중 활동으로 자리 잡게 되었고, 백화점의 등장도 큰 몫을 감당하게 된다. 특히 "백화점은 또한 사람들이 소비하는 장소, 소비하는 것, 소비하는 데 필요한 정보, 이 새로운 소비에 몰두하는 새로운 생활양식 등의 성질 자체도 변화시켰다"고 할 수 있다.[16] 소비는 계속되는 사회적 현실로 자리매김하며, 소비변화와 사회변화가 함께 작용하고 있음을 볼 수 있다.

넷째, 지구촌화와 세계화는 인류의 소비문화를 가속화시키고 있다. 지역의 개념이 사라지면서 전 세계가 재화를 공유하는 형국이 되었

---

14) 위의 책, 56쪽.
15) 위의 책, 65쪽.
16) 그랜트 매크래켄, 이상률 역, 『문화와 소비』(서울: 문예출판사, 1997), 81쪽.

다. 이제 가장 적은 비용으로 생산할 수 있는 나라만이 경쟁력을 갖고 있으며, 농산물 및 공산물, 나아가 서비스의 경우까지 대량소비할 수 있는 상황이 전개되고 있다. 이로 인해 모든 것들이 대량화되는 추세이다. 백화점의 시대를 넘어서 대형 쇼핑몰의 증가는 농어촌까지 파고들고 있으며, 결국 우리의 의식 구조에까지 영향을 미치는 상황이 되었다. 우리가 대하는 식탁을 자세히 살펴보아도 식품의 이동에 상당한 거리가 수반되었음을 짐작할 수 있다. 매크래켄은 이렇게 설명하였다. "문화는 단순한 재화의 생산이나 소비방식뿐 아니라 문화는 그것을 통해서 모든 현상을 보는 '렌즈(lens)'이다. 문화는 이 현상들이 어떻게 파악되고 융합되는가를 결정한다. 문화는 인간 활동의 '청사진(blueprint)'이다. 그것은 사회적인 행위와 생산적인 활동의 좌표축을 결정하면서, 그 둘로부터 파생되는 행동 및 사물을 특정화한다."17)

4) 현대사회에서의 물질주의

윌리엄 로마노프스키는 미국의 예를 들면서 물질주의가 미치는 영향을 이렇게 제시한 바 있다.

> 물질주의적 태도, 욕망, 가치는 북미인들의 삶에 강력한 힘을 발휘하고 있다. 미국인의 42퍼센트가 매주 교회에 나가는 반면 70퍼센트가 쇼핑몰을 찾는다. 뉴욕 타임즈(New York Times)에 따르면, 보통 십대들은 1년에 54차례 쇼핑을 나간다. 마돈나의 노래 가사에도 나오듯이 '물질적

---

17) 위의 책, 164쪽.

세계 안에서 살아간다는 것'은 개인적·공동체적 정체성에 영향을 끼친다. 단지 상품을 사고파는 게 아니다 거기서 우리는 꿈과 체험 그리고 쾌감을 구입하는 것이다. 이런 의미에서 소비는 일종의 구원이다.[18]

한국사회의 경우에도 상당 부분이 적용될 수 있을 것이다. 기독교인의 경우 교회에 가는 시간보다 백화점에 가는 시간이 많은 사람도 많을 뿐 아니라 교회의 건물구조와 행사방식 등이 백화점과 비슷한 경향도 있다.

즉 소비가 삶의 한 방편이 아니라 중심 및 목적으로 자리 잡고 있는 경우가 많으며, 직접 관련이 없는 것으로 보이는 문제에도 소비가 관련되는 경우가 많다. 사실 소비 문제는 대부분이 심각한 영향을 받고 있으면서도, 그것을 정확히 인지하고 있지 못한 상황이 더욱 문제일 수도 있다. 모든 현대인들은 자본주의 경제의 핵심영역인 상품과 돈에 관여하고 있으며, 추구하는 가치도 결국은 인공적 상품에 대한 탐욕으로 대치되는 경우가 많다. 자본주의 시장경제 체제에서 상품의 구매력은 단순한 구매력 이상의 의미를 갖고 있는 것이다.

두크로는 데카르트를 언급하면서 인간을 '자연의 주인이며 소유자'라로 규정하였다. 문제는 인간이 주체라는 생각이 자신의 신체성과 전체 세계를 폭력적 인식과 기술적 조작이라는 기계적인 객체로 변화시킨다는 점이다.[19] 합리주의에 기초한 인간의 사고와 자유의 증대는 상품과 재화의 소비를 가속화시키는데 기여하였으며, 나아가

---

18) 로마노프스키, 정혁현 역, 『맥주, 타이타닉, 그리스도인』(서울: 한국기독학생회출판부, 2004), 192쪽.

19) 울리히 두크로, 손규태 역, 『자본주의 세계경제의 대안』(서울: 도서출판 한울, 1997), 66쪽.

넓은 의미의 물질주의가 자리잡는 기초를 이루었다는 점을 간과해서
는 안된다.

5) 쇼핑과 사치의 문화적 의미

소비의 구체적인 행위로 볼 수 있는 쇼핑 행위를 분석해 보면 다
양한 문화적인 의미를 담고 있다. 토마스 하인은 그의 『쇼핑의 유혹』
이란 저서에서 단순하게 물건을 사거나 획득하는 과정으로 볼 수 있
는 쇼핑의 일상적인 과정을 철저하게 분석하고 있다.[20] 쇼핑에는 물
건을 획득하고 그것을 이용하여 관계를 형성하고 권위를 확립하는
인간의 전통적인 행동 양식이 들어 있다는 것이다.

> 인류 외에 다른 종들은 특별한 임무수행을 위해 도구를 제한적으로
> 사용할 뿐이다. 인간만이 물건을 관계의 핵심에 둔다고 말할 수 있다.
> 적어도 신석기 시대부터 모든 사람늘에게 물건은 파워의 상징이었다.
> 부족시대에 주요 물건을 점유한 사람들은 부족의 통치자나 마법사들이
> 었다. 군주의 왕관, 추장의 망토, 샤먼이 수집한 신비한 부적, 랩가수의
> 보석을 박은 치아 등은 권위와 마법의 원천이었다.

즉 토마스 하인은 쇼핑을 통해 개인은 파워를 드러낸다고 해석하
고 있다. 물론 최소한의 물품을 소유하고 생활하던 고대사회와 기계
문명과 주거문명의 발달과 함께 많은 것들을 소유하고 살아갈 수밖
에 없는 현대사회를 동일선상에서 분석하는 것은 지나친 단순화와

---

20) 토마스 하인, 김종식 역, 『쇼핑의 유혹』(서울: 세종서적, 2003), 25쪽.

비약의 위험이 있는 것이 사실이다. 그러나 쇼핑에서 자신의 자기표현(소유물건이 나를 규정한다), 심리적 불안(유행과 불확실성), 관심(고객의 마음을 사로잡는 진정한 관심), 소속감(취향에 맞는 공동체), 축하, 편의 등의 의미를 발견해 낸 것은 평가할만한 일이며, 현대 소비사회의 분석에 있어서도 좋은 시각을 제공해주고 있다.

특히 토마스 하인이 지적한 쇼핑이 갖는 책임으로서의 의미는 주목할 만한 부분이다. 즉 누구도 쇼핑 없이는 가족 구성원으로서의 책임을 감당하지 못한다는 것이다. 토마스 하인은 쇼핑이 가족의 공동 재산을 소비하는 순간이기에 그 재산을 낭비하지 않도록 하는 것이 무엇보다도 중요하다고 설명한다. 전통사회에서 재산은 집에서 기르는 가축의 숫자로 나타나는데, 1년에 몇 번 치르지 않는 축제와 기우제 등 큰 일이 있어야 비로소 가축을 잡게 된다. 따라서 가축의 도살은 축제의 중요한 과정이면서 축하와 불안이 공존하는 때가 된다.[21)]

토마스 하인은 쇼핑이라고 하면 낭비벽이 심한 주부들이 매장을 여기저기 휘저어 다니며 수중에 없는 돈을 마구 쓰는 행위를 연상하는 사람들이 생각할 점과 상인의 입장에서 매출을 올리는 것이 왜 힘든가하는 문제에 대한 답을 제시하기도 한다. 또한 문화와 소비의 관계가 깊어지는 것은 현대사회에서 소위 1차 산업, 2차 산업에 대한 소비의 비중보다는 3차 산업에 관련된 소비의 비중이 현저히 높아지고 있다는 점을 참고할 필요가 있다. 특히 포스트모던사회의 특징은 대중문화가 지배하는 경향이 강하면서도, 독특성과 개별성, 차

---

21) 위의 책, 48쪽.

별성을 추구하는 다양한 욕구에 기인한 사치의 문화, 명품의 문화, 귀족의 문화가 또 다른 영역을 구축하고 있다는 점이다. 즉 상반되는 것 같은 흐름이 여러 현상 속에서 함께 드러나고 있다. 소비와 문화의 밀접한 연관을 마이크 패더스턴은 이렇게 설명하고 있다. "현대 서구사회는 끊임없이 변화하는 상품 흐름 때문에 상품이 지니는 지위와 서열을 파악하는 문제를 더욱 복잡하게 만들고 있다. 이 맥락에서 특정 집단이나 범주의 사람들이 신상품을 적절하게 이해하고 어떻게 사용할 것인지를 알려주는 취향, 차별적인 판단, 지식 또는 문화자본이 중요해진다."[22]

6) 계층형성의 문화작용

소비는 계층을 형성하는 기능이 현실적으로 있다. 즉 상품 소비는 단순한 소비기 아니라 자신의 몸과 사회석 관계를 형성하는 문화적 작용이 되기 때문에 많은 사람들이 집착하는 경우가 많다. 특히 대량 소비의 단계를 지나 질적 소비를 추구하는 단계가 되면 다양한 정보에 의해 계층 형성을 추구하는 소비를 지향하게 된다. 또한 이에 대해 생산자와 판매상들은 차별화를 추구하는 전략을 내 놓게 됨으로써 새로운 소비의 패턴과 계층이 형성되는 것이다. 여기에 관계될 수 있는 상품들은 단순한 소비재가 아닌 고급 문화상품(예술, 소설, 오페라, 철학 등)인 경우가 많다. 이런 류의 소비는 다른 일반문화상품

---

22) 마이크 페더스터, 정숙경 역, 『포스트모더니즘과 소비문화』(서울: 현대미학사. 1999), 37쪽.

(의류, 음식, 음료, 여가추구 등)이 소비되고 취급되는 방식과 관련되며 일상적 문화소비처럼 사회적 공간에서 발생한다. 더글라스와 이쉬우드는 소비 계층이란 세 종류의 상품소비와 관련되는데 1차 생산부분에 상응하는 기본 군(예를 들어, 음식), 2차 생산 부분에 상응하는 기술 군(운송과 소비자의 자본설비), 그리고 3차 생산에 상응하는 정보 군(정보 상품, 교육, 예술, 문화와 여가 추구) 등이 있다고 분석한 바 있다.[23]

어느 시대든 사치품과 사치 문화는 있어왔다. 부족국가 체제 사회의 분묘 등에서 발굴되는 장신구, 무기 등을 보면 '사치'의 역사는 매우 오래되었음을 볼 수 있다. 그런데 문제는 이런 사치가 대중화되고 급속히 확장되는 데 있다. 즉 전체 인구 대비 비율로도 증가되고 있으며 그 총량에 있어서는 상당한 양으로 소비 가속화의 한 몫을 담당하고 있다. 필요에 의한 소비를 넘어 과시를 위한 소비가 되면서, 소위 기업체의 브랜드와 명품전략은 세계화되며 대중화되는 소비 풍조를 만들어내고 있는 것이다.[24] 특히 한국사회는 '미'에 대해 종교적이라고 할 만큼 욕구를 갖고 있으면서도, 많은 사람들이 보는 곳에서는 명품을 구매하지 않고 '체면'을 중시하는 이중성을 보이고 있기도 하다.

사치품의 유통을 보면 과거의 신화적 성격이 제거되는 보편화와 고가의 고급 서비스와 이미지 전략이 동시에 벌어지고 있음을 볼 수

---

23) 위의 책, 37쪽.

24) 최초의 세계적인 사치품 그룹인 LVMH(루이비통-모에 에네시)는, 2001년에 51개의 고급제품을 65개국에 출시한 데 힘입어 122억 유로의 총매출액을 올렸다. 같은 해, 에스테 로더 Estee Lauder 그룹의 총매출액은 46억 달러에 달했고, 피노-프랭탕-르두트 (Pinault-Printemps-Redoute, P.P.R.) 그룹의 사치 부분 총매출액은 25억 유로에 달했다. 엘리에트 루, 유재영 역, 『사치의 문화』(서울: 세종서적, 2003), 14쪽.

있다. 대다수 소비자들은 이 정책에 끌려가면서 결국 대량소비에 일조하게 되는 것이다. 사치품은 심리적으로 허영심과 관련된 많은 논란 및 새로운 신분적 차별화와 위화감 조성 등의 문제를 야기하기도 한다. 사치는 그 과정이 특별해야하고 남들의 눈에 띄거나 비밀을 유지해야하기에 많은 공간을 차지하거나 많은 에너지를 소비하는 등 결국은 사회전체가 부담 할 수밖에 없는 환경 관련 문제 등을 발생시킨다. 한 예로 대형주택과 대형차량의 지속적인 증가 추세는 그것들이 내구재이긴 하지만 대량 소비라는 측면에서 많은 부담을 주고 있는 것이 현실이다.

3. 기독교적 접근과 대응 방안

현대인의 정체성은 그들의 사유 내용에 있지 않고 무엇을 어떻게 소비하느냐에 따라 결정되는 측면도 있다. 즉, 어떤 면에서는 한 사람이 무슨 옷을 구입하고 어떤 레스토랑에서 음식을 먹는가에 따라서 존재의 특유한 방식이 확립되는 것이다. 그러므로 "나는 소비한다. 그러므로 나는 현존한다"라고 현대인을 정의할 수도 있을 것이다. 기독교가 현대 소비사회의 이런 준거 방식을 무조건 무시할 수는 없는 일이다. 소비는 사회의 존립과 소통의 기호가운데 하나이기 때문이다.

소비는 타인과 나를 구별하는 수단임과 동시에 나를 표현하는 수단이다. 소비는 우리의 사고 및 행위와 밀접하게 연결되어 있는 동

시에 그것들의 구현 방식을 지시한다. 우리는 어떤 면에서 풍부함이
나 소비의 가속화 그 자체가 비도덕적인가의 여부를 묻는 것이 아니
다. 그보다는 세계의 한 부분에서 절실하게 필요로 하는 것을 한 쪽
에서는 낭비하고 있는 것이 현실이라는 사실에 주목하는 것이다. 이
미 물질주의와 소비문화는 하나의 거대한 흐름으로 자리 잡고 있다.
이제 물질에 관한 율법주의나 상황주의적 논의가 아닌 보다 적실성
을 갖는 대답이 필요하다. 그러나 새로운 대답을 찾기는 어려울 수
도 있다. 이런 면에서 전통적인 논의를 다시한번 살펴볼 필요가 있
다. 기독교의 전통과 논의 가운데 이미 해답은 제시되고 있기 때문
이다.

1) 통합과 통전성의 회복이 필요하다

윌리엄 슈바이커(William Schweiker)는 현대사회에서 힘이 갖는 신학
적 위험성을 지적했는데, 자본주의 사회에서의 경제적인 능력이 전
통적인 힘인 정치력보다도 앞서는 가운데, 행위와 행위자의 통전성
을 회복할 필요가 있음을 돌아보게 한다. 그는 기독교윤리학을 전개
한 학자이긴 하지만 기독교신앙을 절대적인 전제로 하는 대부분의
신학자들과는 달리, 철학적 차원에서 실재론의 필요성을 제기하며
책임 및 통합이라는 개념을 통해 '해석학적 실재론'을 주장한 바 있
다. 그는 인간이 힘을 갖고 있고, 그 힘은 실재에 응답할 수 있는 능
력을 지니고 있으며, 현대 사회에서 인간의 힘이 가치의 원천이 되
고 있음을 지적하고 있다.[25]

다시 말하면 포스트 모던적 사회에서는 선에 대한 고백이 상실되

고 있으며, 선의 실재를 부정하고 인간의 힘이 삶을 가장 의미 있고 목적 가득한 것으로 만들어가는 기대가 팽배해 있다. 어떤 면에서 보면, 아리스토텔레스 이후 가장 중요한 가치 가운데 하나로 여겨져 왔던 도덕적 선이 논의의 초점에서 배제되는 측면이 있는 것이다. 슈바이커는 이러한 최근의 위협을 반실재론(antirealism)이라고 지칭하면서, 윤리가 단지 인간의 발명이며 사회적 구성물에 불과하다는 지적이 설득력 있게 등장하고 있는 점을 위험한 현실로 지적하고 있다.

반실재론자들은 자유를 강조하면서도 인간을 그의 세계에서 분리시키는 결과를 야기한다고 볼 수 있다. 이런 반실재론적 조망은 힘의 극대화에 종속되는 인간의 삶으로 이어지며, 인간을 힘의 추구에 끌리는 노예로 만들 수 있다. 현실적으로 힘은 가치를 갖고 있지만, 인간과의 연관성 없이 논의되기 시작할 때 심각한 문제가 된다. 슈바이커는 행위와 행위자의 연관 관계에 대한 논의를 통합(Integration)과 통전성(Integrity)이란 개념으로 설명한 바 있다.26)

인간이 "할 수 있다"는 능력을 갖고 있다고 해서 거침없이 할 수는 없는 것처럼, 전통과 새로움, 윤리의 다원성과 인간의 미래적 요구 사이의 긴장 속에서 책임 윤리는 더욱 필요하다. 만일 인간들이 생명을 존중하지 않고 그 가치를 함양하지 않는다면, 산다는 것 자체가 무의미해질 수 있다. 인간은 생명의 부여자인 하나님께서 원하시는 생명 존중의 과제를 구현해야 하기 때문이다. 특히 슈바이커는

---

25) William Schweiker, *Power, Value and Conviction* (Ohio: The Pilgrim Press, 1998) 문시영 역, 『포스트모던시대의 기독교윤리』(서울: 살림출판사, 2003), 23~24쪽.
26) William Schweiker, 문시영 역, 『책임윤리란 무엇인가』(서울: 대한기독교서회, 2000), 15쪽. '한국 독자를 위한 저자의 설명' 참조

행위자, 힘, 가치의 연관성에 주목하였다. 그의 해석학적 도덕실재론은 힘이 가치의 중심에 자리 잡고 있는 기술 문명사회에 있어서 인간이 어떻게 살아야하는가의 문제인 규범적 요소를 설명하고 있다.

기술문명 사회에 있어서 인간은 어떻게 평가받고 있는가? 힘이 가치의 중심에 있는 사회에 있어서, 인간은 힘을 행사하는 존재로서 가치중립적이며 객체적인 우주에 가치를 부여하는 존재로 이해되고 있다. 그런데, 여기서 말하는 가치는 행위자 또는 공동체가 힘을 사용하는 가운데 창출되는 것임을 고려해야 한다. 힘에 대한 가치부여가 잘못되면 힘의 극대화가 삶에 있어서 가장 우월한 가치라는 주장이 가능해져, 힘이 가치를 위해 있는 것이 아니라 그 자체가 가치의 원천이라고 여겨지는 기술사회의 위험한 특징이 드러나게 된다. 이런 상황의 극복이 교회와 기독교 공동체의 과제인 것이다.

2) 성경은 인간을 소유와 소비로부터 자유롭게 한다

기독교는 결코 물질을 부정하거나 경시하지 않는다. 오히려 정신과 물질 사이의 올바른 관계를 세우려고 한다. 하나님은 적극적으로 묘사되고 고백되고 있다. 다시 말해, 기독교는 하나님에 대한 신앙에 의해서 물질을 올바르게 다룰 수 있는 근원적인 태도를 말하고 있음에 주목해야 한다. 우리는 이런 입장을 갖고 재산의 소유와 물질의 사용에 대해 살펴보아야한다. 초대교회 때부터 물질에 대한 이해를 잘못하여 생겨난 이단 사상들이 많았음을 상기할 필요가 있다.[27]

---

27) 예를 들어 마르시온의 사상을 들 수 있다. 그는 세계 및 물질을 본질적으로 부정적인

플레처(Joseph Fletcher)는 모든 재산 곧 부는 하나님께 속한다고 말한다. 그는 하나님만이 모든 자연적 자원과 그 생산물의 주인이며 소유자라고 주장한다. 우리의 재산은 공공의 선을 위해서 사용하라고 맡기신 것이라고 한다. 개인이 소유하고 있는 재산은 자기와 자기 가족 및 그 밖의 몇몇 사람을 위해서만 자기 마음대로 쓸 수 있는 자신의 것이 아니라, 모든 것의 소유자는 오직 하나님뿐이며 그가 사회와 모든 사람의 행복을 위해 사용하도록 개인에게 맡기셨다는 것이다. 결핍의 시대에서 풍요의 시대로 전환하면서 두드러진 현상은 개개인은 부해지고 사치하며 물질을 필요 이상으로 낭비하고 있음에 반해 공공사회는 오히려 가난하다는 것이다. 이제 지나친 소비를 억제해야하고 세금을 통해서 개인의 부와 공공사회의 빈곤간의 간격을 메우기를 요구받고 있다.[28]

성경은 가난에 대해, 일반적으로 통용되는 개인주의 사상이 허용하는 것보다 훨씬 더 복잡하고 다양한 이해를 보여주고 있으며, 개인의 게으름이 가난의 원인이 되기도 하지만(잠언 10:4), 동시에 사회에도 그 원인이 있다고 보고 있다. "가난한 사람이 경작한 밭에서는 많은 소출이 날 수도 있으나, 불의가 판을 치면 그에게 돌아갈 몫이 없다"는 경고에 귀를 기울여야 한다.(잠언 13:23)

그런데 이러한 생각의 실마리를 우리는 이미 토마스 아퀴나스(Thomas Aquinas)에게서 발견할 수 있다. 토마스의 경우, 소유의 사용에

것으로 본다. 경제생활은 하찮은 것으로 간주되며, 그리스도도 전적으로 영적 용어로만 이해되어야 한다는 잘못된 주장을 하였다. 초기 기독교에 있어서 가현설, 영지주의 등은 물질에 대한 잘못된 이해를 전제하고 있다.

28) 고범서, 『개인윤리와 사회윤리』(서울: 한국신학연구소, 1984), 345~346쪽.

대해서 물질적인 것들은 인간을 위해 만들어졌다고 본다. 그는 자신
의 이성과 의지에 따라서 자기 이익을 위해 사용 할 수 있기 때문에
인간은 물질과 같은 외적인 것들에 대하여 자연적인 지배권을 갖는
다는 견해를 밝히고 있다.[29] 게다가 우리는 신적인 법(The Divine Law)
에 의하여 하나님께서 인류에게 만물을 지배할 권한을 주셨다는 것
을 알고 있다.(시편 8편, 창세기 1장 참조) 그런데 여기서 던져지는 질문
이 있다. 만물의 소유권은 개별적인가 아니면 공동으로 소유되는가?
토마스는 재산의 사용에 있어서 "인간은 외적인 것들을 자기 것이
아닌 공동의 것으로 소유해야 한다. 그래서 그것들을 필요로 하는
이들에게 전달할 수 있어야 한다"[30]고 밝히고 있다.[31]

그리스도인들의 신앙과 분별력은 감상적으로 포장된 문화적 가치
들이 어떻게 신앙에 거슬리는지 간파해내는 능력을 수반해야 한다.
소비의 가속화로 표현되는 대량 소비 지향적 문화는 단순한 개인의
문제나 사회 구조적 문제이기보다는, 복합적 성격을 갖고 있다. 이제
개인 및 개인이 속해있는 공동체의 가치관과 세계관, 나아가 종교성
의 문제라는 것에 더 민감하게 반응해야 할 것이다.

---

29) *Summa Theologica, Q.66. Art.1.* In EDP, 필립 워거만, 임성빈 역, 『기독교윤리학의 역사』
    (서울: 한국장로교출판사. 2000), p.170 재인용(이하에서는 워거만으로 표기함).
30) 앞의 책. Art.2.
31) 워거만, pp.170~171.

3) 규모 있는 생활 및 경제윤리 교육이 필요하다

물질적으로 풍요한 자본주의 사회에서는 어떤 면에서 소비가 인간들에게 일종의 존재 의미라고 할 수도 있다. 그러나 검약과 절제의 덕이 없는 소비문화의 가속화는 소비 러시로 인해 낭비와 사치를 부추긴다. 신앙인은 가정의 능력과 사회의 조건을 함께 생각하며 특히 사치를 경계해야 한다. 물론 사치와 검소의 기준은 농경사회나 신분계급이 통용되던 봉건사회와는 다르나, 각자 사회 정의에 따른 나눔의 정신과 품위를 유지하는 적절성과 수준을 참고하여 생활을 영위해야 할 것이다. 바울은 데살로니가 전·후서에서 자신을 본받아 규모 있는 경제생활을 하도록 강력히 권고하고, 이를 순종하지 않는 사람들을 치리하도록 지시하였다.

구체적으로 성경이 말하고 있는 규모 있는 경제생활이란 어떤 것인가? 그것은 성실하고 근면하게 일해서 자신과 노부모를 포함한 가족의 생계를 책임 있게 공급하며(살후 3.6-15, 딤전 5.8), 나아가 자녀교육과 불의의 사고를 대비한 저축(고후 12.14, 딛 3.14)과 구제 및 헌금(엡 4.28, 행 20.33-35), 각종 세금(마 22.21, 17.24-27, 롬 13.1-7) 등을 충당할 수 있을 만큼 근로생활을 하는 것이다. 일할 수 있는 능력과 기회가 있는데 타인의 도움을 받고 살거나 무책임하게 노는 것은 비윤리적이다. 심지어 충분한 재력이 있다 할지라도 근로하지 않는 것은 규모 있는 경제생활이 아니다. 그리스도인은 기본적으로 자신과 가정의 생계를 확보하고 나아가 많은 것을 남에게 줄 수 있도록 성실한 근로를 해야 한다.[32]

현대 사회에서는 무엇보다도 개인의 취향과 능력에 따라 재화나 서비스를 선택할 자유가 인정되어야 한다. 그러나 중요한 것은 그 모습이 천박해서는 안 될 것이다. 이를 위해서는 성장 과정에 있어서의 적절한 소비교육이 중요하다. 그리고 우리는 자기중심이 아니라 더불어 사는 세상을 의식해야 한다. 즉 물질로 인해 이웃의 마음을 상하게 하는 경우가 있어서는 안 될 것이다. 아무리 자기의 물건과 재산이라고 하더라도 궁극적으로 하나님의 은혜로 주어진 것이므로 그것을 가지고 이웃에게 피해를 줄 권리는 없는 것이다.[33] 자만심과 유행의 노예가 되지 말고 언젠가는 모든 이와 모든 것의 주님이신 하나님 앞에서 셈을 해야 한다는 것을 잊지 말고 자유와 책임을 느껴야 한다.[34]

세계의 한 부분에서는 절실하게 필요로 하는 것들을 한 쪽에서는 낭비하고 있는 것이 엄연한 지구촌의 현실이다. 이제 크리스천들이 일반적인 필요를 느끼는 사람들을 돕기 위해 소비의 형태를 바꿀 수 있도록 교육해야 할 것이다. 막연한 청교도적인 청빈과 절약을 강조하는 것은 적실성이 결여되어 있다. 적극적으로 어떻게 생산 및 소득을 얻고, 어떻게 소비할 수 있는가에 대한 구체적인 담론이 요청된다. 우리 사회의 병폐 중 하나인 부동산 투기 문제나 피라미드식 판매방법 등의 문제로 인해 범죄와 적법 사이에서 줄타기를 하고 있는 부분에 상당한 교인들이 가담하고 있으며, 교회의 직분자들도 예외가 아니다. 심지어 어떤 면에서 그들이 마케팅 방법론적인 면에서 교회와 비슷한 모습을 드러내기도 한다.

---

32) 이정석, 『세속화 시대의 기독교』(서울: 도서출판 이레서원, 2000), 129쪽.
33) 최창무, 『윤리신학』 II(서울: 가톨릭대학교 출판부, 2001), 101~102쪽.
34) 고전 3:22~23, 10:23~24; 롬 14:1~15:7.

2004년 시행된 한국기독교인의 정치, 사회의식 조사에 따르면 우리나라의 기독교 교인들은 경제적 부의 축적과 종교적 신앙을 밀접하게 연관시키지는 않는 것으로 조사 되었다. "자본주의 사회에서 돈을 많이 번 사람은 하나님의 축복을 받은 사람"이라는 견해에 대해 전혀 그렇지 않다는 응답이 24.4%, 별로 그렇지 않다는 응답이 37.4%로 부정적인 견해가 긍정적인 응답인 34.5%에 비해 많았다. 그런데 "검소한 생활을 하는 사람은 그만큼 신앙심이 더 깊은 사람"이라는 견해에 대해 매우 그렇다는 응답이 10.3%였고, 비교적 그런 편이란 응답이 47.2%로 수긍하는 응답이 57.6%로 수긍하지 않는다는 응답 38.9%에 비해 18.7% 더 많았다. 신앙인들에게는 검소한 생활이 필요하다는 생각이 많다고 볼 수 있다. 그런데 좀 더 적극적인 경제행위에 대해서는 신앙적인 책임을 연결시키지 않는 경우가 많았다. 즉 응답자의 61.8%가 "부동산 및 증권투자를 통해 돈을 버는 것과 기독교 정신과는 무관하다"고 인식하고 있으며 "기독교정신에 위배되는 일"이란 응답은 33.8%였고, '기독교정신에 부합하는 일'이란 응답은 4.4%에 불과 하였다.[35]

소비하지 않고는 살아갈 수 없는 사회 속에서 바른 소비에 대한 교육이 필요하다. 생산과 소비가 신학적인 면에서 인간의 원죄와 연결되는 근본적인 문제이기는 하지만 소비 자체가 곧 죄악이 아닌 것은 분명한다. 이제 좀 더 적극적으로 소비에 관한 논의를 하여야 한다.

---

35) 한신대학교 신학연구소, 『한국 기독교인의 정치·사회의식 조사』(파주: 한울아카데미. 2004), 119쪽.

4) 소비에 대한 어거스틴의 가르침

어거스틴은 경제적인 문제들에 대한 책에서, 전통적인 기독교의 부에 대한 의혹과 함께 부의 소유를 정당화하려는 방법들을 말하고 있다. '사용(uti)'과 '향유(frui)'[36]를 구분한 어거스틴의 시도는 후대에도 큰 영향을 미쳤다. 어거스틴은 향유해야 할 대상을 향유하고 사용해야 할 대상은 사용하는 것을 가리켜 질서 잡힌 사랑, 즉 바른 사랑(caritas)이라고 말하고, 그 반대의 경우 즉 질서를 망각하고 사용의 대상인 시간적이고 가변적인 것들에 집착함으로써 행복해지려는 것은 왜곡된 사랑(cupiditas)이라고 말한다. 카리타스와 쿠피디타스는 모두 '무엇인가에 대한 사랑'이다. 단지 그 대상이 다를 뿐이다. 즉 영원한 것과 한시적인 것, 상실되지 않는 것과 상실되어지는 것으로 다를 뿐이다.

우리는 이런 생각을 부에 대해서 확장시킬 수 있다. 물질과 부는 본질적으로 악한 것이 아니다. 그것은 하나님의 창조의 일부이며, 다른 피조물들과 같이 선하다. 그러나 다른 피조물들과 같이 그것은 하나님께 대하여 선할 때에만 선한 것이다. 그것들 스스로 선한 것이 아니다. "어떤 것을 향유하는 것은 오직 거기에만 애착을 가지고 그것에 집착한다는 것이다. 어떤 사물을 이용한다는 것은(우리가 어떤 것을 필요로 한다는 것이 정당한 경우에)우리에게 필요한 그것을 얻기 위하여 우리가 받

---

36) 향유한다(frui)는 것은 그것 자체를 위하여 사랑하는 것을 말하고, 사용한다(uti)는 것은 보다 더 상위의 목적을 위한 수단적 사랑을 말한다. 달리 말해 향유하는 것은 더 이상의 목적이 없는 최고선에 대한 사랑에 직결되고 사용한다는 것은 잠정적인 것에 대한 집착 아닌 사랑을 통하여 최고선에 이르려는 수단적 사랑을 의미하는 것이다. 문시영, 『아우구스티누스와 행복의 윤리학』(서울: 서광사, 1996), 91쪽.

은 바를 소비하는 것이다."[37] 그런데 문제는 우리가 종종 이용의 대상을 향유하고, 향유의 대상을 이용하는 경우가 많다는 것이다.

어거스틴은 물질에 관해 이렇게 언급하기도 하였다. "사람들이 돈을 향유하고자 원하면서 하나님을 단지 이용하려고 하는 것은 오용(perversion)이다. 그런 사람들은 하나님을 위하여 돈을 쓰지 않고 돈을 위해 하나님을 예배한다."[38]

필립 워거만(W)은 어거스틴의 사상을 본래적 가치, 도구적 가치와 관련하여 설명하는데 적용하고 있다. "부는 도구적인 가치이지 본질적인 가치는 아니다. 우리가 그것을 본질적인 것으로 만들 때, 그것은 하나님을 대신하는 우상이 된다. 우리가 물질을 도구적 가치로만 취급할 수 있을 때, 그것은 하나님 중심의 인생을 위한 편의시설이 될 수 있다."[39] 이러한 기독교 세계관은 우리에게 소비를 더 이상 애욕의 대상으로 여기는 것이 아니라 자유 가운데 누릴 수 있게 한다. 더 나아가 공동체와 관련하여 적용해 볼 수 있다.

5) 공동체성의 회복

물질에 대한 소비지향적·소유지향적 태도를 버리고, 물질을 제대로 소비할 수 있는 태도가 펼쳐지기 위해서는 개인주의적 성향을 넘어서는 공동체성의 회복이 필요하다. 지금 단순히 "초대교회로 돌아

---

37) *On Christian Doctrine, I, Quoted in Message of the Fathers*, ed. Phan, p.196. 워거만, p.110에서 재인용.

38) *City of God, XI*, Walsh, et al., trans; 워거만, p.110에서 재인용.

39) 필립 워거만, pp.110~111.

가자"는 순박한 논리나 수도원적 질서와 영성의 회복을 주장하는 것은 결코 아니다. 이 문제와 관련된 공동체나 사회에 관한 개념의 도덕적, 신학적 태동 문제를 살펴볼 필요도 있다.

울리히 두크로를 통해 아리스토텔레스가 설명한 소비를 살펴볼 필요가 있다. "인간이 살기 위해서 소유(ktesis)가 필요하다고 하였다. 그러나 그 소유는 가정(oikos)의 공동체(koinonia)와 거대한 정치적 공동체(polis)와 연관된다. 따라서 그는 인간을 정치적 동물(zoon politikon)로 규정했다. 단지 공동체라는 한계성을 받아들이는 데서만 인간은 생존할 수 있으며, 필요로 하는 욕구를 충족시킬 수 있다. 돈의 무제한적 증식을 통해서 개인적으로 영원한 삶을 위한 수단을 축적하려는 사람은 공동체를 파괴할 뿐만 아니라 궁극적으로는 자신을 파괴한다. 따라서 아리스토텔레스는 돈 증식의 탐욕(epithymia)과 그 메커니즘을 진리에 반대되는 '허위'로 거듭 규정했다. 그는 무제한적 돈의 증식을 통한 무제한적 삶을 갈망하는 파괴적 욕구를 '잘 사는 것'과 대비시킨다. 결국 물질과 소비의 문제는 단순히 개인의 소유 형식과 관련되는 문제가 아니라 공동체의 삶의 방식과 관련되는 궁극적으로 '행복'과 연관되는 문제이다.[40]

현대 기독교윤리학의 흐름은 행위자 개인 차원에서의 단일한 참된 윤리 이론을 추구하는 것에서 점점 벗어나고 있다. 그 대신 공동체가 새롭게 부각되고 있다. 개인의 인격과 성품은 공동체 속에서, 공동체의 이상에 따라 준거점을 발견할 수 있기 때문이다. 웨인 믹스

---

40) 울리히 두크로, 손규태 역, 『자본주의 세계경제의 대안』(서울: 도서출판 한울, 1997), 62쪽.

는 "도덕을 형성한다는 것은 공동체를 형성한다는 의미"라고 하며, "개개인은 공동체 생활을 구성하는 상호 관계, 거래, 습관과 그것의 강화, 언어와 몸짓의 특별한 사용 같은 것이 없이는 결코 도덕적인 행위 주체가 될 수 없다"고 말한 바 있다.

기독교 공동체 안에는 소비의 영역에서 설득력 있는 대안을 찾고 비판적 실천을 위해서 노력하는 개인들과 단체들이 많이 있다. 그런데 때로는 교회조차도 그 공동체성을 상실하고 있는데 우리의 고민이 있다. 이런 면에서 교회의 공동체성 함양 뿐 아니라 교회 간의 연대의식 또한 중요하다.41) 물론 교회들과 단체들의 협동적 소유와 소비로부터의 자유를 실천하자는 가르침과 운동은 현실적이고 정치적인 확실성을 수반해야 한다. 즉 기독교 공동체가 마치 수많은 민중들이 당한 현실적인 고통에는 주목하거나 답을 주지 않고, 대중화된 민중가요를 낭만적으로 향유만 하는 것 같이 보여서는 안 된다. 교회는 구체적인 지식이 아닌 나눔으로서의 공동체 이상을 공유하고 훈련하며 경제와 관련된 조직 활동 등을 통해 소비와 물질문세에 관해 교회의 본래적 기능을 담당해야 한다.

---

41) 은준관 교수는 유기적 교회론(organic ecclesiology)이 신학적 교회론 중에 가장 오랜 역사를 가지고 있는 이론이라는 주장을 하기도 했으며, 유기적 교회론은 이레네우스, 아우구스티누스 등에 의해 주장되었으며 토마스 아퀴나스에 이르러 하나의 완성된 모습으로 나타났다. 토마스는 교회는 그리스도의 신비적인 몸(mystical body)으로, 그것은 성례전에 의한 성화의 은총을 통해 하나님과 연합된 몸을 이루는 것이라고 하였다. 따라서 노영상교수는 일반적으로 부정적인 면에서 언급되는 경우가 많은 소위 중심교회와 위성교회의 관계도 긍정적인 측면이 있을 수 있다고 언급하고 있다. 중심교회와 주변교회는 네트워크 교회(network church)로서의 관계로 연결되어 중심과 주변의 관계가 아닌 서로 대등한 입장에서 도움을 주고받는 관계의 교회기 될 수 있다.(노영상, 『기녹교와 미래사회』(서울: 대한기독교서회, 2000), 42쪽.)

4. 소유와 소비로부터의 자유

포스트모던적인 현대 사회 속에서 펼쳐지고 있는 강력한 소비문화의 모습을 살펴보면 소비는 이제 단지 삶의 한 영역이 아니라, 일상적인 생계유지를 위한 행위에서부터 심연의 의식세계에까지 관계되는 일종의 '종교적 행위'라는 생각을 하게 된다. 자본주의와 시장 경제가 확산되기 이전의 사회에서는 필요한 대부분의 물건을 자급자족하거나 교환하는 방법으로 획득했기 때문에 지금과 같은 대량생산, 대량소비를 상상하기는 힘들었다. 그런데 지금 우리는 세계화 과정을 통해 또 한 번 비약적인 대량 소비의 증가를 경험하고 있다. 이전보다 싼 가격에 살 수 있는 양질의 재화와 서비스들이 이동거리를 불문하고 밀려오고 있는 것이다.

기독교 공동체는 이런 소비문화의 가속화 물결을 어떻게 바라보고 대응할 것인가? 앞에서 그 해결책으로 통합과 통전성의 회복, 소유와 소비로부터의 자유함, 규모 있는 경제생활 및 경제윤리 교육, 큐피디타스가 아닌 카리타스적 태도, 공동체성의 회복 등을 제시한 바 있다. 다시 한번, "한국교회는 과연 물질주의로부터 자유로운가?" 질문해 본다. 이제 물질주의는 삶의 한 영역의 문제가 아니라 신학과 교회의 정체성까지 위협하고 있는 부분에 긴장할 필요가 있다. 복음과 성경의 진리 안에서 누리는 진정한 복락과 자유의 가치가 저급한 물질문명과 소비문화로 채색되거나 대치되고 있는 부분은 없는가?

참고문헌

남승규,『소비자 심리학』, 서울: 도서출판 학지사, 1997.

노영상,『기독교와 미래사회』, 서울: 대한기독교서회, 2000.

이정석,『세속화 시대의 기독교』, 서울: 도서출판 이레서원, 2000.

한신대학교 학술원 신학연구소,『한국 기독교인의 정치·사회의식 조사』, 파주: 한울아카데미. 2004.

황경식,『시민공동체를 향하여 근대성, 그 한국사회적 함축』, 서울: (주)민음사, 1997.

그랜트 매크래켄, 이상률 역,『문화와 소비』, 서울: 문예출판사, 1997.

로마노프스키, 정혁현 역,『맥주, 타이타닉, 그리스도인』, 서울: 한국기독학생회 출판부, 2004.

리챠드 포스터, 김영호 역,『돈, 섹스, 권력』. 서울: (주)두레문화사, 1989.

마이크 페더스톤, 정숙경 역,『포스트모더니즘과 소비문화』, 서울: 현대미학사, 1999.

슈바이커, 문시영 역,『책임윤리란 무엇인가』, 서울: 대한기독교서회, 2000.

H. 요나스, 이진우 역,『책임의 원칙: 기술 시대의 생태학적 윤리』, 서울: 서광사, 1994.

울리히 두크로, 손규태 역,『자본주의 세계경제의 대안』, 서울: 도서출판 한울, 1997.

쟈크엘룰, 이문장 역,『세상속의 그리스도인』, 안양: 대장간, 1991.

줄리엣 B. 쇼어, 정준희 역,『쇼핑하기 위해 태어났다』, 서울: 해냄출판사, 2005.

토마스하인, 김종식 역,『쇼핑의 유혹』. 서울: 세종서적, 2003.

제5장

북한 핵문제에 대한 기독교현실주의적 대응

1. 북핵 문제와 사회 갈등

북한의 핵실험 발표 및 방사능 발생의 확인, 유엔의 대북 제재 결의[1] 등과 관련하여 한반도의 현실은 세계인의 주목을 받았다. 2002년 6월의 제2연평해전 등 부분적으로는 상당한 갈등과 긴장이 있기는 했지만, 전반적으로 평화적인 분위기로 향하던 한반도의 긴장은 더욱 첨예한 방향으로 흐르게 되었다. 더욱 걱정스러운 것은 대북

---

[1] 유엔에서 결의된 주요 제재의 내용은 중국과 러시아 등의 반대 입장을 감안, 군사적 제재를 배제하고, 경제 외교적 제재를 주 내용으로 하고 있지만 광범위한 금융제재와 교역 봉쇄, 여행금지, 화물검색 등 강도 높은 조치들을 포함하고 있다.

지원 및 통일논의에 있어서 남북 갈등보다도 더 첨예한 양상의 소위 이념과 이해관계에 따른 '남남갈등'이 전개되고 있다는 점이다. 핵실험 이후 나온 기독교계의 반응을 보더라도 한국기독교교회협의회에서는 "핵실험 이전으로 돌이킬 수 없더라도 국제사회는 북한의 처지와 주장에 더욱 귀 기울이며 북한은 국제사회를 향해 진솔하게 자신을 개방해야한다"고 한 반면에, 한국기독교총연합회에서는 "민족의 안녕과 번영의 기반인 한반도의 평화통일에 치명타를 가하는 배신으로 규탄 받아 마땅하다"라는 성명을 발표하였다.[2] '기도해야' 한다는 공통의 표현이 있기는 하지만 전보다도 더욱 극단의 길을 가지 않을까 하는 염려가 앞서는 것이 우리의 상황이다. 이런 문제들 앞에서 기독교윤리는 어떤 답을 주어야 할 것인가?

지난 2006년 9월 26일자『경향신문』은「미국의 지저스 크라이스트」란 기사에서 한·미간의 전시 작전통제권(작통권) 이양 환수 문제 논란 과정 중 일어난 '이데올로기 문제'를 '숭미 반공 이데올로기'로 표현하고 있다.[3] 이 논란의 핵심에는 한국의 보수 층 중 기독교 보수교단 즉 한국기독교총연합회(한기총)가 자리하고 있다고 하면서, 종교만의 기능과 역할인 세상 모순에 대해 외면하지 말 것을 권고하고 있다.

그런가 하면 2006년 8월 14일자『기독신문』은「이 사회의 갈등에 교회도 책임 있다」라는 기사를 적고 있다. 기독신문은 최근 우리사회의 현상을 '갈등 현상의 난무'라고 표현하면서 한국사회의 근본적

---

2)『한국기독공보』, 2006년 10월 14일자 1면 참조.
3)『경향신문』, 2006년 9월 26일자 '김철웅 칼럼' 참조.

인 갈등의 요인을 다음과 같이 이념에서 찾고 있었다.

"우리 사회는 진보, 보수, 진보좌파, 중도, 보수우파, 친미, 숭미, 용미, 반미, 친북, 반북 등으로 구분된다. 노사 간의 갈등, 세대 간의 갈등, 정부와 공무원 노조와의 갈등, 사회경제적 계층 간의 갈등, 이익집단간의 갈등 그리고 주변국들과의 갈등으로 남북 간의 갈등, 한일 간의 갈등 등 너무나 많은 갈등 구조 속에서 심히 염려되는 사회가 아닐 수 없다."

우리 삶 속에서 갈등은 여러 면에서 있어 왔다. 이 갈등이 역사 속에서 완전히 극복되지는 못한다 하더라도 기독교는 갈등의 해결을 위해 노력해야 한다. 특히 우리사회에 있어서 북한과 미국을 둘러싼 갈등은 더욱 첨예하게 발전하고 있다. 이렇게 된 데에는 이념적으로 다양한 성향과 뿌리 깊은 역사가 자리 잡고 있다. 즉, 노사 갈등 및 부동산 소유와 관련된 갈등은 이기주의 및 경제적 자유주의 등과 관련된 반면에 미국, 북한과 관련된 갈등의 저변에는 민속해방의 역사 이후 시작된 이데올로기적 경향성과 각 개인의 삶의 배경 등이 자리 잡고 있다. 이런 이유로 미국, 북한에 대한 입장은 개인의 삶의 배경과 전기에 따라서 다양한 입장의 차이들을 보이고 있다.

북한과의 관계는 금강산, 개성 개방 등에 힘입어 증가 추세에 있던 경제적 교류의 중단까지 논의될 만큼 1993년 핵 위기 이래 심각한 위기 국면이며, 미국과의 관계 또한 매우 불편한 입장에 처해 있다. 더욱 염려되는 것은 소위 보수와 진보의 교회 및 교단적 성향들이 이런 문제 앞에서 더욱 첨예하게 갈라지고 있다는 점이다.

구체적인 예로, 핵문제로 긴장이 팽배했던 시기에 비교적 여러 교단의 신학자 및 일반학자를 아우르는 학회의 운영이사회가 열린 적이 있다. 이사회의 회무 처리 중 한 회원 교수께서 긴급 발의를 했다. 지금 미국에 대한 작통권 이양 문제가 논의되고 있는데 한미정상 회담이 곧 있게 되니, 학자들이 신앙적인 차원에서 '작통권 이양을 반대 한다'는 입장을 밝혀야하지 않겠는가하는 강력한 요청이었다. 만일 북한의 핵실험 보도가 나온 이후의 상황이었다면 더 강경한 태도의 발언이 있지 않았을까 생각되기도 한다. 결과적으로 개인적인 입장 표명은 할 수 있지만 학회의 성격상 선언문 채택은 적합되지 않는다고 하여 넘어갔으나, 회원들의 생각은 입장 및 성향에 따라 상당한 차이가 있었다. 만약 계속해서 이 문제가 거론되었더라면 회의 전체에 악 영향을 끼쳤을 것으로 사료된다.

국가 안보에 대한 염려와 학자들의 실천적 책임을 강조한 것에는 공감하나 그 방법과 의사 표시가 갖는 파장에 대해서는 좀 더 폭넓은 이해를 요청하고 있다. 이제 한국 기독교는 북한과 미국을 둘러싸고 발생하고 있는 여러 가지 예민한 문제들을 어떻게 처리할 것인가?

중요한 것은 이제 어떻게 하면 사회의 갈등 구조를 해소하고 건강한 사회로 나아갈 것인가에 대해 서로의 입장을 접어놓고 의논할 때가 되었다는 점이다. 이 면에서는 거의 이론의 여지가 없다. 이제 한국 기독교는 다양한 사회통합의 메커니즘을 가동하고, 갈등 해결을 위한 공감인식과 대타협의 자세를 보여줄 수 있어야 한다. 서구 신학의 단순한 답습으로만은 이런 문제들에 대해서 대답할 수 없다. 설득력 있는 한국교회의 처방과 대책을 제시해야 한다. 즉 성경의 원리에 입각한 통일적인 세계관과 국가관, 안보관, 경제관을 가르쳐서, 관용과 통합을 이루는 사회를 이루는데 기여해야 한다. 기독교윤리적 가르침은 전통적으로 시대를 넘어서는 단일성과 아울러, 시대에 따라 다양하게 응답하는 적실성 및 다양성을 동시에 추구해 왔다. 이제 우리 시대의 문제를 풀어 가는데 있어서 어떤 기독교윤리학적 논변과 신학적 방향을 제시해야 할지, 그 중요한 문제들을 정리해 보고 기독교윤리적 해결 방안을 제시해야 한다.

2. 여러 갈등의 양상과 전망

1) 주요 현안에 대한 입장 차이

미국과 북한과의 문제와 관련된 문제들은 한미 FTA 협상문제, 주한 미군 기지의 평택 재배치4), 북한의 미사일 및 핵 위협에 대한 내쳐, 한국군의 이라크 전쟁 파병 연장 등 다양한 차원에서 도출되고 있다. 어찌 보면 한두 가지 문제가 아니라는데 문제의 심각성이 있다. 소위 보수와 진보 양 쪽의 입장을 들어 보면 나름대로의 설득력이 있는 것도 사실이다. 마치 기독교윤리학사 속에서 성전론자(Holy war theory)들과 평화주의자(Pacifism)들이 대립했던 것처럼 양자는 정당성과 필요성을 역설하고 있기도 하다.

---

4) 이미 사용되고 있는 기지 이외에 정부는 용산 및 미2사단 대체부지로 팽성 K-6에 285만평, 송탄 K-55에 64만 평, 총 349만 평을 추가로 제공하려고 하고 있다. 이렇게 되면 평택의 미군기지 면적은 806만 8천 평으로 평택 선제면적의 5.9%에 이르게 된다. 이 규모는 여의도의 약 3배 크기(여의도는 약 250만 평)가 넘는다.

먼저, 한미자유무역협정에 관한 기독교의 반응도 찬성과 반대로 크게 엇갈리고 있다. 얼마 전 한미 FTA 기독교 공동대책위원회가 발족 되었다. 그 출범식에서 다음과 같은 선언문이 채택되었다.[5]

"그 동안 사회정의와 평화를 세우고 약자들의 목소리에 귀 기울이는 것이 이 땅의 교회들이 감당해 가야 할 사명이라 믿으며 활동해온 교회 입장에서 볼 때, 현재 정부가 추진하고 있는 한미 FTA협상은 협상 내용을 공개하지 않는 등 국민적 합의가 부족하고, 사회 공공성을 약화시키며 양극화를 심화시킬 수 있다는 점에서 심각한 우려를 느끼게 했다."

선언문의 요지는 한미 FTA가 국가적으로 중대한 변화가 예상되는 사안임에도 불구하고 공신력 있는 단체의 사전 영향평가의 부족, 협상문 비공개 등 국민적 홍보나 동의를 얻는 민주적 과정의 부재라는 문제가 있음을 제기하고 있다. 또한 협상의 진행에 있어서도 소위 4대 선결 조건을 미리 수용한 점, 협상단의 구성이 졸속이고 협상력 역시 상대적으로 전문적이지 않다는 점 등을 지적하면서 사회적 우려를 표명하고 있다. 그동안 신자유주의 경제와 세계화 문제를 걱정해 온 교계 입장에서 볼 때, 한미 FTA협상은 보다 심화된 사회 양극화를 초래할 수 있다는 점을 지적한다. 교계에서는 각종 세미나와 토론회 등을 개최하여 속속 입장과 대응 방식들을 내놓고 있는데,

---

5) 한미 FTA 기독교 공동대책위원회가 2006년 9월 4일(월) 기독교회관 2층 강당에서 열렸다. 이 모임은 한미 FTA 제3차 협상을 앞둔 시점에서, KNCC 교회와사회위원회를 비롯하여, 전국목회자정의평화실천협의회, 기독교사회선교연대회의, 3개 교단(예장, 감리교, 기장) 농목, 교회개혁실천연대 등의 복음주의 단체들은 수차례의 토론회, 세미나 등을 통해 사전 이해와 논의 과정을 거쳤고, 교회내의 보다 확대된 인식공유와 대책활동을 위해 범 기독교적인 공동의 대책기구를 결성하기에 이르렀다.

기독교교회협의회 신학연구위원회 발표 논문 중 최영실은 성서적 전거를 고찰하며 현재의 한반도 현실을 다음과 같이 분석했다.[6]

최 교수는 예언자 이사야가 민족의 위기 앞에서도 물질을 추구하며 안일하게 살던 유다 지도자들을 향해서 '사치와 안일에 빠져 있는 여인들'에 비유한 것과 같이, 한반도에서 부시 대통령의 '악의 축' 발언 이후, 대량파괴 무기의혹, 인권문제, 핵무기 개발의혹 등을 제기하며 고조되고 있는 긴장 국면 속에서 하나님 대신 외세를 의존하고 분단 이데올로기를 이용해 자신들만의 평안을 구하는 지도자들의 행태에 대해 비판했다.[7]

유경동 교수는 윤리학적 입장에서 현대 문명의 폭력성을 타자에 대한 이해 부족으로 진단했다. 유교수는 서로간의 차이를 인정하기보다는 항상 나 중심적인 사고 틀 속에서 타자를 자신과 동일시하려는 과정에서 폭력이 수반된다고 설명했다. 부시 대통령의 "우리가 가진 민주주의를 세계에 뿌리내려야 한다. 이 일을 하나님이 도와주실 것이다"라는 말이 그 구체적인 예가 된다는 것이다. 또한 현대 문명의 또 다른 특징인 복잡성(미국에는 약 100만 개의 직업이 있음)으로 인해 현대 사회는 엄청난 에너지를 필요로 하고, 이러한 에너지 위기와 자기 중심성이 결합되면서 끊임없는 전쟁이 발생된다고 분석했다.[8]

---

6) 기독교교회협의회 신학연구위원회(위원장 이원규 교수)는 2005년 5월 12일 기독교회관 2층 강당에서 "해방 60주년과 동북아 평화를 위한 신학적 성찰"을 주제로 강연회를 개최했다.

7) 기독교교회협의회 신학연구위원회, 『세미나 자료집』, 「한반도의 위기와 참된 해방의 길 -성서적 관점에서」 참조.

8) 기독교교회협의회 신학연구위원회, 『세미나 자료집』, 「국가 폭력과 기독교 타자성의 의미」 참조.

이렇게 보면 소위 진보 진영에서는 신학적 분석과 이론적 대응에 치중하는 경향이 있는 반면, 보수 진영에서는 조직 및 단체 결성과 집회 및 시위를 진행하는 경우가 많다고 할 수 있다. 지난 2006년 8월 24일자 『크리스천 투데이』는 "전시작전통제권 단독행사는 안보 위협"이라는 제목으로 보수 교계 단체들이 전시작전통제권에 관한 섣부른 논의가 국가안보에 심각한 위해를 줄 수 있다며 이에 대처하기 위해 결집에 나섰다고 보도하고 있다.[9] 한국기독교총연합회의 주도 아래 기독교 사회책임, 기독교애국운동, 한국 미래포럼, 한국 기독교신앙실천운동연합회, 기독장교회, 한국 장로회총연합회, 한국 평신도단체협의회, 개신교원로장로회전국연합회, 한국기독교원로목사회, 한국교회지도자협의회 등 10개 단체는 '국가안보를 위한 기독교 긴급행동'이라는 한시적 단체를 결성하기도 했다.

이처럼 기독교 내에서 주요 정치적 현안에 대한 입장 차이가 나타나는 원인은 무엇인가? 여러 요인 가운데 미국에 대한 이해의 차이가 상당히 중요한 자리를 차지하고 있다. 여러 면에서 전통적인 우방이면서도 러시아와 함께 남북 분단의 양대 책임자이기도 한 미국은 그 이해에 있어서 상당히 복잡한 면모를 갖고 있다. 또한 급속한 세계화의 추세와 공산주의와 동구권의 몰락은 미국의 영향력을 한층 더 강화시켰기 때문이다.

2006년 개봉되어 많은 관객을 동원한 <괴물>이란 영화가 있다.[10] 이 영화는 그 개봉시점, 미성년자 관람가 등 여러 요인 등이 합쳐져

---

9) 『크리스천 투데이』, 2006년 8월 24일자.
10) 영화 <괴물>은 봉준호 감독의 작품으로, 송강호, 변희봉, 배두나 등이 출연하였다. 상영시간은 119분이며, 2006년 7월 27일에 개봉하였다. 제작사는 '청어람'이다.

서 많은 관람객을 동원했다는 평가를 받고 있는데, 그 저변에 상당한 반미 정서가 깔려있음도 간과할 수 없을 것이다. 그런 정서를 주인공 박강두(송강호 분)의 말을 듣는 척 하지만 결국 무시하는 미국 보건 당국자의 태도 등에서 볼 수 있다.

그런데 미국에 대한 입장은 단순히 감정적인 차원에서 결정되어서는 안 될 일임을 지적하지 않을 수 없다. 최근의 국제 정세는 문제의 원인 및 해결책이 상당 부분 초강대국인 미국의 행보에 달려 있는데, 국제 질서 및 힘의 균형에 있어서 미국의 힘 및 영향력은 얼핏 생각할 수 있는 것보다 훨씬 더 복잡하고 광범위하다는데 주목할 필요가 있다. 어제 오늘의 이야기가 아닌 이스라엘 및 주변국들의 분쟁 문제에 대해 노엄 촘스키(Noam Chomsky)는 미국의 힘을 이렇게 설명한 바 있다.

> 그러니까 이스라엘 군은 사실상 미군입니다. 이스라엘은 현재 미군의 해외 군가시지와 다를 바 없습니다. 이스라엘 군이 취하는 행동은 미국이 허가하고 장려하는 것입니다. 이스라엘이 미국이 바라는 수준에서 1밀리미터하고 더 나간다면 워싱턴에서는 조용한 목소리로 "그만 됐다"고 말합니다. 그러면 이스라엘은 멈춥니다. 며칠 전에도 이런 일이 있었죠. 워싱턴에서 조용한 목소리로 딕 체니의 업무에 방해가 되니 팔레스타인 도시에서 탱크와 군대를 철수 시키라고 말하자 이스라엘은 즉시 철군했습니다. 말이 떨어지기가 무섭게요. 마피아하고 똑같습니다. 보스가 명령을 하면 부하들은 즉시 수행합니다. 이미 여러 차례 반복된 일입니다. 이스라엘의 만행이나 터키의 만행이라고 말하는 대신 미국의 만행이라고 해야 합니다. 근원이 미국에 있기·때문입니다. 콜롬비아도 마찬기지입니다.[11]

2) 전쟁의 참혹성 및 기독교 현실주의적 이해 필요성

앞에서 언급하였듯 우리사회에서는 진보와 보수, 기성세대 및 신세대, 성장주의 대 분배주의 등 이념적 경향성에 기인한 갈등과 대립이 드러나고 있다. 수 년 전에는 국가보안법의 폐지논란 및 충청권으로의 행정수도 이전 등과 관련해서도 지역 간, 계층 간의 상당한 대립이 전개되기도 하였다. 그런데 미국과 북한에 대한 문제는 다른 문제와는 조금 다른 차원에서 고려해야 할 요소가 있다. 즉 북한의 미사일 발사, 핵실험, 한미연합사 해체 등과 관련된 문제는 정치 군사적 문제로서 '전쟁'이라는 극단적인 문제를 전제로 한다는 특수성이 있다.

우리 사회가 당면한 여러 대립적인 성향 중에서 폭력과 전쟁에 관한 문제는 좀 더 근원적인 성찰을 요청하고 있다고 본다. 전쟁과 폭력은 인간의 근본악에 기인한 것으로 서로 밀접한 관련이 있다. 모든 가용 수단을 동원하여 폭력을 사용하고, 때로는 이에 대한 필연성과 정당화를 주장하는 경우를 전쟁 상황에서는 볼 수 있기 때문이다. 전쟁에서는 인간이 범할 수 있는 모든 죄들이 '수단'이라는 미명하에 적극적으로 자행되며, 도덕적 가치판단 자체가 거의 기능을 멈추는 상황이 되기도 한다. 러스킨은 전쟁에 대해 다음과 같이 특별히 설명하고 있다. 그러나 이는 매우 역설적이고 예외적인 의미를 담고 있다고 보아야 할 것이다.

---

11) 존 준커먼, 다케이 마사카즈, 홍한별 역, 『권력과 테러』(서울: 양철북, 2003), 146~147쪽.

"유럽에 평화가 확장되고 확립되어 감에 따라 예술은 쇠퇴했다. 예술은 사치의 극치, 전대미문의 극에 달했으나 생명을 잃었다. 예술을 마침내 향락과 갖가지 타락에 몸을 맡겼어도, 완전히 평화로운 나라에서는 전혀 시들어 버려서, 우리 민족이나, 프랑스 민족처럼 군인의 삶을 완벽하게 살 수는 없지만, 아직도 군인 정신을 간직하고 있는 민족들 사이에서 부분적으로 남아 있는 것이다."12)

혹자는 현재 전개되고 있는 이라크 등 이슬람권과 미국의 대립을 이슬람 지하드 성전론자들과 기독교 패권주의의 대결로 해석하기도 한다. 로버트 제윗(Robert Jewett) 등은 'Captain America'라는 용어를 사용하면서, 미국의 영향력과 패권주의를 비판하기도 한다.13)

우리 사회의 여러 문제에 대한 갈등 문제에 있어서 미국과 북한은 대부분 중요한 자리를 차지하고 있다. 특히 미국과 북한은 상호 매우 적대적인 관계를 유지하고 있기 때문에, 대부분의 경우 친미 성향은 북한에 대한 적대적 입장과 연계되는 경향이 있으며, 북한에 대한 이해와 고려 및 지원의 강조는 미국에 대한 자주적인 권리주장과 독자성 강조와 연계되는 경향이 있다. 그러나 반드시 이런 경향성을 갖는 것은 아니며, 상호 연관되는 명목적인 입장에 서기보다는, 현실적인 분석을 통해 '제3의 길'을 강조할 필요가 있다. 전쟁에 대한 이해에 있어서도 전통적으로 설득력 있는 입장은 '정당전쟁론'일 것이다. 그러나 정당전쟁론의 입장을 견지한다고 하더라도, 성전론자

---

12) John Ruskin, "War" The Crown of Wild Olive(1866). *Man and Warfare*(W. Irmscher ed. 1964), pp.35~41. 앞의 책에서 재인용.

13) 동 제목의 책이 있음. Robert Jewett & John Shelton Lawrence, *Captain America and the Crusade against Evil*, Eerdmans, 2003.

들과 평화론자들의 입장은 충분히 고려할만한 소리들을 담고 있으며 '견제와 균형'의 기능을 하는 현실적인 역할도 있음을 고려해야 한다.

아우구스티누스, 토마스 아퀴나스 등을 통해 논의된 '정당전쟁론 (just war theory)'적 입장을 현실문제에 적용해 볼 수 있다. 그러나 정당전쟁론은 결코 모든 종류의 전쟁을 정당화하는 것은 아니며, 일정한 조건을 갖춘 가운데 발생하는 무력의 사용 등 전쟁 행위에 대해 정당성을 부여하는 것이다. 종교개혁가 마르틴 루터는 군인들의 직업적 정당성 확보와 관련하여 언급하고 있으며, 초기 기독교 사상가 오리겐에서부터 이런 사상의 연원을 발견할 수 있는 것도 사실이다.

폴 램지(Paul Ramsy)의 일반적인 논지에 의하면 전쟁은 도덕적일 수 있으며, 때로는 전쟁을 하는 것이 옳은 일이고, 전쟁 자체를 반박하는 모든 논증은 설득력이 없다. 그의 입장을 반박하는 가장 강력한 논증들 중 하나인 수소 폭탄과 원자 폭탄의 발달로 인해서 전쟁이 갖는 피해 부담이 지나치게 커졌다는 점에 대해서, 램지는 그런 경우는 이미 한계를 넘은 전쟁이라며 반박을 피해가고 있다. 만일 상당량의 핵무기가 사용된다면 '상호파멸'의 상황이 전개되기 때문이다. 이런 면에서 본다면 정당전쟁론에 있어서의 문제는 사실 전쟁의 정의(definition)에 달려 있다고 볼 수도 있을 만큼, 전쟁의 정의 또한 복잡한 문제를 함축하고 있다. 그러나 전쟁은 무력 또는 폭력을 사용하는 국제적인 행위라고 포괄적으로 표현할 수 있을 것이다.

결국, 대안은 전쟁에 대한 여러 입장들의 상충 및 약점을 강조하기 보다는 전쟁에 대한 견해들이 상호 보완적인 측면이 있음을 인정할 필요가 있다. 즉 역사적 현실 속에서 어쩔 수 없이 등장할 수밖에 없었던 각각의 정황을 인정하는 가운데, 기독교현실주의적 시각을 통해 이해할 필요가 있다. 기독교현실주의는 하나의 이상론에 치우치는 것이 아니라, 사회의 제 문제들에 대한 해결 방안을 단순한 인간의 도덕성의 총량 증가에서 찾으려는 것도 아니다. 기독교현실주의는 사회문제의 답을 구조와 체계와 관련된 문제 속에서 찾고, 아울러 개인 및 집단의 근본적인 한계를 인정하는 윤리적 인식이기 때문이다.14)

3. 기독교윤리적 해결책 모색

한국 사회에서 갈등을 야기하고 있는 여러 문제들에 대하여 기독교인들에게 필요한 것은 일종의 '기독교현실주의' 입장이라고 볼 수 있다. 정치적, 군사적 현실은 힘이 관계되는 냉엄한 문제이기에 순진하게 보아서는 안 되며, 인간의 악의 본성에도 관심을 갖고 보아야 한다. 그러니 이는 성시적 가르침과 기독교 세계관의 입장에서 일정한 자세 및 지향점을 갖는 가운데서 유지되어야 한다. 어떤 면에서 윤리적 덕목은 현실에서는 완전히 실현되기 어려운 측면도 있기에, 윤리는 현실의 정당화에 치중하기보다는 언제나 '당위'와 '가치 지향성'을 갖게 마련이다. 이제 필자는 기독교윤리적 해결책을 제시하고자 세가지 제안을 하려고 한다. 좁은 의미의 기독교현실주의적 해결

---

14) "사회윤리학은 개인윤리의 사회적 영역에의 연장에 의해서가 아니라 사회적 시스템이나 구조와의 관련성 속에서 문제를 다루어야 한다는 특성을 가지고 있다는 사실을 밝힌 것에 주목해야 한다." 고범서, 『개인윤리와 사회윤리』(서울: 한국신학연구소, 1983), 31쪽.

책을 넘어서는 좀 더 포용력 있는 태도가 필요하기 때문이다. 관용과 용서의 의미 및 필요성, 폭력에 대한 근원적인 성찰, 북한관련 문제의 특수성 인식 등이 우리에게 요구되고 있다.

1) 관용과 용서의 의미 및 필요성

상대방에 대한 '관용'과 '용서'의 태도는 성서적 덕목이며 동서양에서 공통적으로 수용되는 전통적인 가치 가운데 하나이다. 특히 다원화 문화 속에서 관용과 용서의 가치는 더욱 절실해지고 있다. 성서에서 용서란 일차적으로 하나님의 임재로부터 인간을 분리시키는 장애나 장벽들을 하나님께서 은혜로 제거해 주심으로써 화해와 교제의 길을 열어주시는 하나님의 용서를 의미하며, 이것은 특히 예수의 가르침 속에서 현저히 나타난다.

히브리어로 '보내버림', '덮음', '제거함' 그리고 '쓸어버림' 등의 은유들이 '용서'의 개념을 표현하는 말로 사용되고 있다. 가장 일반적인 용서는 '보내버리다'를 의미하는 동사 salah이다.[15] '덮다'를 의미하는 동사 kapar는 특히 제사 전승에 빈번히 나타나며 '속죄'나 '화해'의 개념을 표현하는 말이다.[16] 70인역 성서에서 '용서'를 나타내는 가장 일반적인 용서는 afiemi이다. 이 말은 '보내버리다'를 의미하며 히브리어 kapar와 salah를 번역한 것이다. kapar는 '자비롭다'를 의미하는 uilasomai로 번역되기도 한다.

---

15) 레 4:20,26; 왕상 8:30,34; 시 86:5; 103:3.
16) 출 29:36; 30:10; 레 8:15; 16:20; 겔 43:20; 45:20.

신약에서 '용서'를 나타내는 가장 일반적인 용어로는 '보내버리다'라는 뜻의 동사 afiemi(마 6:12, 14~15; 9:2; 12:31 등)와 '보내버림'이라는 뜻의 명사 afecis(막 3:29; 눅 3:3;24;47 행 2:38)가 있는데, 이 둘은 죄에 대한 하나님의 용서와 이웃의 잘못에 대한 인간의 용서를 가리키는 말로 사용된다.

용서에 대한 윤리적 고찰에서 용서와 사랑의 차이를 구별하는 경우도 있을 수 있다. '용서'는 하나님과 인간사이의 회복된 관계들을 가리키는 경우가 많다. '사랑'은 인간과 인간 사이의 회복된 관계, 특히 이웃이 잘되기를 신실하고도 능동적으로 바라는 것을 의미할 수 있다.[17] 그런데, 신약성서에 의하면 하나님은 '용서'하시는 동시에 '사랑'하신다. 따라서 인간은 하나님의 용서와 사랑에 동시에 관련되어있다. 이런 면에서 우선 기독교인들이 하나님의 용서와 사랑을 충분히 체험할 때 진정한 용서와 사랑의 실천이 가능할 것이다.

'관용의 윤리'에 관한 논문에서 김용환 교수는 관용의 두 가시 성격을 설명한 바 있다.[18] 첫째로, 관용은 베푸는 것이 아니라 실천이 요구되는 도덕적 명령이다. 우리말에서 관용은 대부분 '베풀다'라는 동사를 붙여서 사용하는 경우가 많은데, 이런 관용법이 관용의 덕목에 대한 오해를 낳게 한 주요한 원인 가운데 하나라는 관점이다. 무엇을 '베푼다' 는 것은 힘을 가진 강자의 관점에서 이루어지는 행위

---

17) '용서'에 관련된 용어적 정의 등은 『한국기독교대백과사전』(서울: 기독교문사) 항목: '용서' 부분을 참고하였다.
18) 이에 대한 논의는 김용환, 「관용의 윤리: 철학적 기초와 적용영역들」, 『철학』 제87집 참조.

이다. 그러나 관용의 덕목은 강자의 윤리를 넘어서고 있다. 둘째로, 관용은 덕목일 뿐만 아니라 태도 또는 정도의 문제(matters of attitude or degree)이다. 관용이 사람들 사이에서 원활한 관계를 유지하고 평화 공존을 하는데 필요한 경험의 산물인 것은 분명하다. 즉 관용은 인간이 불완전한 세계 안에서 자유와 선택에 직면했을 때 그 도덕적 성격을 드러낼 수 있는 덕목이다.

2) 레비나스의 '타자' 이해

관용과 용서 관련 윤리적 덕목 및 가치에 관한 논의에서 자주 언급되는 사람은 한나 아렌트(Hannah Arendt)와 엠마누엘 레비나스(E. Levinas)이다. 이들은 유태인으로서 국가 사회주의의 비인간성과 참혹한 2차 대전의 경험을 통해 철학 형성에 영향을 받았다. 레비나스는 자신이 독일군 포로로 갇혀있었을 뿐 아니라 무수한 유태인의 죽음을 경험하였다. 한나 아렌트의 경우도 비슷한 경험을 갖고 있다. 레비나스는 "1500년 동안이나 기독교 복음의 영향을 받아온 유럽이 그처럼 엄청난 살상과 파괴를 자행할 수 있었던 것은 무엇 때문인가? 전쟁의 폭력은 도대체 어디서 오는 것인가?" 라고 근본적인 질문을 한다. 레비나스는 전쟁과 서양철학의 전통은 서로 관계가 있다고 보고 있다. 전쟁은 사람을 전체에 복종시키며, 전체에 복종하지 않는 사람은 무참하게 제거해 버리는 속성이 있기 때문이다.[19] 타자이해는 특유의 '얼굴'과 관련된 논의로 전개된다.

---

19) 엠마누엘 레비나스, 강영안 역, 『시간과 타자』(서울: 문예출판사, 2001), 119~121쪽.

하지만 타자성은, 우리의 사회적 관계의 특징이라 할 수 있는 타자와의 관계 한 복판에서 이미 비상호적 관계로, 즉 동시성과 정반대의 관계로 모습을 드러낸다. 타인으로서 타인은 단지 나와 다른 자아가 아니다. 그는 내가 아닌 사람이다. 그가 그인 것은 성격이나, 외모나 그의 심리 상태 때문이 아니라 오직 그의 다름(他者性) 때문이다. 그는 예컨대 약한 사람, 가난한 사람, '과부와 고아'이다. 하지만 나는 부자이고 강자이다. 타자는 타자로서 높음과 비천함의 차원에 스스로 처해 있다. 타자는 가난한 자와 나그네, 과부와 고아의 얼굴을 하고 있고, 동시에 나의 자유를 정당화하라고 요구하는 주인의 얼굴을 하고 있다.[20]

타인의 얼굴이 지닌 비폭력적, 윤리적 저항은 강자의 힘보다 더 강하게 우리의 자유를 문제 삼는다. 강자의 힘은 나의 자유를 제한할 수 있고 완전히 박탈할 수 있지만 나의 자유 자체를 문제시 할 수 없다. 그러나 나는 힘없는 타인의 호소를 인정할 때 나의 자유, 나의 자기실현을 그대로 무한정 추구할 수 없다. 얼굴의 현현을 통해 나의 자발성에 제동이 걸린다.[21]

레비나스는 '타인에 대한 관심과 책임'을 강조하고 있다. 그는 우리가 타인에 대해 관심을 가질수록 책임과 의무에 대한 호소는 커지며, 자유가 이 책임 있는 관심과 헌신으로 전환된다고 말한다. 레비나스의 타자에 관한 논의를 보면 마틴 부버(Martin Buber)의 「나와 너」의 인격적인 관계가 연상되기도 하는데, 그가 말하는 타자는 부버의 '너'와 구별된다. 타자는 나와 너의 친밀한 관계 속에 용해될 수 있

---

20) 위의 책, 101쪽.
21) 위의 책, 138~139쪽.

는 자가 아니기 때문이다. 레비나스가 말하는 '타자'는 여전히 나에게 거리를 두고 있고, 낯선 자로서 나의 삶에 완전히 포섭될 수 없는 자이기 때문이다.

'타자성의 윤리'를 전개한 레비나스를 통해서 우리는 갈등의 문제를 해결하기 위한 중요한 태도의 변화를 발견할 수 있다. 관용, 용서, 타인에 대한 인정 등은 그 태도에 있어서 좀더 근원적인 변화가 있을 때 실현될 수 있다는 면에서 설득력 있는 주장이다. 특별히 레비나스는 '타인의 얼굴'에 의미를 부여하고 있다. 얼굴은 사물과 근본적으로 구별되는 것으로, 절대적 경험이라는 면에서 '계시'라는 용어를 사용하기도 한다.[22]

타자의 독자성과 인격성을 충분히 인정하는 가운데서도 자신이나 자신이 속한 공동체와의 연속성을 찾아가는 노력이 수반될 때 개인과 국가 등은 '관용'이 실천되는 곳이 된다. 구체적인 면에서 타인과의 관계가 '불관용'의 모습으로 나타나는 경우를 생각해 볼 수 있다. 마가렛 클락(Margart Clark)은 자신과 다른 사람을 구분하는 경계선을 그으려는 성향의 사람들을 지칭하여 '경계선을 의식하는 사람들(Boundary minded people)'이란 표현을 사용한 바 있다.[23] 김용환은 '도덕적 명령'으로서의 관용을 설명하면서, 마이클 코벳과 자신의 의견을 종합하여 사람들이 불관용하는 근거를 설명한 바 있다.[24]

첫째, 불관용은 생물학적, 물리적 성격에 기초되어 있다. 특히 종

---

22) 위의 책, 136쪽.

23) Margaret Clark, "Political Tolerance", 김용환의 논문 「관용의 윤리」에서 재인용.

24) 이하의 논의는 김용환, 「관용의 윤리: 철학적 기초와 적용영역들」, 『철학』 제87집에 의존하고 있다.

족과 성에 대한 편견과 불관용은 생물학적 토대 위에 근거하고 있다. 백인들이 유색인에 대해 갖고 있는 편견, 남성이 여성에 대해 보이는 편견과 차별 그리고 불관용의 밑바탕에는 이런 생물학적, 물리적 성격이 작용하고 있다는 것이다.

둘째, 불관용은 사회적 특성을 가지고 있다. 피부 색깔과 같은 자연적인 조건 이외에 역사, 문화적인 조건과 교육 환경, 직업과 수입, 그리고 거주 지역 등 사회적인 여러 요소들도 불관용을 일상화시키는 데 촉매제 역할을 하고 있다. 이 경우에 첫 번째 요인 보다는 개선의 가능성이 높다고 볼 수 있다.

셋째, 불관용은 사람들이 지지하고 있는 신념이나 태도에 기초되어 있다. 예를 들어 광신주의가 다른 신앙 체계에 대해 더 적극적으로 불관용하는 이유는 그 만큼 자신의 신념에 대한 확신이 강하기 때문이다. 정치적 이데올로기 신봉자들이 불관용하는 일이나, 종교적 불관용도 모두 자신이 믿고 있는 이념이나 종교에 대해 강한 확신과 태두를 갖고 있기 때문이나. 이런 면에서 한국 사회는 다원종교 사회인데 종교 간의 대립은 아직 심각하지 않지만, 개신교 안에서 나타나는 것처럼 신앙 및 가치관에 따른 갈등의 양상이 폭발할 가능성도 배제할 수 없을 것이다.

한나 아렌트(Hannah Arendt)의 경우에서도 모든 인간이 갖게 되는 '차이성'에 관한 언급을 볼 수 있다. "인간의 차이성은 특수성과 같은 것이 아니다.-특수성은 존재하는 모든 것에 고유한 타자성의 기이한 성질로서 중세철학에서 모두 특이한 성질을 초월하는, 존재의 네가지 기본적이고 보편적인 성격 중의 하나를 지칭하였다. 사실 특수성은 다원성의 중요한 한 측면인 동시에 우리의 모든 정의는 곧 구별이며, 어떤 것을 그 밖의 것으로부터 구별하지 않고는 그것의 본질은 말할 수 없는 바로 그 이유이다. 인간이 존재하는 모든 것과 공유하는 '특수성'과 살아 있는 모든 것과 공유하는 차이성은 인간에게서 유일성이 된다."[25]

성서가 말하는 예수의 가르침 가운데서도 '용서'는 매우 중요한 위치에 있다. 자신이 친히 용서의 모범을 보여주셨으며, 그의 교훈을 담은 기도문 가운데서도 다소 급진적으로 보일만큼 용서를 강조한다. 즉 인간은 하나님이 용서해주기 때문에 자신도 하나님과 같이 남을 용서하는 것이 아니라, 진심으로 남을 용서할 때 하나님도 그와 같이 인간을 용서해 주신다고 가르치고 있다. 이렇게 보면 용서는 기독교 신앙의 '본질'에 속한다. 소위 '들추어내기'는 또 다른 상처와 반목을 양산할 뿐이다. 용서와 관용의 태도가 진정성 있게 실천될 때 갈등은 해소되는 것이다.

3) 폭력의 특성에 대한 이해 필요성

자끄 엘룰(Jacques Ellul)은 현대사회에 있어서 기술이 지배적인 사회적 힘으로서 출현하였다는 사실을 파악하고, 기독교 신앙과 인간의 자유에 대한 위협에 대한 응답으로 기술에 대한 신학적 의미와 대안을 탐구하였다.[26] 폭력이란 무엇인가? 국어사전적 정의는 '난폭한 힘'이라고 할 수 있는데, 폭력은 하나의 힘으로서 강제력이란 말로

---

25) 한나 아렌트, 이진우·태정호 역, 『인간의 조건』(서울: 한길사, 2000), 303쪽.
26) 정원범, 「자크 엘룰의 윤리사상」, 『현대기독교윤리학의 동향』(서울: 예영커뮤니케이션, 1997), 261~264쪽 참조.

표현되기도 하며, 상당이 광범위한 의미 및 용법을 갖고 있다. 그러나 전쟁과 관련하여 생각해 볼 때는 이미 가치 평가적인 구체적인 의미를 담고 있다. 기독교 전통에서도 폭력은 전쟁과 관련되는 경우뿐 아니라 일상 생활에까지 폭넓게 적용되는 문제로 등장한 바 있다. 폭력 문제에 대해 엘룰은 자신의 입장을 기독교적 현실주의라고 말하는데, 현실주의는 두 가지 의미를 갖는다고 설명하고 있다. 일반적으로 통용되는 현실주의라는 말과는 상당히 다른 용법이다. 첫째로, 현실주의적 입장에 서게 될 때 사물을 있는 그대로 보게 되고 철저히 파악하게 된다. 즉 결과를 두려워하여 현상을 왜곡시키지 않는 태도를 말하고 있다. 사실 분석에 있어서 감정적 충동에 사로잡혀서는 안 된다는 점이다. 둘째는, 자신이 무엇을 하고 있으며 그 결과가 어떻게 될 것인가를 파악하는 것을 요구한다는 점이다. 물론 엘룰은 신학적인 면에서 보면 성령의 간섭을 부정하지는 않지만, 이성과 과학, 기술의 조명을 받아서 현실을 분석해야한다고 지적한다.

그러나 엘룰의 독특성은 이런 '현실주의적'인 분석을 행동의 기초로 삼아서는 안 된다고 주장하는 점이다. 많은 경우에 "사실에 기초하여, 이것이 현실적인 한계이다"라는 결론에 이르는 경우가 있는데, 이런 식의 행동 원리를 도출해서는 안 된다는 것이다.[27] 즉 현실에 대한 분명한 파악과 윤리적 정당화는 구별되고 있음을 보여주고 있는데, 전쟁 및 폭력 문제에 대해서도 잘 적용되고 있다.

정원범 교수는 엘룰의 이런 특이성을 리차드 니버가 언급한 그리스도와 문화의 관계를 설명하는 다섯 유형 가운데 대립유형 및 문화

---

27) 지그 엘룰, 최종고 역, 『폭력: 기독교적 반성과 전망』(서울: 현대사상사, 1974), 99쪽.

변혁적 유형과 관련되는 것으로 설명하기도 하였다.

엘룰의 윤리사상이 지니는 궁극적인 의미를 리차드 니버의 '그리스도와 문화'의 다섯 가지 유형과 관련시켜서 생각해 볼 수 있다. 우선, 엘룰은 세상의 일반적인 추세와 경향을 진리라고 생각하는 '사실종교'를 배격하면서 세상적인 경향에 적응하는 것을 철저하게 거부한다는 점에서 그의 입장은 대립 유형(Christ against culture)에 속한다고 할 수 있다. 동시에 그는 현상 유지를 배격하면서 현대문명의 근본적인 변혁 즉 혁명을 주장한다는 점에서 그의 입장은 변혁 유형(Christ transforming culture)에 속한다고 볼 수 있다.[28]

엘룰이 설명한 폭력의 법칙은 다섯 가지인데, 오늘날의 폭력 및 전쟁 현상에도 적용되는 매우 설득력 있는 분석이라고 보여진다. 폭력의 근본적인 속성을 이해하는 것이 갈등의 해결에 있어서 중요한 관건이 될 수 있을 것이다. 엘룰이 말한 폭력의 첫 번째 법칙은 계속성이다. 일단 폭력에서 출발하면 거기에서 떨어질 수가 없다는 것이다.[29] 폭력은 정치적, 사회적, 혹은 인간적 상황들을 단순화시키는 습관을 나타낸다. 습관이란 그 용어가 말해주듯 쉽게 파괴되어지는 것이 아니다. 어떤 사람이 한 번 폭력을 사용하기 시작했다면 그는 결코 그것을 끊을 수가 없게 된다. 여러 복합적인 이유가 있겠지만, 미국이 이라크를 자신 있게 공격할 수 있었던 주요한 요인 중 하나는 걸프전 등에서 드러난 무력 사용의 효과에 대한 확신이 작용하여 정치적, 사

---

28) 정원범, 「자크 엘룰의 윤리사상」, 『현대기독교윤리학의 동향』(서울: 예영커뮤니케이션,1997), 312쪽.
29) 자크 엘룰, 최종고 역, 『폭력: 기독교적 반성과 전망』(서울: 현대사상사, 1974), 111쪽.

회적 판단이 매우 단순화 되었다는 점이다. 이를 '계속적인 폭력 및 강제력의 사용'이라는 측면에서 이해할 수 있을 것이다.

폭력의 두 번째 법칙은 상호성이다. 그것은 "칼을 쓰는 모든 사람은 칼로 망한다."(마태 26: 52)는 예수의 말씀에서 표현되고 있다.[30] 이 구절과 관련하여 엘룰은 여기에서 '모든' 사람이라는 점을 강조하며 지적한다. 즉 폭력은 좋은 의미로 쓰건 나쁜 의미로 쓰건 차이가 없다. 칼을 사용한 사람은 상호 동일하다.

폭력의 세 번째 법칙은 동일성이다. 여기서 엘룰은 정당한 폭력과 부정당한 폭력, 해방시키는 폭력과 예속시키는 폭력 사이에 아무런 구별을 할 수 없다는 점을 강조하고 있다.[31] 폭력은 어느 것이나 다른 폭력과 동일한 것이다. 즉 경찰의 폭력이나 혁명군의 폭력, 자본가들의 노동자를 향한 폭력 등 모든 종류의 폭력은 같은 것이다. 결국 폭력 그 자체는 본질적으로 같다는 인식이다.

폭력의 네 번째 법칙은 폭력은 폭력을 낳는 것이지 다른 아무것도 아니라는 점이다.[32] 폭력은 거짓의 방법을 능가함을 실명하려는 것이다. 역설적으로 대부분의 전쟁을 야기하는 이들의 주장에는 폭력이란 수단을 통해 좋은 결과를 도출할 수 있다는 식의 무언가 공리주의적 계산이 담겨있다. 많은 이들이 그런 이론으로 무장되어 있으며, 설득의 중요한 방법론 중의 하나이기도 하다. 엘룰은 증오와 정의를 혼동하지 말라고 경고한다. 그는 라세레(J. Lasserre)의 글 "혁명과 비폭력(Revolution et non-violence)"을 인용하고 있다. "폭력으로부터

---

30) 위의 책, 112쪽.
31) 위의 책, 115쪽.
32) 위의 책, 119쪽.

평화가 나올 수 있다는 것, 일반화된 범죄성으로부터 정의가 나올 수 있다는 것, 경멸에서부터 인간에 대한 존경이 나올 수 있다는 것을 우리는 믿지 않는다. 증오와 범죄는 정의도 화해를 가져올 수 없고 다만 비통과 비겁과 악과 범죄를 연발할 뿐이다.”[33]

폭력의 다섯 번째 법칙은 폭력을 사용하는 사람은 항상 폭력과 자기 자신을 ‘정당화’ 하려고 애쓴다는 점이다.[34] 폭력은 원래 매력 없는 것이기 때문에, 모든 폭력의 사용자들은 사람들로 하여금 그것이 도덕적으로 정당하게 보장 받은 것이라고 설명을 늘어놓아 왔다고 비판하고 있다. 자크 엘룰의 논의를 그대로 수용할 수는 없지만, 폭력 자체를 반성적으로 돌아보게 하는 것은 사실이다.

4) 북한 문제의 특수성 인식 필요성

항상 고려해야 할 것은 북한 관련 문제가 갖는 특수성이다. 지금 우리와 대면하고 있는 북한은 매우 특수한 정치적, 사회적 사회를 형성하고 있다. 흔히 북한에 대해 감상적으로 “참 대하기 힘든 집단이다”라는 표현을 하기도 하는데, 이는 냉엄한 현실이기도 하다. 백종국 교수는 북한에 대해 이렇게 말한다.

> 북한의 태도는 일종의 유사 종교집단이 되었다. 이 정권은 권력 집단의 생존을 위해서라면 국민의 거의 전부라도 희생시킬 각오가 되어

---

33) *Cahiers de la reconciliation*, Paris, 1967, pp.34~36. 자크 엘룰, 최종고 역, 앞의 책, 121쪽에서 재인용.

34) 자크 엘룰, 최종고 역, 앞의 책, 123쪽.

있는 것처럼 보인다. 이러한 각오로 북한 당국은 1백억 달러 이상을 낭비하는 핵무장을 추구하는가 하면, 굶주린 배를 채우는 데는 백해무익한 김일성의 우상화 사업에 몰두하고 이다. 아주 상식적이고 도덕적인 수준에서 말한다면, 더 이상 이 세상에 존재해서는 안될 정권이라고 말할 수 있다.[35]

북한의 특수성을 이해하지 못하면 우리 사회의 갈등이 심화되고, 21세기 한민족의 최대 과제이자 주요 과제인 남북통일이 요원한 문제가 되고 만다. 이해의 문제는 단순히 갈등의 극복과 통일을 위한 준비 단계가 아니라 하나의 통일을 위한 준비 및 필수 단계라는 인식이 필요하다. 남북의 경우에도 정치적, 군사적 의미의 통일 이전에 정신적 연대감이 형성되어야 한다. 과거와 달리 이데올로기보다도 연대감을 강조하는 통일 논의도 설득력을 얻고 있다. "현대사회에서는 통합 이념이나 단일 이데올로기를 앞세워 일체감을 창출하는 것만이 공동체를 유지하는 것은 아니다. 또 이질적인 것이 반드시 공동체의 발진을 저해하거나 갈등을 유발하는 것은 아니며, 뒤르켐(E. Durkheim)의 분석처럼 현대사회에서는 오히려 이질적 기능들이 상호 보완적으로 유기적 연대를 창출함으로써 공동체가 유지된다는 주장도 제기되고 있다."[36]

허문영 박사는 통일 방안을 논의하면서 첫 번째로 "첨예한 이해 대립이 나타나기 쉬운 한반도 정세 속에서 우리는 민족의 화해와 동

---

35) 백종국, 『통합적인 통일과 그리스도인들의 과제 2』(서울: 예영커뮤니케이션, 2003), 94쪽

36) 위의 책, 36쪽.

북아 평화와 번영을 이룩하기 위해 균형적 역할을 신중히 감당해야 한다"고 언급한 바 있다.[37] 대북 관계에 있어서 화해와 협력 정책은 지속해야 되어야 하며, 대북 지원 및 교류의 방법에 대해 나타나는 다양한 대립은 민주사회의 여론 수렴, 통일을 위한 관심과 준비로 보는 것이 적절할 것이다.

4. 신중함과 관용의 실천

이제 북한과 미국에 대한 태도가 갖는 다양성과 차이성에 근거한 우리사회의 갈등을 어떻게 극복할 것인가 하는 문제에 대한 마무리를 해야 한다. 여러 의미로 사용될 수 있는 'prudence'를 신중함과 사려 깊음이라는 뜻에서 우리 사회에 꼭 필요한 덕목으로 제시할 필요를 느낀다. 사실 북한의 핵실험 발표 등은 북한에 대한 배신감 및 그동안의 노력에 대한 허탈감을 수반하는 상황이기도 하다. 그러나 이런 때 일수록 교계나 시민 단체는 북한과 미국에 대해 지나치게 직선적이며 즉각적으로 반응하는 태도를 나타내서는 안 될 것이다. 소위 '안보 불감증'을 두둔하는 것도 아니며 '외교적 기민함'을 무시하는 것도 아니다. 일관된 입장을 견지하는 가운데 미국이나 북한에 대해 관계적 우위를 점해야 한다는 점을 강조하고 싶은 것이다. 남북관계 문제는 주변의 일본, 중국, 러시아의 이해관계와 연계되어 있기 때문이기도 하다.

---

37) 위의 책, 98쪽.

분명한 것은 이미 냉전 체제는 끝났으며 경제적 가치가 이념과 정치를 선도하는 세계화의 시대에 처해 있다는 점이다. 북한에 대한 인도적 지원에 있어서는 그 전용 가능성에 대한 시비와 의혹 제기가 있다고 하더라도 완급의 조절을 하면서 지원을 계속하여야 한다. 북한의 개방과 민주화를 연착륙시키기 위해서는 지속적인 지원만이 그들과의 만남과 대화를 가능하게 만들기 때문이다.

미국에 대해서도 분명한 입장을 취해야 한다. 그동안의 역사에서 보듯이 한반도의 지정학적 위치는 현실적으로 강대국과의 외교적 협력 관계를 필수적으로 요청하고 있다.[38] 우리 주변의 강대국과 어떤 형식의 친소 관계를 형성해야 할 것이지 냉정하게 판단해야 한다. 신앙적인 눈으로 바라볼 때, 우리 앞에 펼쳐지고 있는 '갈등 양상'은 하나님의 나라를 지향하면서도 관용과 용서를 실천하지 못한데 대한 질책과 경고라고 보면서 책임을 감당하는 자세가 필요하다.

---

38) 최근 중국의 대북공정 관련 상황을 보면 우리가 얼마나 강대국 사이에서 어렵게 생존하고 있는지 돌아보게 된다.

참고문헌

임성빈 외 저, 『통합적인 통일과 그리스도인들의 과제 II』, 서울, 예영 커뮤니케이
　　션, 2003.

임현진·정영철, 『21세기 통일한국을 향한 모색』, 서울, 서울대학교출판부, 2005.

자크 엘룰, 최종고 역, 『폭력』, 서울, 현대사상사, 1998.

제임스 레이첼즈, 황경식 외 역, 『사회 윤리의 제문제』, 서울, 서광사, 1977.

조재길, 『북핵위기와 한반도 평화의 길』, 서울, 한울출판사, 2006.

존 준커먼·데케이 마사카즈 저, 홍한별 역, 『권력과 테러』, 서울, 양철북, 2003.

한나 아렌트, 이진우·태정호 역, 『인간의 조건』, 서울, 한길사, 2000.

W.S. 뱁코크, 문시영 역, 『아우구스티누스의 윤리학』, 서울, 서광사, 1998.

Harry R. David and Robert C. Good, *Reinhold Niebuhr On Politics*, Charles Scribner's Sons,
　　New York, 1960.

Kyle A. Pasewark, *A theology Of Power*, Minneapolis, 1993.

Noam Chomsky, *Failed states*, Metropolitan books, 2006.

Robert Jewett & John Shelton Lawrence, *Captain America and the Crusade against Evil*,
　　Eerdmans, 2003.

Roger G. Bestworth, *Social Ethics. Louisville*, Westminster / John Knox Press, 1990.

제**6**장

한미 FTA협상과 기독교윤리의 과제

1. 기독교의 사회적 책임

오랜 진통 끝에 한미 간 자유무역 협정이 지난 2007년 4월 2일 타결됨으로써 한미 간의 경제와 무역은 이제 새로운 국면을 맞이하고 있다. 양국 국회의 비준절차가 남았고 실제적인 발효에는 상당한 시간이 소요되는 것이 사실이지만, 이제 양국의 관계는 경제적인 분야뿐 아니라 제 분야에서 탄력을 받게 될 것이다. 즉 이 협정은 정치, 경제 뿐 아니라 우리 삶의 대부분 영역에 영향을 주고 있는 문제이기에 교회 또한 이를 관심 있게 주시해 왔다고 할 수 있다. 이 협정의 체결은 곧 주변국들과의 자유무역협정 체결에 관한 논의를 시작하게 했으며, 우리가 세계화된 지구촌에 살아가고 있음을 더욱 실제적으로 느끼게 해 주고 있다. 그런데 막상 체결 이후에 대부분의 교회 및 교단들은 무관심한 경향이 있다.[1]

사안의 중대성에 비추어 시간을 두고 생각해야 할 점들이 많은 것은 사실이지만, 이에 대한 기독교 및 교회의 책임이 막중하다는 점에 주목해야 한다. 물론 협상 결과에 대한 지나친 감정적 대응이나 정치화에는 여러 학자들이 경계의 목소리를 있다. 협상이 시작되면서부터 많은 경우에 지나치게 과장, 왜곡되어 정보 및 예측이 이루어지는 경우가 많았기 때문이다. 한 칼럼은 "한미 FTA가 우리 경제에 안착하고 이를 바탕으로 더 큰 개방과 성장의 계기를 마련하려면 언론과 지식인들이 FTA에 과도한 정치적 의미를 부여하는 일을 삼가야 할 것이다"라고 지적하기도 하였다.[2] 그러나 분명한 것은 한국 사회가 지금 중대한 국면을 맞이하고 있다는 점이다. 이제 기독교 신앙은 삶의 현장에서 일어나는 여러 문제들을 외면할 수도 없고 외면해서도 안 된다.[3] 지극히 고전적인 주제이기기도 한 사회에 대한

---

1) 『한국기독공보』 2007년 4월 7일자는 「새로운 경제질서에 신중한 기독교」라는 제목하에 대부분의 교단들이 논평에 신중을 기하고 있으며 한국기독교총연합회는 거대시장에 적극적인 개방을 선택한 용단을 환영한 것으로, 한국기독교교회협의회는 농민들과 양극화의 위험에 처한 이웃들을 향한 책임과 보장이 선결되어야함을 강조했음을 보도하고 있다.

2) 송의영, 『조선일보』 2007년 4월 20일자, 35면 칼럼 참조.

3) 2007년 4월 20일 한미FTA기독교공동대책위원회는 토론회를 개최하였다. 정대인 교수, 우석훈 박사, 최형묵 목사 등이 양극화의 확대 우려, 생태계에 주는 충격 고려, 물질주의와 성장주의에 대한 경계 등을 언급하며 비판적인 입장을 표명하였다. 필자는 "한미 FTA 문제에 대해 인문, 예술, 종교 분야의 사람들이 침묵하고 있다"는 지적 등에 공감하지만, 이 문제가 일차적으로 경제적 문제라는 점을 놓치게 되면 논의가 공허한 이념 논쟁화 될 우려가 있음을 지적하고 싶다.

교회와 기독교인의 책임의 문제에 있어서 다시한번 한국 기독교는 책임적인 결정과 태도를 요청받고 있다. 역사적인 순간 기독교가 그 책임을 외면하거나 제대로 감당하지 못하면 기독교는 존재 의미를 잃고 사회와 다수의 시민들로부터도 외면 받게 된다.

인간 역사에 있어서 경제 문제는 생각하는 것보다 훨씬 큰 영향을 미치는 경우가 많으며, 경제나 경영은 그 자체로서는 가치중립적인 문제이지만 그 이용에 따라서 다양한 파급 효과를 가져오는 결과를 보면 가치지향적인 혹은 도덕적인 특성을 갖고 있다. 인격성에 관한 논의는 인간에게 집중되어 있었지만, 기업체 등 조직의 인격성과 윤리성에 관한 논의를 시도한 사람도 있으며, 기업체의 경우 잠재적인 면에서 도덕적인 실제로 볼 수 있는 특성들을 갖고 있다고 할 수 있다. 인간들의 노력과 관심에 의해서 기업은 윤리적인 성격을 갖게 되는 것이다.4)

데이비드 크루거(David Krueger)는 이에 대해 이렇게 언급한 바 있다. "경제 체제와 경영 조직들은 우리 삶의 구조와 내용을 제공하여 준다. 인간 역사를 통하여 형성된 경제 체제와 제도들은 우리가 생각하는 것보다 훨씬 큰 영향을 미치고 있다. 경제 체제와 제도들은 때로는 좋고 때로는 나쁜 결과들로써 우리에게 영향을 미친다. 그것들은 우리의 선택 또는 직업과 관련된 성격을 형성한다. 우리가 갖고 있는 삶의 비전을 가능하게도 하고 삶의 한계성을 깨닫게 하는 일에도 영향을 미친다."5)

---

4) Max L. Stackhouse, *Public Theology and Poliyical Economy,* Eerdmans, 1987, pp.131~132.

5) 데이비드 크루거, 임성빈 역, 『급변하는 세계경제와 그리스도인의 직업윤리』(서울: 예영

한미 FTA 협상 체결과 관련하여 여러 면에서 교회와 기독교의 사회적 책임을 강조할 수 있겠으나, 본 글은 협정 체결의 주요 내용을 개략적으로 점검해 보고, 신학의 공공성[6]과 물질에 대한 기본적인 태도와 대응이라는 측면에서 한국교회의 대응과 책임을 기독교윤리적 차원에서 논의해 보고자 한다.

2. FTA협정에 대한 전반적인 평가와 전망

1) 한미 FTA협정의 배경

먼저 우리가 미국과의 자유무역 협정에 나서게 된 동기를 살펴볼 필요가 있다. 한미 간의 교역은 중국 등 신흥 경제 강국과의 경쟁에 있어 양 쪽 모두 이해를 증진시킬 수 있는 기회가 될 것으로 보았기 때문이다. 자유무역에 대한 찬반양론이 있을 수 있지만 우리나라의 경우에는 수, 출입 의존도가 70%가 넘고 외국과 무역을 하지 않고는 국부를 창출할 수 없는 한계를 갖고 있다. 2006년 말 현재 WTO에 통보된 지역별로 체결된 FTA 협정은 211개라고 한다. 김태황 교수는 전세계적으로 FTA 협상이 자유무역주의 장점을 효과적으로 구현할

커뮤니케이션, 1997), 40면 참조.

6) 기독교의 사회적 책임을 말하고 있는 여러 학자 중 스택하우스가 주창한 '공적신학'의 입장을 부분적으로 적용하면서 이번 논의를 전개하게 되었다. 그는 새세대교회윤리연구소(NICE)의 초청으로 2007년 10월 방한했으며, 그의 제자인 장신대 교회와사회연구원 이상훈 박사가 많은 정보를 제공해 주었다.

수 있는 구조적 특성을 갖고 있다고 말하며 여섯 가지 이유를 들고 있다. ① FTA는 자유무역주의를 효율적으로 현실화할 수 있는 양자 간 협상에 의존한다. ② 추진 일정을 탄력적으로 조정할 수 있다. WTO 협상이나 EU와 같은 지역경제 공동체 형성을 위한 여러 나라 간 협상과는 다르다. ③ 다자 간 협상에 비해 협상 과정의 거래비용을 절감할 수 있다. ④ 상대국의 선별이 자유롭다는 측면에서 실용성을 높일 수 있다. ⑤ 자유무역주의의 무임승차자를 원천적으로 차단할 수 있다. 다자 간 협상이나 복수국 간 협상에서는 모든 회원국들에게 동일한 혜택을 제공하는 최혜국 대우 원칙이 적용되는 것과는 다르다. ⑥ 세계 경제의 완전 개방화에 대비한 학습효과를 가져올 수 있다.[7] 이와 함께 김 교수는 기독교적 입장에서 협정을 소화하는 긍정적인 시각과 우려를 동시에 표명하고 있다. 우선, 자유무역협정의 확산은 지역주의의 함정을 극복하고 지구촌 경제의 공동 발전으로 니아가는 징검다리가 되기를 희망하고 있다. 이 연결망이 땅 끝까지 복음을 전할 경제 네트워크를 형성할 수 있을 것으로 보면서, 빈부 격차가 심화되는 상황을 역전시켜서 교환과 나눔의 시장 확대로 경제 협력 공동체를 확대해 나갈 수 있다는 점을 들 수 있다. 하지만, 협정의 확산은 향락 문화의 전파와 함께 물질주의화 및 배금주의 등으로 신앙의 덫이 될 수도 있다.[8]

대다수 긍정적인 평가와 언급을 하고 있는 경제학자들과 다르게 '기독교 대책위원회'에서는 부정적인 평가를 내놓고 있다. 정대인 교

---

7) 김태황, 「한미 FTA협상 타결을 바라보는 시각」, 『목회와 신학』, 2007년 5월호 229~230쪽 참조.

8) 위의 글, 234쪽 참조.

수는 자동차 관세 부분과 의약품 부분을 언급하였다. "정부는 관세 인하에 성공했다고 말한다. 특히 3,000cc 이하 자동차의 관세를 철폐했다고 하는데 그 대가로 우리의 법과제도를 바꿔야하고, 대형차의 소비가 올라가 대기오염 등 환경문제가 야기된다. 지적재산권·서비스·투자 분야의 주도권은 아예 다 내줬다. 의약품 협상에서 미국의 요구를 받아들여 5년 간 6000억에서 1조 원의 추가 약값 지출이 불가피해졌다." 그러나 아직 실현되지 않은 상황에서 우려가 확대된 것으로 보는 견해도 많다.

우석훈 연구원은 "일반적으로 무역규모가 커지면 지구생태계에 충격을 준다. 지역의 상품을 지역이 소비하면 문제가 없지만 무역을 하면 상품의 이동거리 및 규모에서 온실가스를 발생시키게 된다. 이것이 1차적 충격이다. 또 멕시코처럼 소농과 공유지 시스템의 붕괴를 통해 소농이 무너지게 된다. 이 과정에서 지역생태계의 붕괴도 따르는 2차 충격이 예상된다"고 했다. 환경이나 생태계의 문제점에 대해 기독교는 그 어느 집단보다도 예민하게 대응해 왔다. 그러나 현실적으로 생태계를 살리는 길은 일정 수준의 경제력과 성장을 확보할 때 가능했음을 대부분의 나라가 보여 준 바 있다.

최형묵 목사는 "한국의 기독교는 신앙의 국민화와 민족화를 지고의 가치로 받아들인다. 특히 보수주의 기독교 안에서 '민족주의＋국가주의'는 신앙 담론과 결합하여 강력한 생명력을 유지하고 있다. 이것은 국익 담론과 결합해 그것을 정당화해주고 있다. 기독교 신앙 담론이 민족주의 등에서 벗어나지 않는 한 '잃어버린 양 한 마리'는 늘 뒷전이 된다"고 지적하였다.[9] 기독교 신앙의 담론이 민족주의의 영역과 한계를 넘어서야 한다는 데는 적극 공감한다. 그러나 이번 협상에 반대하는 많은 사람들의 논의가 민족주의적 발상에 기초하고 있음을 간과해서는 안 될 것이다.

2) 경제논리에 의한 접근 필요

FTA 협상이 타결된 가운데 FTA 반대 진영을 중심으로 제기되고 있는 우려 사항들이 있다. 그러나 가치중립적인 차원에서 경제의 문제는 경제적 논리로 이해하고 풀어야 할 것이다. 제기되는 우려는 쇠고기 시장 개방과 개성공단 제품의 한국산 인정 문제, 제약업계 피해 등이다. 많은 통상 전문가들은 반대 진영의 우려에 귀를 기울일 만한 대목도 없진 않지만 피해를 과장하거나 근거가 없는 것도 많다는 지적을 하고 있는데, 주요 문제를 정히 해 본다.

① 투자자－국가 간 소송제(ISD)는 정부의 정책주권을 무력화하는가? 이 제도는 외국에 투자한 기업이 투자국 정부의 정책 등으로 피해를 봤을 때 해당 국가를 국제투자분쟁중재센터(ICSID)에 제소할 수 있는 제도이다. 그러나 이는 한국 기업이 진출한 국가의 정부가 부당한 조치를 취하는 경우 효과적으로 대응하는 장치로 볼 수 있다. 특히 한국은 한미 FTA에서 ISD를 도입하되 공중보건, 환경, 안전, 부동산 가격 안정화정책 등 공공복지를 위한 정부 정책은 사실상 ISD 대상에서 제외한 것으로 알려지고 있다. ② 한미 FTA로 신약 특허 기간이 연장되면 국내 시장의 미국 신약 의존도가 높아지고 복제약 시판도 늦어져 제약업계의 피해로 이어질 것이라는 우려가 있다. 보

---

9) 이상 3인의 견해는 『뉴스앤조이』 2007년 4월 20일(금) 기사에서 재인용하였음.

건의료단체연합 등 시민단체가 추산한 제약업계의 피해 규모는 연간 2조 원대에 이르고 있다. 그러나 한국보건산업진흥원에 따르면 국내 제약업계의 매출 감소는 연평균 570억~1,000억 원 정도로 의약품 업계의 매출액이 모두 11조 원이므로 1,000억 원은 상대적으로 큰 비중이 아니라는 설명이다. ③ 무역 구제(반덤핑 개선 조치 등) 절차 개선에 있어서의 우려가 있다. 특히 한국 제품이 미국 산업에 피해를 끼쳤는지를 판정할 때 한국 제품과 다른 나라 제품을 합산해 평가하는 조사 방법을 금지해 달라는 '비합산 조치'는 관철하겠다고 했다. 그러나 한국이 비합산 조치를 포기하면서 FTA 반대론자들은 협상 실패의 대표적인 예로 무역구제 분야를 꼽고 있다. 그런데 김종훈 한국 측 수석대표는 "양국이 설치하기로 한 무역구제협력위원회를 통해 비합산 조치를 관철한 것과 비슷한 효과를 낼 수 있다"고 말했다. 양측의 입장을 좀 더 시간을 두고 냉정하게 지켜볼 필요가 있을 것이다.

3. 경제 문제에 대한 교회의 책임과 자세

1) 공적신학의 접근 방법

교회의 책임과 자세를 구체적으로 논하기에 앞서서 왜 교회가 경제 문제에 대하여 답해야하는가 하는 질문을 던져 본다. 스택하우스(Max L. Stackhouse)는 '공적신학(Public Theology)'을 통해 사회에 대한 책임을 이렇게 설명한다. ① 기독교윤리는 반드시 공적인 사안들을 언급해야 한다. ② 기독교인들은 공적 부분에 대해 책임 있게 말해야 하는데 신자들에게만 적용되는 윤리가 아니라 불신자들과도 토론되어지며 사람들의 생각과 삶을 변화시키는 책임 있는 것이어야 한다. ③ 기독교윤리는 일상생활에 있어서 영적이면서도 도덕적인 체계를 형성해가는 것이다. 즉 가족, 기업, 의료, 언론, 예술 등에 있어서 현실적이면서도 자비로운 방법으로 시민사회를 건설해가는 종교윤리를 발전시키는 것이다.[10]

이런 면에서 협정 및 관련된 문제를 바라보는 거시적 시각이 필요하다. 이 협정에 대한 신학적, 윤리적 차원의 다양한 해석을 하는 것은 필요하나 일차적으로 경제학적 해석과 그 수용을 바탕으로 진행되어야 한다. 사실 이 협정 자체는 다양한 전개 가능성을 갖고 있다. 어떻게 수용하고 발전시켜 가는가하는 것이 더욱 문제이다. 긍정적인 확신에 찬 장밋빛 환상도 바람직하지 못하며, 비판일색의 어두운 전망만을 낼 필요도 없을 것이다. 대다수 경제학자들은 거시적으로 볼 때 한국 경제의 체질 개선과 노약의 세기가 될 수 있을 것으로 보고 있다. 특히 자본주의 및 기업의 역할에 대해 근본적인 점검을 해 볼 필요가 있다는 점이다. 자본주의는 완전한 제도는 아니다. 그러나 인간이 만든 모든 제도가 그러하기에 완전성을 갖고 논할 수는 없으며 비교 우위를 논하는 것이 현명한 판단일 것이다. 스택하우스는 기업과 관련된 경제제도를 크게 셋으로 나눈 바 있다. 첫째는, 국가주도형의 기업형태가 있는데 사회주의 경제나 파시즘의 형태로 구

---

10) 스택하우스의 주요 사상 중 하나인 '공적신학'에 대해 그가 『목회자신문』과의 인터뷰에서 언급한 내용을 중심으로 정리한 것이다. 『목회자신문』 2005년 4월 20일자 참조

체화 되었다. 둘째는, 엘리트 가문이 기업을 주도하는 제3세계 형으로 족장 중심적인 형태나 카스트 제도 등을 통해 구체화 되었다. 자본주의는 기업을 국가나 특정한 가문 등에서 분리시킨 자유주의를 바탕으로 하는 형태이다. 적어도 이 형태는 봉건적이고 귀족적인 유산을 극복하고 있으며 개인의 인권과 자유의 신장에 크게 기여한 것이 사실이다. 자본주의의 우월성에 대해 기본적인 확신을 가질 필요가 있다. 성장을 전제로 하지 않는 분배가 주는 공허함을 우리 사회도 실감한 적이 있지 않은가?

물론 이 협정으로 인해 일종의 희비가 업종에 따라서 엇갈리게 되는 것으로 보인다. 특히 우리 민족의 전통적인 산업인 농수축산업이 처하게 되는 상황이 어려운 것만은 분명하다. 그러나 찾아온 개방의 기회를 놓치게 되면 추후 회복할 수 없는 퇴보가 있을 수밖에 없음을 역사는 교훈적으로 말해주고 있다. 이번 협정과 관련한 평가도 한 두 분야에 집착하게 되는 경우 거시적인 시각을 잃게 된다. 소수자의 목소리도 중요하지만 더 중요한 것은 장기적인 비전을 가지고 이 문제를 바라보아야 한다. 좀 더 객관적이고 냉정한 입장에서 이 문제를 바라보아야 한다. 특히 농업 등 1차 산업에 대해서는 그동안 지속적인 지원책이 있었음에도 불구하고 기본적인 체질이 개선되고 있지 못한 근본적인 문제를 살펴 볼 필요가 있다. 단순히 정서적으로 땅에 대한 부담감에서 농사를 지을 수는 없는 일이며, 그럴 필요도 없을 것이다. 정서적인 차원과 식량 안보를 무시할 수는 없으나 산업 체계 전반에 대한 좀 더 획기적인 개편과 전환을 고려할 수 있어야 할 것이다.

적극적인 차원에서 각 개인에게 적용되고 있는 소명의 문제를 기업이라는 특수한 조직에 적용해 볼 필요가 있다. 사실 모든 조직은 발생될 때부터 갖고 있는 바람직한 나름대로의 소명이 있다. 기업의 소명은 무엇인가? 교회와 학교 만이 아니라 기업체나 '생산'과 관련된 다양한 소명을 갖고 있음을 주목해야 한다.[11]

2) 소수자 배려와 돌봄의 목회

기본적으로 소수자에 대한 배려와 목회적 돌봄이 요청된다. 공존할 수 없을 것 같던 경영과 윤리란 말이 잘 어우러져서 '윤리경영'이 여러 면에서 강조되고 있다.[12] 물론 근본적인 의식의 전환이라기보다는 경영의 방편 정도로 여기는 이들이 많은 것은 사실이지만, 도덕적 판단에 있어서 위치와 맥락을 강조하는 여성주의 '돌봄의 윤리'에 귀를 기울여 볼 필요도 있다. "여성주의 윤리학은 일관되고 정합적인 방식으로 어떤 사안에 대해 이야기하기 어렵다. 무엇이 행해져야 하고 무엇을 우선적인 것으로 보아야 하는가는 일관된 체계를 통해 판결될 수 없으며, 같은 사안이라도 그것이 위치한 맥락에 따라 그 속에서 판단되어야 할 것이기 때문이다. 이것이 어떤 행위를 도덕적인 것이라 보아야 하는가, 또는 어떤 식의 사고가 도덕적으로 더 나은가를 결정해 줄 도덕의 본질 또는 도덕의 필연성을 상정하지

---

11) Max L. Stackhouse, *Public Theology and Poliyical Economy,* Eerdmans, 1987, p.133.

12) 기업에 윤리를 적용해야 한다는 주요한 주장들은 다음과 같다. 1) 윤리는 자발적인 활동을 지배하므로 기업에도 윤리가 적용된다. 2) 기업에 개입된 사람과 주변 공동체가 최소한의 윤리를 지키지 않으면 존재할 수 없다. 3) 윤리적 사고는 기업이윤과도 관련된다. 4) 사람들은 기업이 정의롭고 공정하면 충성과 헌신을 하게 된다. 이와 관련된 논의는 마누엘 벨라스케즈, 한국기업윤리경영연구원 역, 『기업윤리』(서울: 매일경제신문사, 2002), 54~60쪽을 참고하였다.

않는 곳에서 출발하는 접근 방법이다.”13)

나아가 목회적 차원에서 이번 협정과 관련된 피해 당사자인 소수자에 대한 배려와 목회적 돌봄이 요청된다. 특히 대부분의 농어촌지역 및 축산농가 등이 일차적인 피해 대상으로 보이는데, 한국교회의 비중에서 농촌이 차지하는 역량이 또 한 번 위축될 것으로 보인다. 그동안 국가 정책이나 선교적인 지원에 대한 평가를 보더라도 무조건 물질적 지원만 하는 것이 능사는 아니다. 현실적으로 수용할 것은 수용하면서, 새로운 방향 전환을 할 수 있는 동기의 제공이 요청된다. 인간은 개인적으로나 집단적으로 자신의 이해관계를 따라 움직이는 성향이 있다. 지속적인 관심과 돌봄의 강조가 필요하다.

존 웨슬리는 그의 설교 “일반적 구원(The General Deliverance)”과 “인간의 타락(On the Fall of Man)”에서 우주적 성화의 개념을 역설 하였다. 인간은 우주 만물 중에도 뛰어나서 하나님이 우주 만물을 관리하고 돌보고 다스리고 지배하는 청지기로서 부름을 받았다. 그것이 바로 하나님의 정치적 형상(Political image of God)이다. 따라서 인간은 그리스도의 십자가의 은총으로 거듭나고 성화되며 완전 성화를 추구하는 구원을 경험하게 되었을 때에 그 경제 의식도 새로워져야 한다. 하나님의 형상을 회복한 인간으로 구원받은 것은 청지기 의식을 회복하여 모든 재산과 소유를 하나님의 것으로 고백하여야 하고, 하나님의 뜻을 실현하는 희년 사회의 건설을 위해 돈과 재산을 사용하여야 한다는 뜻이다.14)

---

13) 허라금, 『원칙의 윤리에서 여성주의 윤리로』(서울: 철학과현실사. 2004), 264쪽.

14) 김홍기 역, 『존 웨슬리의 경제윤리』(서울: 대한기독교서회, 2001), 62쪽 참조

존 웨슬리의 성화론은 경제적 성화와 깊은 관계를 가지며, 경제적 청지기 의식과 깊은 관계를 갖는다. 이런 면에서 청지기 의식으로 경제적 성화생활을 하지 않는 자는 구원받은 성도가 아니라는 것이다. 그러므로 그의 성화 은총의 수단(means of grace) 중 중요한 것이 경제적 청지기 의식으로 "할 수 있는 한 모든 것을 나누어 주라(give all you can)"는 말씀을 실천하는 것이다.[15]

3) 기술문명사회의 선교적 이해

이번 협정을 선교적 차원과 '하나님의 나라'의 확장 차원에서 적극적으로 수용해 볼 필요가 있다. 물질과 기술문명에 대한 반성적인 성찰과 지속적인 반성은 윤리학의 당면과제라고 할 수 있다. 우리의 개인적 물질관과 직업소명관은 분명한지, 변화의 계기를 맞아서 재점검해야 한다. 우리는 평생 직업은 가능해도 평생직장은 불가능한 지식신업시회를 살아가고 있다. 구시대적인 발상으로만 이 문제를 바라보아서는 안 된다. 새로운 패러다임으로 바라보아야 하며, 궁극적으로 한국교회가 세계 교회를 향해가는 발판을 마련할 수 있어야 한다. 세계화는 이념적인 차원에서만 머무르는 것이 아니라 우리의 실생활 속에서 전개 되어야 한다.

기독교는 물질을 부정하거나 경시하지 않는다. 오히려 정신과 물질 사이에 올바른 관계를 세우려고 한다. 하나님은 창조주로 묘사되고 고백되고 있다. 다시 말해, 기독교는 하나님에 대한 신앙에 의해

---

15) 위의 책, 97쪽 참조.

서 물질을 올바르게 다룰 수 있는 근원적인 태도를 이야기한다는 것이다. 우리는 이런 입장을 가지고 재산의 소유와 사용에 대해 살펴보아야한다. 초대교회 때부터 물질에 대한 이해를 잘못하여 생겨난 이단 사상들이 많았음을 상기할 필요가 있다.[16]

구체적으로 성경이 말하고 있는 규모 있는 경제생활이란 어떤 것인가? 그것은 성실하고 근면하게 일해서 자기 자신과 노부모를 포함한 가족의 생계를 책임 있게 공급하며(살후 3:6-15, 딤전 5:8), 나아가 자녀교육과 불의의 사고를 예비한 저축(고후 12:14, 딛 3:14)과 구제 및 헌금(엡 4:28, 행 20:33-35), 각종 세금(마 22:21, 17:24-27, 롬 13:1-7) 등을 충당할 수 있을 만큼 근로생활을 하는 것이다. 일할 수 있는 능력과 기회가 있는데 타인의 도움을 받고 살거나 무책임하게 노는 것은 비윤리적이다. 심지어 충분한 재력이 있다 할지라도 근로하지 않는 것은 규모 있는 경제생활이 아니다.[17]

긍정적인 시각으로 보면 한국은 어느덧 세계 최대의 선교 지원국 가운데 하나가 되었다. 여러 나라의 많은 지원과 원조를 받았던 우리가 현재는 가장 왕성하게 선교를 감당하고 있다. 이제 자유무역 협정 체결은 중국, 유럽 등을 상대로 더욱 확대될 것으로 보인다. 이런 추세는 교역량의 증가와 함께 경제적 우위 확보 및 세계 각국으로의 활발한 진출은 선교의 계기가 될 수 있을 것이다. 실제로 선교

---

16) 예를 들어 마르시온의 사상을 들 수 있다. 그는 세계 및 물질을 본질적으로 부정적인 것으로 본다. 경제생활은 하찮은 것으로 간주되며, 그리스도도 전적으로 영적 용어로만 이해되어야 한다는 잘못된 주장을 하였다. 초기 기독교에 있어서 가현설, 영지주의 등은 물질에 대한 잘못된 이해를 전제하고 있다.

17) 이정석, 『세속화 시대의 기독교』(서울: 도서출판 이레서원, 2000), 129쪽.

사만 파송해서 이루어지는 선교는 명백한 한계를 갖게 된다. 일상 속에서 복음이 전달될 수 있는 자비량 선교와 다양한 문화와 교역을 통한 지원이 수반되어야 효과적인 선교가 가능할 수 있을 것이다.

이번 협정체결을 계기로 민족주의 등을 가장한 우리사회의 뿌리 깊은 폐쇄성을 극복하는 계기도 마련될 수 있을 것이다. 결혼 가정 이민자들과 외국인 근로자들의 유입으로 말미암아 많이 완화되기는 하였으나, 아직도 우리는 뿌리 깊은 순혈주의에 집착하고 있다. 우리 사회의 자긍심과 긍지의 기원이 어디에 있는가? 만일 긍지와 자부심이 일종의 혈통적 소속감에서만 온다면 문제가 있다. 한국사회의 뿌리 깊은 폐쇄성은 성장과 발전의 발목을 잡고 있다. 이와 연관된 신학적, 목회적 폐쇄성 또한 반성하여야 한다. 공적 책임을 갖고 있는 교회는 세상을 향해 열려져 있다. 이제 세계화의 물결은 선택의 가부를 문제 삼는 것이 아니라, 방법을 찾아 나서는 다음 단계를 요청하고 있음을 부정할 수 없다.

슈바이커(William Schweiker)는 '실천적 무신론'과 '반실재론'을 통해서 현대 기술문명의 위험을 경고한 바 있다. 반실재론적 조망의 채택은 힘의 극대화에 이어 종속되는 인간의 삶으로 이어지며, 결국 인간이 힘의 추구에 이끌리는 노예가 될 수 있다는 것을 지적한 것이다. 현실적으로 힘은 가치를 갖고 있지만, 인간과의 연관성 없이 논의되기 시작할 때 심각한 문제가 된다. 슈바이커는 행위와 행위자의 연관 관계에 대한 논의를 통합(Integration)과 통전성(Integrity)이란 개념으로 설명한 바 있다.18)

---

18) William Schweiker, 문시영 역, 『책임윤리란 무엇인가』(서울: 대한기독교서회, 2000),

기술문명 사회에 있어서 인간은 어떻게 평가받고 있는가? 힘이 가치의 중심에 있는 사회에 있어서 인간은 힘을 행사하는 존재로서, 이렇게 되면 힘의 극대화가 삶에 있어서 가장 우월한 가치라는 주장이 가능해진다. 힘이 가치를 위해 있는 것이 아니라 그 자체가 가치의 원천이라고 여겨지는 기술사회의 위험한 특징이 드러나는 것이다. 이런 문제의 극복이 경제문제와 관련한 교회와 기독교 공동체의 과제인 것이다.

4. 기독교현실주의적 지혜와 협력

지금까지 한미 FTA협정 체결과 관련된 기독교윤리적 책임의 문제를 논해 보았다. 협정 자체에 대한 평가가 아직도 다양한 상황 속에서 이런 예민한 문제가 나올 때마다 느끼게 되는 점이 있다. 한국 사회가 지나치게 대립되고 양분화 되었다는 점이다. 특별히 기독교내에서도 양 극단의 입장이 공존하는 것이 사실이며, 이는 배아복제 문제 등 생명공학 및 산업과 관련한 문제, 사학법 재개정과 관련한 문제 등에서도 첨예하게 드러났다. 최근에는 사이버 문화의 영향으로 익명의 의견과 댓글 형식의 토론이 인터넷 사이트를 통하여 급속히 전개되고 있다. 예민한 문제에 대해서는 입장 표명이나 의견 제시를 피하고 싶은 마음이 있는 것도 사실이다.

그러나 한미 간 자유무역협정 체결의 문제에 있어서는 좀 더 냉정

15쪽. 「한국 독자를 위한 저자의 설명」 참조.

한 판단을 해 볼 필요가 있다. 의견의 표면적인 일치와 통합도 중요하지만 협상 타결과 발효의 기회를 놓치면 안 된다는 점에 주목해야 한다. 특히 국제간의 관계는 힘을 전제로 하고 있다. 여러 힘의 요소들 가운데 경제력은 가장 영향력 있는 힘으로 작용하고 있기에 생산과 교역의 문제는 우리 사회의 행복과 안녕을 추구하는 데 있어서 매우 중요한 문제이다. 나아가 기독교적 삶의 실현과 선교적 과제 실천을 위해서도 중요하다. 결국, 정서적 부담감이나 피해의식에서 벗어나서 현실적인 문제를 직시하고, 협상의 효과는 극대화하며 수반되는 부정적인 문제점들을 최소화하는데 지혜와 협력을 도모해야 할 것이다.

참고문헌

김태성 · 성경륭 공저, 『복지국가론』, 서울: 나남출판. 2003.

이정석, 『세속화 시대의 기독교』, 서울: 도서출판 이레서원, 2000.

한신대학교 학술원 신학연구소, 『한국 기독교인의 정치 · 사회의식 조사』, 파주: 한울아카데미, 2004.

허라금, 『원칙의 윤리에서 여성주의 윤리로』, 서울: 철학과현실사. 2004.

H. 요나스 지음, 이진우 역, 『책임의 원칙: 기술 시대의 생태학적 윤리』, 서울: 서광사, 1994.

그랜트 매크래켄, 이상률 역, 『문화와 소비』, 서울: 문예출판사, 1997.

김홍기 역, 『존 웨슬리의 경제윤리』, 서울: 대한기독교서회, 2001.

노영상, 『기독교와 미래사회』, 서울: 대한기독교서회, 2000.

데이비드 크루거, 임성빈 역, 『급변하는 세계경제와 그리스도인의 직업윤리』, 예영커뮤니케이션, 1997.

마누엘 벨라스케즈, 한국기업윤리경영연구원 역, 『기업윤리』, 서울 :매일경제신문사, 2002.

슈바이커, 문시영 역, 『책임윤리란 무엇인가』, 서울: 대한기독교서회, 2000.

아르투르 리히, 강원돈 역, 『경제윤리 1』, 서울: 한국신학연구소, 1993.

울리히 두크로, 손규태 역, 『자본주의 세계경제의 대안』, 서울: 도서출판 한울, 1997.

Max L. Stackhouse, *Public Theology and Poliyical Economy*, Eerdmans, 1987.

Reinhold Niebuhr, *Moral Man and Immoral Society*, Westminster John Knox Press, 1932.

제**3**부

생명, 환경문제에 대한 기독교의 책임

제**7**장

심 층 녹 색 윤 리 이 론 과   기 독 교   전 통

1. 윤리와 환경

환경 및 자연보전에 관한 문제는 이제 모든 사람들이 공감하는 사회적 논의의 주제로서 자리 잡고 있다. 우리 사회도 대부분의 선진국 정부 및 관련 단체들과 마찬가지로 정책 결정 및 생활방식에 있어서 많은 전환을 이루었고 개선을 위한 현실적인 과제들을 제시하고 있는 모습을 보여주고 있다. 그러나 우리 사회에서는 여전히 환경과 관련된 많은 문제들이 발생하고 있으며,[1] 지구 온난화 등 지구촌 공동의

---

1) 최근 소위 '이따이 이따병'으로 불리는 질병이 의심되는 사안이 발생하기도 하였다. 일

과제는 더욱 비관적으로 전개되고 있는 측면이 있다. 지구 온난화가 예상보다 훨씬 빨리 올 것 같다는 주장들을 쉽게 볼 수 있다. 그중 하나를 들어보면 다음과 같다.

> 지구는 지난 세기 동안 분명한 온난화 징후를 보였다. 1990년대 10년 간은 가장 더웠다. 특히 1998년은 인간이 날씨를 기록하기 시작한 140년이 넘는 기간 중에서 가장 더운 해였다. 2001년이 끝날 무렵, 세계기상기구(World Meteorological Organization)는 2001년은 기록상 1999년에 이어 두 번째로 더웠던 해라고 발표했다. 사실상 가장 더웠던 해의 열에 아홉 정도가 1990년 이후이다. 현재의 기온 상승률은 1900년대 초반의 세 배에 이르고 있다. 해수면은 지난 세기 동안 10~20센티미터(4~8인치) 정도 상승했다. 1960년대 이후 세계에 쌓여 있는 눈과 얼음이 10퍼센트 가량 감소했으며, 산의 빙하는 극지방을 제외하고는 도처에서 녹아내려 줄어들고 있다. 지난 30년 동안 남반구에 영향을 미친 엘니뇨는 점점 더 심화되어, 강수량에 더 큰 변화를 일으키고 있다.[2]

자연 및 환경보호(natural and environmental protection)라는 소박한 운동에서 출발한 환경에 관한 논의는 이제 '생태계' 전반에 대한 우려와 생태학(ecology)이란 유기적이며 광범위한 학문으로서 자리매김 해가고 있다고 할 수 있다. 그러나 윤리학 분야에서는 좀 더 근본적인 질문을 던져야 할 필요성이 있다. '윤리학'적인 사고 자체의 '녹색화

제시대부터 사용되던 광산의 폐광지역에서 침출수 등의 처리가 되지 않아서 발생한 원시적인 사고로 추정되고 있다.

2) 기후 변화에 관한 정부 간 패널 IPCC의 『제 3차 평가 보고서』에 따른 것으로, 피터 싱어, 김희정 역, 『세계화의 윤리』(서울: 아카넷, 2003), 41쪽에서 재인용.

(greening)'가 이루어지지 않으면 환경문제에 관한 논의 및 해결책들은 감상적이며 단순한 미봉책에 지나지 않기 때문이다. 따라서 지나치게 성장 지향적, 인간중심적인 세계관 및 태도를 지양하고, 생태계의 안정적 결속 및 내실 있는 녹색화를 기대할 수 있는 현실적 방안이 필요하다. 이런 면에서 실반과 베네트(Richard Sylvan, David Bennett)[3]가 제시한 소위 '심층생태학'의 하나인 '윤리학의 녹색화'에 관한 논의를 살펴보는 것은 환경윤리에 관한 논의의 발전 및 실천을 위해, 특히 생태학 차원의 논의보다는 아직도 단순한 표층 및 중간단계의 환경 관련 윤리의 전개가 대부분인 우리 사회에 있어서 상당히 의미 있는 일이라고 생각된다.

2. 심층녹색이론 환경윤리

1) 윤리학의 녹색화

심층녹색이론, 심층윤리학, 윤리학의 녹색화 등은 실반과 베네트(Sylvan과 Bennett)에 의해 구체적인 의미가 설정되어 사용되는 개념들인데, 세부적인 개념 이해 및 강조점 등에 있어서는 약간의 차이가 있지만, 서로 맥을 같이하고 있는 용어들이다. 우선 이런 개념들의 강조점과 특징 이해를 위해서는 '윤리학의 녹색화'가 왜 필요한가에

---

3) 그늘의 책은 Richard Sylvan & David Bennett, *The Greening of Ethics*, (Tucson: The White Horse Press and The University of Arizona Press, 1994)를 들 수 있다.

대해 실반과 베네트가 다음과 같은 내용을 주로 다루고 있음을 이해할 필요가 있다.[4]

첫째로, 환경에 대한 인식의 문제이다. 즉 그동안 발전 지향적 서구사회는 환경과 협력하고 수렴하는 '지혜로운' 자세가 아니라, 환경을 지배하고 조정하려는 '교만'한 자세를 갖고 있었다. 서구 전통에 있어서 환경은 수동적이고 비정신적인 대상이기에 마음대로 다룰 수 있다는 생각이 지배적이었다. 그런데 잊지 말아야 할 것은 환경이 파괴되는 곳에는 반드시 인간에 대한 반향이 있다는 점이다. 이제 문명화된 의식이 있는 인간이라면 생태계에서 일어나는 상호 관계에 주목할 필요가 있다.

둘째로, 다른 생태학적 원칙들을 고려할 때 동물들과 마찬가지로 인간은 만족한 생존을 위해 환경에 의존한다. 동물들은 부양능력, 먹이망, 종내 종간의 경쟁과 협력 등에서 환경과 고립될 수 없다. 인간 역시 이런 원칙들로부터 초월해서 있을 수 없으며, 다른 생물의 형태와 생태계의 다양함을 고려하지 않고 인간의 욕구를 채우기 위해 지구환경을 변화시키는 것은 결국 심각한 문제를 야기하게 된다.

셋째로, 특정한 인간만이 궁극적이며 유일한 도덕적 관심의 대상이 된다는 인간중심적 사고방식은 여러 문제를 갖고 있다. 그동안 인간 이외의 세계는 도덕적 관심이나 고려 대상이 되지 못했는데,

---

4) 이하의 논의는 Richard Sylvan & David Bennett, *The Greening of Ethics*(Tucson: The White Horse Press and The University of Arizona Press, 1994)를 주로 참조하였다. 이 책의 목적은 호주에서의 주요한 환경윤리 운동을 돌아보면서 환경윤리를 활성화시키기 위한 방법과 행동들을 제시하려고 한다. 유네스코 프로젝트를 통해 1989년에 착수 되었던 연구를 통해 개인, 가정, 공동체, 국가와 지구적 차원에서 환경윤리를 가르치기 위한 수단과 방법들을 제시하고 있다.

환경오염, 인구 과잉, 환경 악화, 종의 멸절 위기 등은 자연에 대한 인간의 폭넓은 기본적인 책임을 유기했다는 반성과 평가를 낳고 있다. 환경오염이 자연적인 생명의 흐름보다 심각하게 빠르게 진행된 데에는 다른 어떤 종보다도 인간들의 쾌락·연구·사용 등이 원인이 되었음을 부정하기 힘들다.[5] 환경 오염은 여러 종들의 사멸을 가속화 시키게 된다.

넷째로, 근래에 인간 이외의 자연·세계도 윤리의 한 부분이 될 수 있다는 생각이 확대되고 있다. 사실 구약성서에도 대홍수 이야기 후에 나오는 신의 심판 장면에서는 사람뿐 아니라 선택된 동물에 대해서도 심판하지 않겠다는 야웨 신의 약속이 나오고 있다. 세상이 인간만을 위해 존재한다는 것은 편협한 생각이다. 이제 도덕적 관심의 대상을 인간에서 세계로 확대시키는 노력이 필요하다. 환경윤리학에서는 어느 정도의 새로운 윤리학 체계를 구성해야 하는가의 문제가 제기되고 있기도 하다. 다시 말하면 전에는 적절한 관심의 대상이 되지 못했던 문제가 이제 중요한 윤리적 관심의 대상이 되고 있는 것이다.[6] 이런 문제와 관련하여 새로운 차원의 윤리를 주장하는 '심층윤리', 기존의 윤리학적 체계 내에서 충분히 해결할 수 있다고 보는 '표층윤리', 절충을 시도하는 '중도적 입장' 등의 세 부류가

---

5) 폴 테일러에 따르면, 자연 환경과 관련해서 현재 우리의 행위를 규율해 줄 제 척도와 규칙의 전 체계는 인간의 필요와 이해관계에만 근거를 두고 있다는 것이다. Paul W. Taylor, *Respect of Nature, A Theory of Environmental Ethics,* Princeton : Princeton Univ. Press, 1990), p.11 참조.

6) Attfield, R., The Ethecs of Environmental Concern, Oxford: Blackwell, 1983. 번역서, 로빈 애트필드, 구승회 역, 『환경윤리학의 제문제』(서울: 도서출판 따님, 1995), 168~202쪽 논의를 참고할 수 있다.

등장하고 있음을 볼 수 있다.

윤리는 에토스(ethos)란 그 어원에서 볼 수 있듯이 관심, 성격, 사람, 제도 등과 관련된 문제로, 환경윤리란 결국 환경에 대한 개인 및 공동체의 지식과 도덕적 원리를 의미한다. 따라서 아직도 지극히 폐쇄적인 '표층 윤리'적 입장에서 환경 및 윤리의 문제들을 바라보는 경우가 많은 상황 속에서, 실반과 베네트의 '심층환경윤리'에 대한 이해는 우리에게 새로운 시각과 태도를 제공해 주고 있다. 이제 심층 녹색이론으로 전개된 심층환경윤리의 전반적인 내용을 살펴보려고 한다.

2) 가치와 관련된 문제들

윤리를 설명함에 있어서 가치론적인 면에서는 탁월함, 좋음, 평범함, 나쁨, 악 등을 말하고 의무론적 면에서는 옳은, 그른, 공정한, 불공정한, 의무의 허용 등을 말한다. 책임윤리에서는 책임지는, 책임지지 못하는 등의 고려 요소가 있다고 분석할 수 있다. 그러나 윤리적 논의는 공통적으로 행위와 행위자의 관련성 및 관계 요소가 중요한 문제가 된다. 그런데 인간은 도덕적 행위자들로 가득 차 있는 지구 상에서 최상의 예의를 지키며 약속을 한다. 자신의 의무를 알고 있으며 책임을 수행하는 행위를 강조하고 있다고 평가받아 왔다. 이런 인간의 모습을 놓고 인간만이 우주 안에서의 유일하고 완전한 도덕적 행위자라는 생각을 하는 경우가 많은데 이제는 재고할 필요가 있다. 기본적으로 진정한 '녹색환경윤리'를 전개하기 위해서는 '행위자' 중심의 윤리에서 벗어나려는 노력이 수반되어야 한다.

인간중심주의에서 탈피하는 일은 이를 위한 몇 단계를 필요로 할 수 있는데, 실반과 베네트는 본격적인 생태윤리가 출현하기 이전의 '엑토(ecto) 도덕성'을 상정하여 행위자를 배제하고 가치 있는 환경들을 새롭게 평가하는 시도를 하고 있다. 이렇게 되면 윤리에 있어서 상대적인 가치의 모든 내용들이 포괄될 수 있으므로 서식처, 생태체계, 지구 자체 등이 도덕적으로 고려할 만한 대상이 된다고 본 것이다.

물론 '새로운 윤리'를 말하게 되면, 우선 메타윤리(meta ethics)[7]를 떠올리는 이들도 있을 것이다. 그러나 규범윤리와 대비되는 메타윤리는 결과적으로 윤리적 주요 개념들의 의미와 사용을 분석하는 분석철학의 분파가 되어 버렸다. 윤리를 이런 식으로 협소한 의미에서만 논할 필요는 없으며, 새롭게 정의한다 하더라고 전통적인 규범윤리 체계들을 이용할 수도 있을 것이다.

실반과 베네트는 넓은 의미의 환경윤리를 다음과 같이 설명한다. "새로운 차원의 환경윤리는 우리가 처한 생태학적 환경과 관련하여 적합하게 이해하고 행위하는 것으로 자연을 다루는 우리의 태도를 이끌어 가는 일련의 원칙들이다."[8] 특히 그는 소위 '회의실' 환경윤리를 반박하여 상징적으로 '채탄 막장' 또는 '공장 바닥' 환경윤리가 필요하다고 역설한다. 즉 윤리설이 현실적 안목이 없는 실현 불가능한 이론의 잔치가 되어서는 안 된다는 주장이다. 열정적인 환경론자

---

7) 메타윤리(Meta Ethics)는 어떤 도덕원칙이나 행위 목표를 직접 제시하지 않고 철학적 분석에 치중한다. 즉 규범윤리의 문제 보다는 명료화나 해명에 관심을 갖는다.
8) Richard Sylvan & David Bennett, *The Greening of Ethics*(Tucson: The White Horse Press and The University of Arizona Press, 1994),. p.18 참조

의 입장에서 볼 때 기존의 환경윤리는 행위나 태도를 변화시키기 위한 열심이 부족하다고 본 것이다. 다시 말해서 환경문제들에 대한 실제적인 관심의 향상이나 윤리적 해결책을 갖고 있지 못한 표층적인 환경윤리 및 사상이 많이 있다는 비판이다.

또한 환경에 대한 관심 및 대책의 실천적 가능성을 놓고 환경윤리의 단계를 논하게 되면 단순한 '응용윤리'로서 환경윤리를 보는 것에 지나지 않을 수도 있다. 표층 환경윤리를 문제 삼는 것은 단순히 환경문제에 영향력을 행사하지 못하거나, 적절한 관련 주제를 다루고 있지 못하기 때문이 아니라 윤리학의 새로운 차원이 필요하기 때문이다. 따라서, 녹색심층윤리는 행위의 주체들 중심으로 전개되는 기존의 윤리와 차원을 달리하는 새로운 차원의 '녹색윤리'로서 윤리학 자체의 '녹색화'를 전제로 하고 있다. 아울러 실반과 베네트는 '녹색'에 대한 피상적인 접근을 지적한다. 단순히 인간에 의한 자연 환경을 보호해야 한다는 논리나, 인류의 건강에 대한 위험 요소의 제거 등에서 볼 수 있는 '소비'행태와 관련하여 녹색을 이용하는 경우도 많다는 점을 지적한다. 광고, 정치, 시장 등에 있어 '녹색'이 이용되는 경우도 많으므로9) 이제 소유 지향적 개인주의와 관련된 겉모양의 차원을 넘어선, 소위 '생태적 녹색' 개념 정립이 필요하다. 녹색이 된다는 것은 겉모양의 문제가 아니라 인간이 지구나 지구상의 종들에 대해서 미치는 영향을 줄이거나, 유지해야 할 책임이 있음을 뜻하는 것이다.

---

9) 우리 사회에서도 '녹색'이나 '환경' '그린' 등의 수식어를 붙여 상품을 선전하는 경우가 많다. 중요한 것은 소비 자체의 감소가 중요하지, 이런 류의 마케팅이 소비증가로 이어진다면 '환경문제' 자체에는 결코 바람직한 영향이 되지 못한다.

3) 심층녹색이론의 환경윤리

심층녹색이론은 기존의 체계와는 좀 다른 차원을 강조한다. 즉 인간과 인간 이외의 종 사이에서 생겨나는 환경 영향에 있어서 평형을 유지하기 위해서는 가까운 미래세계에 대해서 인간이 변화해야 할 부분이 있다고 보는 것이다. 예를 들어서 인구 감소, 여러 사람들에게 덜 영향을 주는 생활태도, 생태계 전체에 주는 인간의 영향을 감소시키는 기술의 발전 등이 필요하다는 점이다. 이제까지 인간들이 취한 환경에 대한 '행동'의 문제를 유형화시켜 구별해 보면 세 가지 단계 혹은 행태를 보여준다.

첫째로, 표층 윤리학으로서 규범윤리에 단순히 '녹색'을 적용하는 경우이다. 진정한 '녹색윤리'란 최소한 '녹색'의 결과를 가져오거나 타당한 전망이 있어야 진정한 녹색화가 가능할 텐데, 그 실현 가능성을 놓고 볼 때 명백한 한계가 있다.

둘째로, 윤리 판단에 있어서 환경적 이유를 수용 및 적용하는 규범윤리체계나, 동물 해방의 목적을 위한 공리주의적 적용 등에서 볼 수 있는 중간 단계의 윤리가 있다. 이런 태도는 표층윤리보다는 환경 문제를 환경적으로 해결하려는 시도이다.

셋째로, 기존의 윤리체계를 넘어서, 새로운 비규범적 윤리의 발전을 통한 더 깊은 환경적 근거를 마련하는 심층윤리의 단계가 있을 수 있다. 실반과 베네트는 구체적으로 '심층녹색이론'을 통해 이 단계의 윤리의 필요성을 제기하면서, 기존의 윤리 체계가 다음과 같은 이유로 여러 가지 실패를 보여주었다고 지적하고 있다.

① 행위자의 계층과 윤리적 평가가 특정한 인간들에게만 제한된다.

② 모든 행위 시나리오의 구성 요소가 적절하지 못하게 잘려나가고 있다.

③ 윤리적 주-술 관계에서 비판적 요소가 결여되어 있다.

④ 도덕적 용어와 판단에 있어서 여러 가지 만족스럽지 못한 이론이 전개되고 있다.

⑤ 어떻게 윤리적인 지식을 얻을 수 있는가에 대하여 '믿기 어려운' 혹은 '알려질 수 없다' 식의 이론이 제시되고 있다. 실반과 베네트는 이런 문제점 및 약점을 극복하기 위해 '심층녹색이론'을 통해 새로운 차원의 환경윤리를 전개하고자 했다. 사실 넓은 의미의 심층생태학과 심층녹색이론은 공통점과 차이를 동시에 갖고 있다. 두 이론을 대비시켜 본다면 아래 표와 같다.

구분	특징	공통점
심층생태학 (Deep Ecology)	1. 생태학적 평등주의 (biospheric egalitarianism) 2. 생명 중심주의 (biocentrism) 3. 극단적인 전체론 (extreme holism) 4. 생명지역주의 (bioregionalism)	1. 녹색(행위 원칙) 2. 심층(자연 항목들 내에 있는 본래 가치: 즉, 보다 좋은 가치 거부) 3. 생태학적 보편성 (풍요함, 다양성, 안정성) 4. 모든 주요한 환경 충격 요소의 실질적인 감소: 인구, 쓰레기 소비, 기술에 손상 입히기 5. 지배적인 사회적 패러다임 반대 기술 중심의 이데올로기 반대 6. 지역주의와 연방주의 찬성 민주적인 실천, 비폭력적인 실천 7. 생태-다원주의
심층녹색윤리 (Deep-Green Theory)	1. 종차별주의 거부 (rejection of class chauvinism) 2. 생태 평등주의 (ecoimpartiality) 3. 탄력적인 전체론 (moderate holism) 4. 생태지역주의 (ecoregionalism)	

4) 심층녹색이론에 대한 반응

심층녹색이론에 대한 반응은 크게 두 부류로 나타나는데, 다른 경우에서도 그렇듯이 환경 윤리학에 있어서 새로운 주제 및 방법론은 불필요하며 바람직하지 않다며 거절하는 경우와 이미 확립된 이론의 지류 및 확대로 보아 동화(assimilation)시키려는 입장이 있다. 즉 심층녹색윤리의 의미는 인정하지만 또 하나의 응용윤리로 이해하려는 것이다. 이런 태도에 효과적으로 대응하기 위해서는 심층녹색윤리의 차별성 및 특성을 분명히 할 필요가 있다.

심층녹색이론은 기본적으로 "인간들과 인간의 기획들이 가치의 유일한 항목이다"라는 생각과 "인간들과 인간의 기획들이 세상에 있는 다른 어떤 것들보다도 항상 더 가치 있다"는 사고를 거부하는 입장이다. 실반과 베네트는 윤리학 논의에서의 핵심 문제를 가치 설정이라고 보고 있는데, 이제까지의 환경윤리학은 환경 자체에 가치를 설정하는 것이 아니라, 어떻게 환경이 가치 있게 되는가의 문제 혹은 그 가치가 어디에 들어있는가를 결정해 주는 데 치중했다고 평가하고 있다. 즉 표층환경윤리 입장에서 보면 환경은 오직 인간을 위해서만 가치가 있으며, 인간과의 관계에서만 가치를 갖는다. 그런데 '심층녹색이론'에서는 환경이 그 자체로도 가치 있는 것으로 인정된다. 비록 가치가 과연 어느 차원부터 부여가능한가에 대한 논쟁이 있기는 하지만, 인간과 환경의 관계에만 가치가 있다고 보지 않는 것은 분명하다. 결국 도덕성 자체에 대한 상당히 과격한 변화를 요구하고 있다.

도덕성이란 도덕적인 상태의 속성을 가리키는 것으로, 노력성이 드러내주는 것이 그 내용이라고 한다면, 도덕성은 무엇이 도덕인가 하는 이론 및 원리를 구성한다. 즉 도덕성이란 행위자의 이론과 실천을 묘사하는 행위자의 특정한 면 모두를 가리킨다. 이렇게 본다면 도덕성은 본질적으로 인간과 관련이 없다는 주장도 가능한 것이다. 비슷한 추론이 윤리학 전반에서 나오는데, 인간과 독립해 있는 방법에 의한 도덕성 규정도 가능하다는 것이다. 즉 실반과 베네트에 의하면 윤리는 '기본적으로' 사람과 관련이 없는 경우에도 가능해진다. 도덕성은 행위에 달려 있는 것이다. 인간은 도덕적 행위자들로 가득 찬 지구상에서 가장 완전한 예의를 갖추어 약속을 하고 의무와 책임을 받아들이는 행위를 한다. 그러나 여러 면에서 경쟁에 시달리고 있는 인간들이 지금 우주에 있는 유일하고 완전한 도덕적인 행위자가 아닐 수도 있다는 주장을 하는 것이다. 따라서 심층녹색윤리의 전개와 발전을 위해서는 인간들을 떨쳐 버려야 한다. 물론 인간들은 제시된 목적을 위해서 일정 범위 안에서만 유용하다.

그러나 인간 중심주의가 갖는 여러가지 문제가 있다고 해도 행위를 통해서 문제를 풀 수 있는 존재는 여전히 인간이기에, 의심 없이 행위자의 중심 자리를 차지하는 것도 사실이다. 많은 경우 인간중심적 우월주의 입장에 상당수 사람들이 공감할 수 있는 이유도 여기에 있다.

5) 의무의 원칙

실반과 베네트는 '표층환경윤리'의 대표자로 패스모어(Passmore)를 다루는데, 그는 서구기독교적 유산인 지배 및 목자전통에 서 있다는 것이다. 즉 자연에 대한 인간의 책임을 논하면서도 인간의 이익관심(interests) 요소와 관련이 없는 문제는 다루려하지 않았다는 점이다. 특히 이익관심은 유행을 타는 경향이 있어 현재의 심각한 고려 대상이 미래에는 그렇게 되지 않을 수도 있음을 지적하고 있다.

결국 심층녹색이론은 인간 중심적 종차별주의(human chauvinism)를 거부하는 데로 귀결되고 있다. 즉 환경 문제의 범위를 부적절하게 설명하는 근래의 윤리학에 대한 불만의 표출로 이어지는 것이다. 결국 이 논의는 기술지배적인 산업방식에 대한 이념적인 반대와 포괄적이며 대안적인 환경 철학적 패러다임을 촉구하고 있다. 가장 중요한 것은 인간중심적 종차별주의에서 나오는 편견을 제거하는 것으로 보고 있다. 또한 심층녹색윤리이론은 단순한 슬로건이 아니라 방법론적인 논변도 갖고 있다. 이 이론은 자연 속에 수단적 가치(instrumental value)와 대비되는 본래적 가치(intrinsic value)가 들어있다고 보는 것이다. 그리고 이런 본래적 가치는 인간에서 비롯된 가치(human-based)보다 훨씬 더 우세한 것이라고 보는 것이다. 이렇게 되면 인간과의 관계에서만 가치가 파생된다는 입장을 넘어서고 있기 때문에 규범윤리학의 종 차별주의를 극복하고 있는 것이다. 실반과 베네트는 합리성, 언어능력, 도구제작, 욕구 및 선호, 유정성을 기준으로 차별적 대우를 정당화했던 기존의 윤리체계에 대해 다음과 같이 주장한 바 있다.

다른 생명체들에 대한 도덕적 존중(moral respect)은 다른 생명체들을 선호하는 존경에서 생겨나는 것이 아니라, 특권적인 종을 위해 제멋대로 결정하며 평가하는 것 때문에 생겨났다. 모든 인간들(all human)과 여타의 동물들(all other animal species) 간의 예리한 도덕적 구분은 철학자들

과 그 밖의 사람들에 의해 윤리학에서 수용되었다.[10]

실반과 베네트는 심층녹색이론의 가치 문제에 있어서 지금까지 단순히 주변적, 환경적인 항목 등의 범위에 들어가던 요인들을 그 자체로 가치 있는 것으로 받아들이고 있다. 따라서 다른 가치로의 환원이나 인간 중심적인 면에서 이익 관심, 선호 등으로 소급할 필요가 없다는 것이다. 그러므로 인간에게 이익이 되든 쓸모가 없든, 윤리적 권리여부와 상관없이 가치가 있다고 보는 것이다. 이런 면에서 심층녹색이론의 중심에는 '존경'에 대한 논변이 자리 잡고 있다. 즉이 논변은 세 가지 의무의 원칙에 근거하고 있는데 다음과 같다.

(1) 정당한 이유 없이 다른 것들에게 선호되지 않는 상태를 주지 말라.
(2) 정당한 이유 없이 자연대상물이나 체계의 좋은 상태(Well Being)를 위협하지 마라.
(3) 문자적으로는 선호되지 않는 상태가 아니지만, 실제적으로 손상을 입거나 파괴될 수 있는 상황에 두지 말아라.

생태계, 생태계 부분들 사이의 관계, 생태계 전체와 부분 사이의 관계에 있어서 이런 원칙과 관련된 문제가 발생하고 있다. 실반과 베네트는 환경은 '사치품'이 아니라고 지적하였다. 그들은 지구 공동체에서 정치 운동이 사라지고 경제 체제가 바뀌고 이데올로기가 잊

---

10) Richard Sylvan & David Bennett, *The Greening of Ethics*(Tucson: The White Horse Press and The University of Arizona Press, 1994), p.141.

혀져도 환경과 관련된 문제는 여전히 중요할 것이라고 지적했다. 인간은 생존 자체를 위해서 만족스런 환경에 의존하게 마련이다. 그러나 이와 관련된 문제에 있어서 이른바 그동안 대부분의 발전된 사회는 환경에 대해 교만한 태도를 갖고 있었다. 즉 인간들은 환경과 협력하고 수렴하는 것을 추구하는 대신, 환경을 조정하려고 했으며, 그것을 다스리고 자신들을 거기에서 분리해 내려고 했다. 자연 지배적인 서구 전통에 있어서 환경은 수동적이고 비 정령적인, 인간들이 마음대로 다룰 수 있는 대상으로 간주되곤 하였다. 인류는 새로운 세기에 들어서면서 환경이 주는 반향을 바라보면서 비로소 환경에 대한 새로운 자각을 하고 있는 것이다.

자세히 살펴보면 고도로 문명화된 인간들이라고 해도 다른 종들과 생태적 체계에서 일어나는 것을 완전히 다스리지는 못하며, 환경이 파괴되는 곳에서는 인간에 대한 반향이 반드시 발생한다. 그러나 만일 인간들이 다른 종과 환경에 어떤 일이 일어나는지 알게 되면, 즉 마치 중대한 관계가 있는 것처럼 자연을 다루게 되면 거기서 인간에 대한 반향은 줄어들게 될 것이다. 더 나아가 그들이 자연으로부터 유리될 수 없는 많은 것 가운데 한 종임을 발견하게 된다면 많은 문제들의 해결 가능성과 인류의 지속 가능성을 보게 될 것이다. 이제 인간은 더 이상 환경 및 다른 종들을 인간만을 위해 만들어진 대상으로만 다루지 않게 된다. 심층녹색이론은 다른 종들, 환경 전체, 인류의 좋은 상태에 대해 더 많은 사람들이 깨닫고 배워야 한다고 주장하고 있는 것이다.

3. 통전적인 기독교 환경윤리

앞장의 논의를 통해 심층녹색이론의 개괄적인 특징을 살펴보았는데, 지금까지 나온 어떤 환경에 관한 이론보다도 분석적이며 비판·합리적인 절차를 밟고 있음을 알 수 있다. 윤리의 정당성 또는 근거를 어떤 신비한 힘이나 기존의 전통적 권위에 의존하지 않고 있음을 보여준다. 그러나 어떤 면에서 보면 기존의 윤리체계가 이렇게 비판받고 극복되어야 할 부분만 있는 것은 아니다. 인간 중심주의란 좁은 전통이 아닌 계몽주의적 전통 속에서도 생태 평등주의가 제시하고 추구하는 사상 및 태도를 발견할 여지가 있다고 생각한다.

물론 지금도 우리 사회는 새로운 윤리를 필요로 하는 것이 아니라 도덕적 재무장, 헌신의 부활을 통해서 환경관련 윤리를 회복할 수 있다는 보수적 입장이 지배적이라고 할 수 있다. 그러나 지배적이며 전통적인 관점을 새로운 윤리이론에 근거하여 재편하는 것이 훨씬 더 효과적인 것으로 사료된다는 실반과 베네트의 주장은 우리에게 상당한 도전을 주고 있다.

특히 기독교와 연관시켜 볼 때 기독교의 목자(청지기)론적 전통은 지금까지 다분히 인간 중심적인 논변으로만 해석되어 왔는데, 성서의 통전적 이해에 근거할 필요가 있다. 이렇게 될 때, 목자론은 지배론적인 차원에서만 해석되는 것이 아니라, 자연에 대한 보전과 책임이 인간에게 부여된 것을 고려하게 한다. 전반적으로 구약성서가 자연을 신성하지 않는 것으로 본다는 견해는 일반적이다. 피조물을 숭배하는 것은 우상 숭배가 된다. 그리고 인간의 이익을 위한 자원인 피조물을 다룸에 있어서 신성 모독이란 없다. 실제로 인간의 지배에 관한 구약의 구절들은 일정한 조건 하에서 이를 정당화한다. 구약 창세기에는 이런 구절이 있다. "자식을 낳고 번성하여 온 땅에 퍼져서 땅을 정복 하여라. 바다의 고기와 공중의 새와 땅위를 돌아다니는 모든 짐승을 부려라." 이 구절을 놓고 볼 때 구약 종교의 '하나님의 형상(the image of God)' 개념은 신과 인간과의 단순한 밀접한 관계만을 의미하는 것이 아니고, 만물을 지배와 정복의 대상으로 여기는 다분히 전투적인 인간관의 면모를 보여주고 있다. 특히 동물에 대한 인간의 지배를 말하는 히브리어 '라다'란 단어는 바빌론이나 이집트의 왕정계통 언어와 관련이 있다고 보는 학자들이 많다.[11]

그러나 기독교윤리 전통 내에서 상당히 오래전부터 자리잡고 있는 '문화명령(cultural mandate)'에 대한 해석에서 그 가능성을 찾을 수 있다고 생각한다. 이 문제와 관련한 논의는 다음 기회로 미루기로 한다. 기독교윤리학적 차원에서 그대로 수용할 수는 없지만 심층녹색 이론은 환경윤리의 문제에 있어서 새로운 시각과 도전을 주는 것은 사실이다. 근본적인 문제에 대한 대답이 주어져야 새롭고 영향력 있는 윤리이론 및 실천이 가능한 것이기 때문이다.

특별한 사람들만의 관심 혹은 행동인 것으로 생각되기도 했던 환경보호나 보전운동 및 실천이 이제는 자연스럽게 실천되고 있다. 지엽적인 문제로 여겨질 수도 있지만 세계 어디를 가 보아도 한국인들만큼 쓰레기 분리수거나 재활용을 잘하는 사회는 없는 것 같다. 미

---

11) "너는 이집트의 왕이 될 것이다. 그리고 사막의 통치자도 될 것이다. 모든 땅이 너의 감독 아래에 있고, 너의 신발 아래 있을 것이다."(이집트의 서사시) 베스터만이 대표적인 경우에 속한다.

국의 뉴욕 주 등에서는 시도했다가 철회한 것으로 들었는데 한국사회의 재활용 체계는 지속적으로 발전하고 있다. 생태적 먹거리에 대한 관심도 상당하다고 볼 수 있다. 자신이 실천할 수 있는 작은 일에서부터 시작하여 환경이론의 정립까지 환경문제는 우리의 참여와 실천을 요청하고 있다.

참고문헌

조용훈, 『동서양의 자연관과 기독교 환경윤리』, 서울: 대한기독교서회.
황경식, 「환경윤리학이란 무엇인가? — 인간중심주의인가 자연중심주의인가」, 『철학
　　　과 현실』, 철학문화연구소, 1994, 여름호.
H. J 맥클로스키, 황경식·김상득 역, 『환경윤리와 환경정책』, 서울 : 법영사, 1995.
로빈 애트필드, 구승회 역, 『환경 윤리학의 제문제』, 서울: 도서출판 따님, 1995.
피터싱어, 김희정 역, 『세계화의 윤리』, 서울: 아카넷, 2003.
Attfield, R., *The Ethics of Environmental Concern*, Oxford: Basil Blackwell, 1983.
Richard Sylvan & David Bennett, *The Greening of Ethics*, The White Horse Press,
　　　Cambridge, UK and The University of Arizona Press, Tucson, USA, 1994.

제**8**장

생 명 공 학   관 련   전 문 직   직 업 윤 리

1. 전문직의 윤리

주요 언론사에는 의사 자격을 가진 전문기자가 있을 정도로 의료
와 관련된 뉴스가 언론매체의 중요한 부분을 차지하는 것이 우리의
현실이다. 언젠가 의료보험(건강보험)료 및 보험수가와 관련한 협의가
있었는데, 원만한 협의가 이루어졌다기보다는 심의위원회에 참여한
각 집단에 따라 주장이 다르고, 첨예한 대립을 했던 것으로 알려졌
다[1]. 현재 인간의 복제를 시도하여 성공했다는 보고는 없으나, 배아

---

1) 『조선일보』 2003년 11월 30일자 보도에 의하면 건강보험 정책심의위원회에서 의사협

복제를 통한 줄기세포 연구 수준 등을 놓고 볼 때 기술적으로 상당히 복제수준이 높아진 것만은 사실이다. 생명 문제와 관련된 여러 보도와 논의들이 무성한 가운데 생명공학자 및 의료인들이 서 있으며, 이미 우리 사회는 나름대로의 윤리적 평가를 하면서 그들에게 일정한 윤리적 책무를 부과하며 또한 기대하고 있다. 이런 상황 가운데서 의료인 및 관련 연구자의 직업윤리를 논하는 이유는 무엇인가?

본 논문은 찬반 양론이 팽팽히 맞서는 체세포 복제, 배아 복제 등에 대한 윤리적 입장을 선언하거나 히포크라테스의 선서를 새롭게 해석하거나 의사협회의 의사윤리강령을 반복하려는 것은 아니다. 또한 직업윤리라면 쉽게 떠올리는 정직, 친절, 성실 등의 일상적인 덕목이나 확대된 에티켓을 생명공학자들과 의료인들에게 확인시키는 작업을 하려는 것도 아니다. 직업에 대한 윤리학적 성찰 및 구체적인 응용윤리로서의 직업윤리의 근거들을 다시 한 번 되짚어 보면서, 현대 사회에서의 의료인 등 전문인의 책임을 강조해 보려고 한다.

2. 응용윤리의 필요성

우선 이론윤리에 대비되는 응용윤리로서의 직업윤리가 갖는 성격을 점검해 본다. 브루디(Broody)는 현대 미국 사회의 경우 다음과 같

회대표는 의료수가 및 건강보험료 인상폭이 너무 낮다고 퇴장했고, 가입자대표 및 한국노총 민주노총 경실련 대표는 수가 인상에 반대하며 퇴장하여, 13대 3의 표결로 통과되었다.

은 필요에 의해 응용윤리학적 문제가 제기된 것으로 보았는데, 우리의 상황에도 적용될 것이다.[2]

첫째로, 새로운 기술의 발전이 새로운 도덕적 문제를 제기한다. 이에 대한 사례 및 주제인 사람 생명의 연장에 관한 문제도 사람의 생명을 연장할 수 있는 의학의 능력에 기인하는 것이다. 이로 인해 생명의 끝은 언제인가, 생명을 연장하는 시도를 거부하는 사람들의 요구를 허용해야 하는가란 문제 등이 제기된다. 자신의 전통적인 윤리적 신념으로 만으로는 대처하기 힘든 복잡한 문제를 새로운 기술이 야기하고 있다.

둘째로, 우리에게 친숙한 제도의 목적이 과거처럼 기능을 제대로 발휘하고 있지 않다는 점이다. 예를 들어 형사적 정의 체제를 들 수 있다. 많은 경우 형사적 정의 체제가 범죄를 통제하는 데 실패하고 있으며, 이와 관련된 여러 관행들이 범죄자의 권리를 유린한다는 이유로 부당하고 위헌적이라는 생각이 증대하고 있다. 즉 형사적 정의 체제가 범죄를 예방하기 위한 것인지 보복을 위한 것인지에 대한 근본적인 질문이 제기되며, 허용 가능한 방편에 대한 논의와 대안 마련이 논의되고 있다.

셋째로, 과거에 절대적이었던 것이 이제는 수정이 필요하고 예외를 허용해야 하는 것으로 생각되고 있다. 모든 시민들의 필요를 채워주면서도 일하는 사람들의 노동에 대한 이익을 보호하는 정의로운 사회 실현을 위해서, 사회복지 혜택의 증가와 노력에 대한 보상을

---

2) 이와 관련된 논의는 브루디, 황경식 역, 『응용윤리학』(서울: 종로서적, 1994), 14쪽 이하 참조.

위한 낮은 세금 부과를 조정하기 위한 해결책이 제대로 능력을 발휘하고 있는가? 한 사회가 단순한 이론적인 도덕적 신념으로 해결할 수 없는 문제에 봉착하게 될 때, 좀 더 체계적인 도덕적 정당화 작업이 요청되는 것이다.

이런 상황 가운데서 응용윤리는 그동안 전개된 도덕 이론을 바탕으로 과제에 대한 합리적 정당화를 시도하는 것이다. 이제 직업윤리는 전통적인 응용윤리의 한 분야로서 뿐 아니라, 도덕적 행위자로서의 의료인 및 생명과학자에 대한 도덕적 정당화 및 그와 관련된 가치의 문제를 재정립해야 하는 과제를 갖고 있다. 이 문제는 이 시대의 다양한 전문 직업인들과 시민들에게 윤리적 성찰의 기회를 제공하는 작업일 것이다.

3. 자율성과 간섭주의

1) 자율성과 간섭주의

의료 현장에서 발생하는 여러 가지 문제들에 대한 해결 방식 중 대립하는 전형적인 형태가 자율성 존중과 간섭주의라고 볼 수 있다. 이 두 형태는 의사, 환자, 사회 사이에 발생하는 제 문제의 중심에 놓여있는 사고방식으로 때로는 대립하는 양상을 보이고 있다. 간섭주의가 가장 널리 수용되는 경우는 그 단어의 유래에서 볼 수 있듯이, 일정 연령 이하의 어린이인 경우에 자율적 의사결정 권리를 인정받지 못하고 부모가 그 권리를 대행하는 경우이다. 물론, 어린이에게 이득이 되는 방식으로 의사결정이 이루어져야 한다는 책임이 수반된다.

그런데 이런 논리를 성인들 사이에도 적용할 수 있는 경우가 의료 상황 가운데 많이 발생한다. 특히 의료 상황은 대개의 경우 전문적인 지식과 정보가 많이 관계되므로, 전문가 집단의 견해가 일의 결정에 지배적인 영향력을 행사할 수 있다. 그 예가 될 수 있는 몇 가지 경우가 있다. 우선 살기 위해서는 일정한 의료 행위가 요구되는 성인이 치료를 거부하는 경우에, 환자의 자율적인 의사결정 권리를 묵살하고 의지에 반해서라도 강제 치료를 하는 경우이다. 또한 종교적 이유로 수혈을 거부하는 '여호와의 증인' 및 '품위 있는 죽음을 죽을 권리'를 주장하는 이들도 점차 많아지는 추세에 있다.

물론 이 문제를 '누구의 결정'에 의해서냐보다는 '누구의 이익'을 위해서인가의 문제로 전환시켜서 전적으로 무엇이 최선의 결과를 가져올 것인가에 집중하는 공리주의적 입장과 개인의 자기결정 권리는 존중받아야 한다는 의무론적 입장의 대결로 환언할 수도 있다. 그러나 여기서 우리는 어느 한 쪽을 지지하는 논변보다, 주장들의 정당성에 질문을 던져 본다. 물론 실제로 의료 현장 가운데서는 여러 이유로 간섭주의적 사고방식 및 결정이 우세하다고 볼 수 있다.

복잡한 의료 행위에 있어서 간섭적 의사결정과 자율적 의사결정 가운데 어떤 것이 지혜로운 결정인가? 대부분의 경우, 일반적인 성인이 소유하지 못한 정보와 능력을 요청하는 까닭에 그 영역의 전문가가 전문가가 아닌 어른의 이익을 위해 의사결정을 하게 되는 경우가 있다. 경우에 따라서는 특정한 의료행위가 강요되는 경우도 있을 수 있다. 즉 말기 환자의 경우 '품위 있게 죽을 권리'에 반하는 여러 행위들이 시행되는 경우도 많이 있다. 그런데 초인적인 의학적 노력에는 엄청난 경비가 따르게 되고, 환자 가정에 엄청난 경제적 부담을 안겨주는 경우가 많다. 또한 불치병으로 한계 상황에 도달한 이들이 실험 중이거나 개발 단계인 약물의 투여를 원하는 경우에 어떻게 할 것인가? FDA 등 공식 기관의 허용을 받지 못했다고 하여, 즉 어떤 약품이 안전하고 효과가 있다고 입증되기 전에는 어떻게 해야 하는가? 아무도 그 약품으로 치료받을 수 없다는 규정에 의해 제한을 하는 것은 간섭주의가 과연 누구를 위한 것인가 하는 질문을 하게 한다.

2) 면허제도와 간섭주의

면허제도도 간섭주의와 관련해서 생각해 볼 수 있다. 일정한 공부와 수련을 거친 사람이 의사면허를 받게 되고 이들에게 치료를 받는다는 것은 지극히 당연한 것으로 여겨지고 있으며 이의를 제기하는 사람도 거의 없다. 적극적인 면에서는, 의사를 사칭하거나 무면허 의료행위를 하면 실정법에 의해 처벌을 받음을 볼 수 있다. 그런데 당연한 것으로 여겨지는 이런 면허 제도의 정당성에 대해서 윤리적으로 성찰해볼 점이 있다.

브루디는 면허제도를 길드 제도와 연관시켜 설명하고 있다. 중세 시대의 유럽은 길드 제도에 의해 지배되고 있었는데, 이는 일정수준을 유지하고 성원들의 이익을 도모하기 위한 상인, 거래조합의 체계라고 할 수 있다. 현재의 의료 관련 거래 체계도 우리는 다음과 같은 세 가지 형태로 구별해 볼 수 있다.[3]

(1) **등록제도**(registration system) : 특정한 의료 행위를 하고자 하는 자는 누구나 등록 사무소에 자기 이름을 등록하고 자신에 관한 적절한 정보를 제시하기만 하면 개업 할 수 있는 경우를 말한다.

(2) **증명제도**(certification system) : 정부가 일정한 요구 조건을 충족시킨 자들에게 증명서를 발급하게 된다. 증명의 목적은 의료 행위자가 그러한 요구 조건을 충족시켰는지 여부를 예상되는 환자들이 확인할 수 있게 하기 위한 것이다. 원하는 누구나 의료 행위를 할 수 있으나 규정된 요구 조건을 만족시킨 자만이 자신을 증명된 의사로서 선전할 수 있다.

(3) **면허제도**(licensing system) : 오늘날 시행되고 있는 제도로서, 각 국가나 주가 일정한 요구 조건을 만족시킨 자들에게 의료 행위를 할 수 있는 면허증을 발급한다.

의료 행위의 경우 대부분의 나라가 면허제도의 형태를 취하고 있는데, 생각해보면 면허제도와 관련하여 자율과 간섭의 문제가 제기될 수 있다. 즉 특정한 면허의 요구는 자율성을 침해한다는 견해이다. 예를 들어 성인 두 사람이 사기나 강요 없이 자유로운 합의에 이르게 되었다고 하더라도 어떤 사람이 의료행위를 할 수 있는가 혹은 없는가 하는 것을 법으로 규정하고 있기 때문이다.

만일, 성인이 무제한적인 자율적 의사결정의 권리를 갖는다고 믿는 사람이라면 면허 요구의 타당성에 대해서 의문을 제기할 수밖에

---

3) 브루디, 위의 책, 216~217쪽 참조.

없다. 결국, 면허에 의해 유지되는 제도는 사적인 성격을 넘어서 공적인 성격을 띠고 있으며, 결국 의료인 개인 및 집단에는 상당히 큰 책임성과 고도의 윤리성이 부과된다고 보아야 할 것이다. 의료 관련 윤리가 사적인 영역을 넘어서 공적인 영역에서 논의되는 이유가 여기에 있다.

4. 뒤르켐의 직업윤리

1) 길드의 윤리

뒤르켐은 중세기 길드 제도가 불신 받은 이유에 대해 기술 한 바 있다. 길드의 규제가 '규칙을 통한 경제적 통제'로서 여겨질 때, 이 규제를 따라야 하는 사람들은 실제로 따르고는 있지만, 사실은 규제를 받고 싶어하지 않는 경향이 강하다는 것이다. 뒤르켐은 이렇게 말하였다.[4]

> 그러나 그런 생각은 한 개인이 규율을 정해 놓고 사실상 이것을 원치 않는 다른 개인들에게 군사적인 방식으로 강제하는 것과 한 집단의 구성원들에게 집합적 규율을 부과하는 것을 혼동하는 것이다. 후자와 같은 규율은 어떤 공론 상태에 준거하여 도덕 속에 뿌리를 둘 때에만 유지 될 수 있다. 중요한 것은 바로 이 도덕이다. 우리가 말하건대, 규

---

4) 에밀 뒤르켐, 권기돈 역, 『직업윤리와 시민도덕』(서울: 새물결, 1998), 84쪽.

칙을 통해 확립된 통제란 도덕을 더 정확하게 정의하여 거기에 제재력을 부여하는 것일 따름이다. 규칙은 모든 사람이 느끼는 생각, 감정, 즉 동일한 목표에 대한 공동의 충성을 계율로 바꾼다. 따라서 도덕의 외적 측면을 고려하여 그 잣구만을 이해하는 것은 도덕의 본성을 기묘하게 오해하는 것이리라. 이런 각도에서 보면, 통제는 단지 방해물에 불과한 명령으로 비춰질 수 있다.

이런 이유로 개인들은 이런 방해물들을 축소하려는 경향이 있는데, 규칙의 저변에는 개인들 집단 및 집단과 관련된 모든 사람을 묶어주는 사회적 감정인 '집합적 열망'이 존재하는 것이다. 이 열망이 규칙에 의미와 생명을 부여하고 개인들이 규칙을 적용하는 방식을 밝혀준다고 할 수 있다.

경제활동의 사회화와 관련하여 뒤르켐은 직업이 항상 산업적·상업적 생활의 다양한 기관들로 이루어지는 수많은 도덕적 환경이 되어야 하며, 이 도덕적 환경은 직업의 도덕성을 끊임없이 촉진해야 한다고 주장한다. 결국, 집합적 규율은 어떤 변화를 외적이고 기계적으로 조정하는 문제가 아니라, 인간의 마음을 상호 이해에 이르게 하는 것이다. 뒤르켐은 조합 체계를 통해서 경제생활의 도덕적 표준이 향상될 수 있다고 보았다.

2) 뒤르켐의 규칙

뒤르켐은 직업윤리를 전개하면서, 규칙에는 두 종류가 있다고 말한다. 첫 번째 종류는 모든 인간에게 똑같이 적용되는 인간 일반과 관련된 것, 즉 우리 이웃에 대해서처럼 우리 모두에게 관련된 것이다. 우리 자신이든 우리의 동료이든 인간이 존중되는 방식과 인간의 진보가 이루어지는 방식을 정하는 모든 규칙은 모든 인간에 대해 예외 없이 타당한 일종의 시민윤리라고 할 수 있겠다. 이 의무는 대부분 고유한 인간의 본성과 관련이 있다.

인간에게는 두 번째 종류의 의무들이 있는데, 고유한 인간적 본성 일반에 의지하는 것이 아니라 모든 인간이 똑같이 보여주지 않는 특수한 자질에 근거한 것이다. 아리스토텔레스가 말하기를, 도덕은 이것을 실천하는 행위자에 따라 약간씩 다르다고 했다. 즉 남자의 도덕은 여자의 도덕과 다르고, 어른의 도덕은 아이의 도덕과 다르며, 노예의 도덕은 주인의 도덕과 다르다는 것이다. 이 말은 오늘날에도 아리스토텔레스가 상상했던 것보다 훨씬 더 넓게 적용된다고 볼 수 있다. 실제로 인간의 의무는 대부분 이런 성격을 지니고 있기에 성의 차이, 연령의 차이, 친족 관계의 친소 정도에서 비롯하는 차이를 생각해 볼 수 있으며, 이 모든 차이들이 도덕적 관계에 영향을 미친다. 즉 모든 의무는 기본적인 특징에 있어서 유사성을 갖고 있지만, 다양성도 갖고 있다는 점이다. 이 다양성은 직업윤리를 구성하는 규칙들이라고 볼 수 있는데, 상이한 직업만큼이나 다양한 형태의 도덕들이 존재한다고 볼 수 있다. 물론 모든 직업윤리를 수립하고 움직이는데 필요한 일반 조건들을 찾을 수는 있을 것이다. 그러나 직업의 전문성은 결국 특별한 의무를 요구한다고 보아야 할 것이다.

직업윤리가 공적 의식의 깊은 관심을 끌지 못했던 이유 중의 하나도 바로 그것이 사회의 모든 성원들에게 공통된 것이 아니기 때문이었다. 이에 대해서 뒤르켐은 '공적 의식' 바깥에 있기 때문이라고 말한다. 직업윤리란 일부의 사람들만 수행하는 기능들을 지배하는 경우가 많다. 이 기능들을 적용하는 데 관심이 있는 개인들 사이에 어떤 특별한 관계가 존재하는가에 대해 모든 사람이 다 같은 생각을 가질 수는 없는 경우가 많기 때문이다. 뒤르켐은 이렇게 말한다. "하나의 도덕 체계는 항상 한 집단의 일이며, 이 집단이 집단의 권위로 보호할 때만 이 체계가 움직일 수 있다. 도덕체계는, 개인들을 지배하고 개인들로 하여금 이렇게 저렇게 행동하도록 강요하며 개인들의 성향에 한계를 부과하여 이 한계를 넘는 것을 금하는 규칙들로 이뤄진다."5) 문제는 한 집단의 도덕성에 대한 인식이 얼마나 직업윤리 차원에서 실천되는가에 달려 있다.

뒤르켐은 윤리와 집단의 본성이 갖는 관련성을 다음과 같이 말한 바 있다.

> 직업윤리의 각 지류는 그 직업 집단의 산물이기 때문에, 각 직업 윤리의 본성은 그 집단의 본성이다. 일반적으로 모는 조건이 같다면, 십단 구조의 힘이 클수록 그 집단 특유의 도덕적 규칙들의 수는 더 많아지고 구성원들에 대해 갖는 권위도 더 커진다. 왜냐하면 집단이 밀접히 응집되어 있을수록 개인들의 접촉은 더 밀접해지고 더 빈번해지며, 이 접촉이 빈번해지고 친밀해져 생각과 정서가 많이 교환될수록 공론이 더 널리 펼쳐져 더 많은 수의 사물을 포괄 할 수 있기 때문이다.6)

사실 상업이나 노동에 의존하는 제조업자 등의 경우에는 직업윤리

---

5) 에밀 뒤르켐, 위의 책, 56쪽.
6) 에밀 뒤르켐, 위의 책, 58쪽.

가 매우 초보적인 형태로 존재할 뿐이다. 그러나 공적인 성격을 갖는 직업들의 경우 고유의 통일성, 규정 등에 의해서 한층 강화된 윤리를 요구하고 있다. 군대, 교육, 법조계, 정부 이외에도 이익을 옹호하는 결사체 또는 조합체에 의해 기능적 활동을 하는 이들은 세부사항을 규제하는 경우가 많다. 어느 사회에서나 고도의 전문가 집단들은 남다른 단결을 보일 때가 많은데, 이런 단결이 윤리적 의무로 연결될 필요가 있다. 의무를 수반하지 않는 권리 주장은 소위 '집단 이기주의'에 지나지 않기 때문이다.

5. 덕의 윤리와 직업소명

1) 직업소명의 전통

직업윤리와 관련된 여러 논의 중에서 직업 소명은 전통적인 논의이며, 덕의 윤리와도 관계되는 문제이다. 예를 들어 환자들은 자신을 담당하고 있는 의사가 좀 더 인격적이기를 요구한다. 이와 같이 전문 직업인으로서의 인격성과 내면적 덕스러움을 요구하는 경우가 많다. 이는 일반적인 도덕적 관점보다 '직업상의 가치'를 더욱 중시하는 것처럼 여겨지는 부분에 대한 연구를 통해 직업윤리의 성격을 규명하고자 했던 프리드만 등의 경우에서도 볼 수 있다.

윤리학 전통에 있어서 '의무 판단(deontic judgements)'과 함께 '덕성 판단(aretaic judgements)'의 흐름이 있다. 즉 덕성판단이란 사람, 성품,

동기, 의도, 행적 등에 관해서 그것들이 도덕적으로 선하거나 악하며, 책임 있는, 비난받을 만한, 존경할 만하거나 비열한, 유덕하거나 부덕하다는 등의 판단을 하는 것이다. 그런데 덕이란 단순히 매력이나 수줍음 같은 인간 성격의 특성이라기보다는 인격의 특성이다.[7] 즉 단지 특정한 방식으로 생각하고 느끼는 성향이 아니라, 특정한 종류의 상황에서 특정한 종류의 행위를 하는 성향까지 내포하고 있는 것이다. 직업윤리는 이 부분에 관심을 갖는다. 윤리학의 거시적 두 흐름이라고 할 수 있는 의무론과 목적론에 있어서도 양쪽에서 중요한 개념으로 자리잡고 있음을 뜻할 수 있다. 또한 도덕적 원칙과 인격적 성향도 상보적인 것이라고 볼 수 있으며, 이 문제는 결국 "어떤 인간이 되느냐"에 관한 문제를 함축한다고 볼 수 있다.[8]

사실 도덕이란 일차적으로 원칙보다는 인격의 성향이나 품성을 계발하는 것과 관련된 것으로 생각되는 경우가 많다. 스테픈(L. Stephen)은 이렇게 말하고 있다. "도덕이란 내면적인 것이다. 도덕법칙은 '이렇게 히리'는 식이기보다는 '이렇게 되라'는 식으로 표현되어야 한다. …… 도덕 법칙을 진술하는 유일한 방식은 인격의 법칙이 되어야 한다는 것이다."[9]

전통적인 철학자들은 인간의 보편성을 전제하고 올바른 하나의 인간관이 가능하다고 생각했으며, 보편적이고 절대적인 하나의 도덕이

---

7) W. Frankena, 황경식 역, 『윤리학』(서울: 종로서적, 1984), 109쪽.

8) Ibid., 122쪽.

9) Leslie Stephen, *The Science of Ethics*(New York: G. P. Putnam's Sons, 1882), pp.155~158. Ibid., p.112에서 재인용.

론을 성립할 수 있다고 믿어 왔다. 물론 인간의 고정된 인간성을 인정하지 않는 사람들도 많이 있다. 윤리는 결국 도덕적 상대주의로의 귀결이 불가피하다는 것이 마르크시즘의 입장이며 포스트모더니즘 사상가들에게도 그런 경향이 보인다. 그런 입장들은 인간성이 넓은 의미의 제도적 용인에 의존하고 그들의 함수로써 성립하며, 이러한 제도적 요인들은 시대와 역사에 따라 다양성을 보이기에 인간성도 시대와 역사에 따라 매우 상대적이라고 보고 있는 것이다.[10] 그러나 덕을 소유한 인간이 도덕적 주체가 되어야 함은 부정할 수 없는 사실이다.

2) 니버의 '아가페'

덕의 윤리와 관련하여 논의될 수 있는 많은 내용들 가운데 라인홀드 니버의 '아가페 사랑(agape love)'를 생각해 볼 수 있다. 라인홀드 니버는 원리로서의 정의와 실천으로서의 사랑을 동시에 강조했다. 니버는 어떤 정의가 단순히 정의만을 고집한다면 이미 변질된 것이라고 하면서, 정의에 기초한 요구가 단순히 자기 이익의 계산에 집착하는 길로 빠지는 것을 막기 위해서는 아가페 사랑을 필요로 한다고 주장하고 있다.[11]

---

10) 어떤 고정된 인간성이 있다는 것은 부인하더라도 여러 도덕이론 간의 선택범위를 좁혀 줄 수 있는 합당한 인간관에 이르고자하는 제3의 입장은 가능할 것이다. 이런 측면에서 논의되는 것들은 인간의 합리성, 자율성, 자기 동일성 등이 있을 수 있다. 황경식은 도덕적 관점에서 실질적 함의가 보다 희박한 넓은 의미의 인간관에서 그 기능을 찾고 있다. 황경식, 앞의 논문 373쪽 참조.

11) Gordon Harland, *Thought of Reimbold Niebuhr*(New York: Oxford University Press,

니버는 정의와 사랑을 동시에 강조하고 있다. 사랑 없는 정의는 단순히 권력의 균형에 불과하다. 그러나 실제로 니버의 윤리를 수용하는데 있어서도 사회제도 및 제반 힘의 요소를 강조하다 보면 개인의 의지 및 책임성 등은 결과적으로 간과되는 경향이 있다. 이는 사회윤리란 용어의 함축을 오해하거나 남용한데서 온 결과로도 볼 수 있을 것이다. 즉 현대의 주요 문제들을 윤리적으로 논의하기 위해서는 제도 및 구조에 관한 문제를 도덕이론으로 수용하게 되는데, "사회윤리가 윤리의 영역에 남아 있기 위해서는 결국에는 도덕적 행위의 주체인 인간의 의식이나 행위와 어떤 방식으로든 관련을 맺지 않을 수 없는 것"임을 상기해야 할 필요가 있다. 만일 도덕이나 당위가 그것을 담지 할 수 있는 인간 주체와 아무런 관련을 맺지 않을 경우에 구조나 체제 자체의 도덕성이 어떤 의미를 갖는지 이해하기 어려우며 실질적인 내용이 없는 공허한 말이 되고 만다.[12] 사실 사회윤리는 개인의 책임을 사회적, 집단적인 맥락에서 재규정 하는 것이며, 구조나 제도의 도덕성은 집단적 맥락에서의 개인에 대한 평가를 의미한다.

또한 기독교윤리에서 직업과 관련되어 논의되는 전통적 주제는 '소명'이다. 지금은 너무나 당연한 것으로 여겨지는 '일'이 고대사회에서는 '경시' 받았음을 생각해 볼 필요가 있다. 플라톤의 관점도 노동에 대한 경시를 노골적으로 보여주는데, 그는 유기체적 사회관에서 국가의 머리, 가슴, 하복부를 구분하고 있다. 그리고 각 부분에 해

1960), p.25.

12) 황경식, 「사회윤리와 책임 귀속의 문제」, 『개방사회의 사회윤리』(서울: 철학과현실사, 1995), 14쪽.

당하는 신분의 세 가지 구분은 노예제도를 기반으로 하고 있었던 당시 아테네 사회의 경제적 측면을 반영하고 있다. 그는 국가(Republic)의 통치계급에게는 이성적인 지혜의 덕을, 국가의 수호 계급인 전사들에게는 용기의 덕을, 국가의 생산계급인 노예들에게는 절제의 덕을 담지시킴으로써 경제생활의 기반이라고 할 수 있는 육체적인 직업 노동을 경시하는 경향을 보여주고 있다.

중세 후기의 길드나 도제 관계 등에서도, 운영상의 차이점이 나타나긴 했지만 여전히 고대사회가 추구해오던 정신적인 명상의 우위와 육체적 노동 경시의 전통이 이어지고 있었다. 그런데 종교 개혁자들은 직업을 포함한 사회문제 전반에 대해 개혁의 필요성을 대두시켰다. 개혁자들의 직업 개념은 직업의 역사에 있어서 상실되었던 직업의 의미를 회복시켰다. 루터가 제안한 직업 소명은 성속의 이분법을 넘어서서 일상의 모든 직업이 하나님의 부르심과 관련되어 있다는 주장이다. 그는 개개인의 직업을 단순히 경제적 필요를 충족하기 위한 행위로 간주하는 것이 아니라 일종의 소명으로 보았다.

3) 종교개혁가들의 직업윤리

칼빈에게 있어서도 직업소명은 세속적 금욕의 정신으로 더욱 강화되었다. 인간은 전적으로 타락한 부패된 존재로 하나님의 절대적 선택과 은총에 의하지 않고는 구원에 이를 수 없다는 하나님 주권사상이 칼빈의 신학을 대변하는 개념이다. 따라서 인간이 구원 이후에 행하는 모든 일은 그리스도를 닮아가는 삶으로서 가치를 갖는다. 칼빈은 인간의 직업노동을 포함한 모든 행위는 하나님의 영광을 위하여 행위 하는 것이 되어야 한다고 주장하였다. 직업이란 단순히 생계를 위한 것이 아니라, 그리스도를 따르기 위한 삶의 표현이며 사치와 낭비를 배격하고 근면 성실하게 직업에 충실하는 금욕적 정신을 실천하는 통로가 되어야 한다는 것이 칼빈의 직업관이다.

종교개혁자들의 직업소명 개념이 갖는 의의는 성속의 이중 구도를 전제하던 중세적 사유를 폐기하였다는 것이다. 즉 소명의 개념이 성직자뿐 아니라 모든 직업군으로 확대된 것이다. 루터는 이렇게 말했다. "당신이 집에서 하고 있는 일은 당신이 마치 하늘에서 하나님을 섬기는 것만큼이나 소중한 가치가 있다. 왜냐하면, 하나님께서는 우리가 하나님의 말씀과 계명에 일치하는 이곳 땅 위에서의 소명이라 여기며 행하는 것들을 마치 우리가 하늘에서 하나님을 섬기는 것처럼 간주하시기 때문이다." 직업 소명의 의식은 윤리 상실의 위기에 처한 전문 직업인들 및 일을 갖고 살아가는 모든 사람들이 제자리를 찾게 하는 시발점이 될 수 있을 것이다.

6. 사회윤리학적 시각과 윤리위원회

1) 사회윤리적 접근의 특징

의료인 등 전문직 직업윤리와 관련된 논의에서 사회윤리학적 시각을 갖는다는 것은 무엇을 의미하는가? 라인홀드 니버는 개인 및 집단의 이기심에서 비롯되는 한계 때문에 윤리적 이상의 실현을 위해서는 개인윤리와 철저하게 구별되는 사회윤리의 개념 정립 및 이에 기초한 방법적 적용이 절실하다고 주장했다. 사회윤리란 말은 이미 우리 사회에서 널리 쓰이고는 있지만, 상식적인 면에서 생각하는데서 오는 오해가 많기 때문에 그 개념을 분명히 할 필요가 있다. 고범서 박사는 이렇게 설명하고 있다. "사회윤리학은 개인윤리의 사회적 영역에의 연장에 의해서가 아니라 사회적 시스템이나 구조와의 관련성 속에서 문제를 다루어야한다는 특성을 가지고 있다는 사실을 밝힌 것에 주목해야 한다."[13]

사회윤리학의 특징은 기본적으로 사회적 질서에 관한 문제를 다룬다는 점이다. 즉 윈터(Gibson Winter)가 말한 바와 같이 사회윤리학은 사회적 질서의 문제들, 즉 인간 공동체의 조직과 사회적 정책의 형성에서의 선, 옳고 그름, 당위 등을 다룬다. 따라서 사회윤리학의 기본적인 주제는 인간 사회 형성에서의 도덕적 옳음과 선이다. 그러나 여기에 그치지 않고 사회윤리학은 개인과 사회의 '관계'를 다룬다. 개인의 도덕적 의식이나 도덕성이 사회 혹은 사회적 시스템의 도덕성과 불가분의 관계를 가지고 있다고 본 것이다. 개인윤리의 한계를 극복하기 위해서는 사회윤리적 접근 방법이 필요한데, 전체적으로 다음과 같은 특징을 갖고 있다.

첫째로, 사회윤리적 접근은 예측할 수 있는 결과, 특히 사회적 결과를 현실적으로 문제삼고 추구한다. 사회윤리는 사회적 결과를 중시하는 일종의 목적론적 윤리라고 할 수 있다. 심성에 치중하는 윤리는 인간의 무력한 자의적 내면성을 드러내주기는 하지만, 개인윤리와 사회윤리는 상호보완적인 입장에 서야한다. 우리 사회가 윤리

---

13) 고범서, 『개인윤리와 사회윤리』(서울: 한국신학연구소, 1983), 31쪽.

적 접근방법과 해결방식에 있어서 개인윤리적 방법에 치중해온 측면이 강한 것은 니버의 지적과 유사하므로 여전히 사회윤리적 접근 방법을 강조할 필요가 있다.

둘째로, 사회윤리적 접근은 도덕적 행위나 문제의 사회적 원인을 문제삼고 그 극복을 추구한다. 도덕적 행위자 개인들에 대한 도덕적 자각의 호소만으로 사회적 원인과 유기적 관계를 가지고 있는 윤리적 문제들을 해결하려는 시도는 환상으로 끝나기 쉽다. 니버는 역사를 통해서 이런 접근들이 도덕적 감상주의로 끝난 경우가 많았음을 예리하게 비판했던 것이다.

셋째로, 사회윤리적 접근은 사회적 원인의 해결이나 제거를 사회적 정책이나 제도 또는 체제의 차원에서 시도한다.[14] 윤리가 단순히 기존의 보수적 사고방식에 근거한 체제 유지에 감상적으로 빠질 경우 개혁과 발전을 기대하기는 어렵다. 특히 한 사회의 주요한 윤리적 문제는 정치적-정책적 결단을 요구하며, 사회 시스템 전반의 근본적인 재검토를 요청하는 경우가 대부분이다.

넷째로, 사회윤리는 정치적 방법을 이용하여 문제를 해결하려고 시도한다. 정치나 전략이란 용어가 전통적인 개인윤리적 사고에 익숙한 사람들에게는 낯설고 부담스럽게 느껴질 수도 있다. 그러나 정치는 '힘'과 관계된 포괄적 의미를 갖고 있다. 니버는 『도덕적 인간과 비도덕적인 사회』 등에서 인격이 집단화되었을 때 나오는 이기심을 지적하였다. 예를 들어 집단적인 힘이 약자를 착취할 경우에는

---

14) 인간중심주의적 윤리학자인 맥클로스키(McClosky)의 경우를 보더라도 환경 문제의 해결에 있어서 '정책'의 중요성을 강조하고 있다. 황경식 · 김상득 역, 『환경윤리와 환경정책』(서울: 법영사, 1990)을 참고할 수 있다.

힘으로 대항하지 않는 한 그 문제가 결코 해결 될 수 없다는 것을
강조하고 있다. 니버는 그의 저서에서 이렇게 말하고 있다.

> 사회는 영구적인 전쟁 상태에 놓여 있다. 지극히 친밀하고 직접적인
> 사회 집단들을 제외하고는 강제력에 의존하지 않고 사회생활을 조직할
> 수 있는 도덕적이고 합리적인 자원은 없다. 사람들은 여전히 힘에 의해
> 일시적인 강제적인 통일은 달성하지만 시간이 지나면서 더 큰 갈등을
> 야기하게 될 개인들, 계급들, 국가들의 희생물로 남아 있게 된다. 사회
> 에서의 강제적 요인은 필요하면서도 위험하다는 사실이 평화와 정의를
> 보장해야 할 전체적인 과정을 아주 어렵게 만든다.[15]

다섯째, 사회윤리는 상황 및 콘텍스트와의 관련성에서 윤리적 문
제를 다룬다. 동일한 개념으로 쓰이기도 하지만, 플레쳐(Joseph Flecher)
의 상황(situation)과 레만(P. Lehman)의 콘텍스트(context)는 조금 다른
의미가 있다. 전자가 주로 시대적 변화로서의 상황을 말하는데 반해,
후자는 원래 신의 역사 형성과 전개에 따른 변화적 맥락을 의미하였
다. 즉 레만은 기독교적 맥락에서 콘텍스트란 말을 사용한 경우가
많다고 할 수 있다. 이런 면에서 니버의 사회윤리는 상황윤리보다는
콘텍스트 윤리라고 보아야 할 것이다.

그러나 개인윤리와 사회윤리는 배타적이고 모순되는 것이 아니라,
상호 의존적이고 보완적임을 강조할 필요가 있다.[16] 얼핏 보면 사회윤
리가 법과 강제로 뒷받침을 받기 때문에 도덕적 자율과는 명백히 반

---

15) R. Niebuhr, *Moral Man and Immoral Society: A Study in Ethics and Politics*(New York:
   Charles Scribner's Sons, 1932), pp.19~20.
16) 고범서, 『사회윤리학』(서울: 도서출판 나남, 1993), p.59.

대되는 성격과 한계를 갖고 있다고 할 수 있다. 그러나 부분적으로 그런 성격과 한계가 드러날 수는 있지만, 이는 극복해야 할 부분적인 문제이다. 어떤 면에서 개인윤리적 전 이해와 인간 본성에 대한 깊은 통찰을 배제한 사회윤리는 공허한 형식주의나 이데올로기가 되기 쉽다.

현대사회는 포스트모더니즘의 영향 아래 자본주의적 정신과 기술문명이 가져온 윤리적 황폐화에 직면해있다. 여러 면에서 문제가 대두되고 있지만, 가장 기본적인 것이 생명 경시의 사상이다. 생명은 그 특징을 여러 차원에서 설명할 수 있으며 여러 신비한 부분들을 포함하고 있는 것이 사실이다. 환경적(environmental)이란 용어대신 생태계적(ecological)이란 표현이 의도적으로 많이 사용되고 있기도 하지만, 환경 오염과 자연파괴, 자원의 고갈 등은 결국 생명의 존재 자체에 대한 위협이 되고 있다. 한스 요나스(Hans Jonas)는 '책임윤리'를 논하면서 현세대 뿐 아니라 미래세대에 대한 책임을 언급한 바 있는데, 진정한 책임의 주체는 인간일 수밖에 없다는 면에서 윤리적 인간상의 새로운 정립이 필요하다.[17)

2) 기독교현실주의

이런 면에서 라인홀드 니버의 기독교현실주의(christian realism)는 사회적, 정치적 상황에 있어서 기존 규범에 저항하는 모든 요인을 고려하려는 경향, 특히 자기의 이익이나 권력의 요인을 고려하는 경향을

---

17) Hans Jonas, 이진우 역, 『책임의 원칙: 기술시대의 생태학적 윤리』(서울: 서광사, 1994) 참조.

의미한다.[18] 즉 니버는 인간의 본성과 역사에 대한 이해를 기초로 인간의 사회적 현실 속에서 인간의 도덕성과 이성의 역할을 다루며, 나아가 사회의 제 세력의 실체, 행위, 상호 작용의 관계를 다루고 있다.

특히 니버는 앞에서 논의된 바와 같이 인간의 자기중심성이 집단적인 차원에서 더 강해지는 경향이 있음을 강조한 바 있다. 한 집단이나 공동체에 있어서 이기심이 한 집단과 다른 집단 사이에 갈등을 야기하는 원인이 될 수 있으며, 이런 면에서 사회는 한 개인이나 집단이 손해를 보지 않도록 제도적인 보완을 할 필요가 있다. 니버를 현실주의자라고 부르는 중요한 이유는 그가 사랑과 정의를 실현하기 위한 구체적인 기독교윤리적 전략을 갖고 있기 때문이다. 즉 어떻게 하면 이기적인 정치적 사회적 현실 가운데서 정의를 구현할 수 있는가에 대한 구체적 전략을 제시한 것이다.

그는 정의를 성취하는데 있어서 인간 이성의 역할을 강조한다. 이성이 인간들로 하여금 한쪽으로 치우치지 않는 시각을 제공해 줌으로써, 사회생활에서 자기 욕심을 억제하고 공동체의 시각에서 개인적인 주장들을 판단할 수 있게 하는 기능을 한다.[19] 여기서 니버는 사회적 악이 엄연히 존재하는 현실 속에서 이성은 사람들이 바르게 살아갈 것을 일깨우는 기능을 한다고 강조하고 있다.

그런데 니버의 현실주의는 인간이 죄인이라는 한계를 갖고 있기 때문에 이성이 오염되어 있으므로 합리적이고 이성적인 계산이 결국

---

18) R. Niebuhr, *Christian Realism and Political Problems*(New York: Charles Scribner's Sons, 1953), p.114.

19) Gordon Harland, *The Thought of Reihold Niebuhr*(New York: Oxford University Press, 1960), p.49.

은 자기의 이익 추구와 편파성을 드러내고 있음을 간과하지 않는다. 즉 인간은 이성적인 힘을 갖고 있지만, 동시에 이기심과 욕망을 초월할 수 없는 존재라는 것이다. 따라서 니버는 이미 이익 추구의 노예가 되어 있는 대다수의 인간들 때문에 이성적인 계산, 설득 및 호소로 사회 불의를 조절하며 궁극적으로 정의를 이루겠다는 것은 순진한 생각에 지나지 않는다고 강조하고 있다.[20] "모든 인간 집단은 개인과 비교할 때 충동을 올바르게 인도하고 때에 따라 억제할 수 있는 이성과 자기 초월의 능력, 다른 사람들의 필요를 이해하는 능력이 훨씬 결여되어 있다. 집단을 구성하고 있는 개인들이 개인적 관계에서 보여주는 것보다 훨씬 심한 이기주의가 모든 집단에서 나타난다."[21]

이런 맥락에서 니버의 사회윤리는 힘을 통한 견제와 균형의 중요성을 강조하고 있다. 실제로 인간 사회에서 발생하는 대부분의 분쟁들은 양심이나 도덕에 호소하는 방법을 통해서가 아니라, 힘에 호소해서 다스리는 정치적인 해결 방법에 의존할 수밖에 없다고 주장하는 것이다. 니버는 도덕적 낙관주의자들이 집단적 행동 가운데 자연의 질서에 속하면서도 이성이나 양심의 지배하에 완전히 들어오지 못하는 요소들을 파악하지 못했다고 비판했다. 즉 니버는 도덕적 낙관주의자나 이상주의자들이 인간 사회에 있어서 정의를 세우기 위해서는 정치적인 도구나 체계가 필요하다는 것을 간과하였음을 지적하

---

20) R. Niebuhr, *The Moral Man and Immoral Society*, p. x x iii.
21) *Ibid.*, pp. xi- xii.

였다. 이 지적은 현대사회에서도 여전히 유효하다고 볼 수 있다.

니버는 인간의 이성이 항상 어느 정도는 사회적 상황 내에서의 이해 관계에 종속되기 때문에 사회적 불의는 교육자나 사회과학자들이 일반적으로 믿고 있는 것처럼 도덕적이고 합리적인 권고만으로는 해결 될 수 없다고 본다. 따라서 이러한 갈등 상황에서 힘에 대해서는 힘으로 맞서야 사회윤리적 문제의 해결이 가능한 것이다. 니버는 집단이기주의에 관해 언급하면서 정치적 전략의 필요성을 다음과 같이 강조하고 있다.

> 오늘날 중산층의 문화에서 횡횡하고 있는, 인간 덕성과 도덕 능력에 대한 낭만주의적 과대평가는 언제나 사회적 시각들에 대해 비현실적인 찬양을 낳는 것은 아니다. 오히려 현재의 사회적 상황에 대한 평가는 지극히 현실주의적 시각에서 행해진다. 그러나 새로운 교육이나 종교 부흥에 의해 미래는 갈등이 불필요해질 것이라는 소망이 나타난다……. 오늘날의 문화는 인간관계에 있어서 집단이기주의가 갖는 힘과 범위 그리고 지속성을 깨닫지 못하고 있다. 한 집단에 속하는 개인들 간의 관계를 순전히 도덕적이고 합리적인 조정과 설득에 의해 확립하는 일은, 비록 쉽지는 않을지라도 전혀 불가능한 일은 아니다. 그러나 집단과 집단 사이에서는 이런 일이 결코 이루어질 수 없다. 집단들과의 관계는 항상 윤리적이기보다는 지극히 정치적이다. 즉 그 관계는 각 집단의 필요와 요구를 비교 검토하여 도덕적이고 합리적인 판단에 의하여 수립되는 것이 아니고 각 집단이 갖고 있는 힘의 비율에 따라 수립되는 것이다. 정치적 관계에 있어서 강제적인 요인들을 순수하게 도덕적이고 합리적인 요인들과 명확하게 분리하여 구분짓거나 정의할 수 없다.[22]

---

22) *Ibid.* pp.xx~xxii.

3) 집단의 비도덕성

니버는 1920년대 미국의 디트로이트 지역 목회 활동을 통해서 자유주의적 기독교의 가르침과 주장이 현실 사회의 인간을 이해하는데 있어서 얼마나 비현실적이고 무력한 것인가를 깨닫고, 자유주의적 낙관주의를 버리게 되었다는 평가를 받는다. 그는 구체적으로 개인의 영리와 이익을 우선하는 고용주의 모습을 보면서 이상주의적 사랑이 현실 사회 속에서 참으로 무기력하다는 것을 절감하였던 것이다. 니버는 이런 무기력함이 정치적, 경제적 현실을 제대로 이해하지 못하는데 기인하고 있다고 보고, 이 현실 사회에서는 결코 사랑의 이상이 인간들을 통해 완전하게 실현될 수 없다고 결론을 내렸다. 따라서 그는 이기적인 정치 현실 속에서 사랑을 실천하기 위해서 정의(justice)라는 도구가 필요함을 역설하였고, 그 개념을 발전시켰다. 즉 그는 정의를 복잡한 정치 현실과 이상적 사랑을 연결시킬 수 있는 매개체라고 보았던 것이다.

니버는 인간의 역사에서 사회적 각성과 도덕적 선의지의 증가가 사회적 갈등의 야만성을 완화시키는데 도움이 된다하더라도, 그것들로 갈등 자체를 제거할 수는 없다고 보았다. 즉 이러한 국가 혹은 경제 집단 내에 있어서 갈등의 제거는 인간들이 어느 정도 이성과 동정심을 발휘할 수 있고 도덕적 선의지를 갖고 있다는 것을 전제로 한다. 그러나 완전한 해결은 인간 본성의 불가피한 한계 및 상상력과 지성의 한계를 고려해볼 때, 여전히 불가능하다고 볼 수밖에 없는 하나의 이상인 것이다.

사실상 개인이나 집단들 사이의 관계는 기본적으로 이해관계에 뿌리를 두고 있기 때문에 자신의 이해관계를 떠난 윤리적 해결을 기대하기는 힘들다. 따라서 서로 갈등하는 이해관계들을 해결하기 위해서는 인간에 대한 냉철한 통찰과 새로운 방법의 제시가 요청되는 것이다. 인간의 정신력과 상상력은 많은 한계와 제약을 받고 있으며, 개인적인 이해관계를 초월하여 동료 인간들의 이익을 자기의 이익만큼 충분히 고려할 수 없으므로 불가피하게 강제력을 사용하기도 한다. 즉 인간들은 사회적 관계에 있어서 피할 수 없는 근원적 이기심과 집단과 관계된 힘의 영향을 받는다.

의료인의 직업윤리를 사회윤리적 시각에서 바라볼 때, 의료 문제와 관련되어 한 개인에게 지나친 책임과 부담이 집중되는 것을 막아주는 '병원윤리위원회' 제도는 매우 절실한 것으로 사료된다. 예민한 의료 행위나 정책관련 문제의 결정에 있어서 개인이나 집단의 이기심에 기초한 결정을 막아주며, 갈등의 양상을 나타낼 수도 있는 문제들을 해결하는 합리적 체계의 하나이기 때문이다.

미국은 1980년대 중반부터 각 병원에 병원윤리위원회가 설치되고 있으며,[23] 우리나라의 경우에도 1990년 이후에 대형 병원을 중심으로 위원회가 구성되어 있으나 활동은 아직은 미약한 수준에 있다. 성산생명연구소 홈페이지에 일부 자료를 공개한 단국대학교 병원의 경우처럼, 그 구성과 운용에 있어 상당히 적극성을 보이는 기관이 있는 것은 매우 바람직한 사례라고 할 수 있다.

---

23) 우리나라 종합병원의 81%가 설치하고 있는데, 대부분은 1990년 이후에 조직되었다. 83%가 원내 의료진 및 행정직, 23%는 성직자, 변호사는 8%가 참여하고 있는 것으로 조사된 바 있다. 한국의료윤리학회 편, 『의료윤리학』(서울: 계축문화사, 2001) 216쪽 참조

7. 의료인의 윤리적 책임

지금까지 직업 소명, 면허제도 등에 대한 윤리학적 고찰 및 의료인에게 요구되는 덕성의 윤리 및 기독교 사회윤리적 시각의 필요성 등을 전개해 보았다. 이상의 논의를 정리하면서 전문직 윤리와 관련하여 다음과 같은 제안을 하고자 한다.

첫째로, 덕성 윤리로서의 의료인 직업윤리가 더욱 강화되어야 할 것이다. 의사는 전문직으로서 누구보다도 고도의 도덕성과 인격적 성품을 요구받고 있음을 여러 근거를 통해 살펴 보았다. 따라서 최근 강화되고는 있지만, 아직도 부족한 의과대학에서의 윤리교육을 더욱 제도화시켜야 한다. 다양한 딜레마에 봉착하는 의료현장에서 도덕적 결단을 하는데 있어서 충분한 예비적 교육을 받을 기회를 제공해야할 것이다. 특히 포스트모더니즘적 가치관 및 기술에 대한 낙관주의적 세계관은 우리를 지배하고 있는 가장 위협적인 존재이다. 대부분 의료인들이 직면하고 있는 윤리적 딜레마들도 결국 이런 세계관과 연관되는 문제이기 때문에 지엽적으로 생각할 것이 아니라, 가치 및 세계관 차원에서 생명에 대한 문제로 다루어야 할 것이다.

둘째로, 의료인들은 작은 문제에서부터 시민들의 신뢰를 받을 수 있는 행동을 하여야 한다. 일부분이기는 하지만 의료보험제도와 관련한 집단이기주의로 비추어지는 행동 및 진료비의 부당 청구 행위 등은 의사집단 자체 내에서 우선적으로 막아야 할 것이다. 아울러 한국누가회 등 의사 단체 내에서 전개하고 있는 '리베이트 안 받기 운동' 등은 더욱 강화되어야 하며 인도주의실천 의사협의회 등의 활동도 세계적인 인권단체로 인정받고 있는 '국경 없는 의사회'의 경우처럼 더욱 발전되어야 한다.

셋째로, 각급 병원에 구성되고 있는 병원윤리위원회의 활동이 더욱 활성화되어야 할 것이다. 아직도 그 성원에 있어 병원 자체의 인력비율이 높은 경우에는 윤리학자, 성직자, 법조인의 참여가 더욱 활성화되어야 한다. 또한 개인의 인권 침해 소지가 없는 한 회의에 관련된 자료를 공개함으로써 여러 병원 및 의료인들이 사례와 결정을 공유하는 분위기를 형성해야할 것이다. 아울러, 정부 당국의 정책입안과 사법부의 결정에 있어서 병원윤리위원회의 심의를 거친 결정은 기본적으로 의사 등 개인의 책임을 면책하는 조치를 취함으로써 병원윤리위원회의 활성화를 도와야 할 것이다.

넷째로, 기독 의료인의 더욱 적극적인 생명윤리 의식과 사회제도적인 변화 추구가 필요하다. 개인의 신앙과 직업현장에서의 윤리적 결단 및 실천은 일원화되어야 한다. 하나님의 형상으로 창조된 인간에 대한 존중 및 생명 존엄의 사상, 인간에 대한 생사여탈권의 불인정 등은 단순한 구호로서가 아니라, 의료 현장 속에서 꼭 지켜져야 할 준엄한 하나님의 명령이다. 또한 이를 방해하는 사회구조적인 문제나 쟁점들을 공론화하여 그 해결책을 찾아야 한다.

속편이 제작되기도 한 <스파이더맨>[24]이란 영화가 있다. 그 전개는 매우 황당했지만 한 가지 기억에 남는 대사가 있다. 스파이더맨이 되어 전에 없던 힘을 남용하고 있는 영화 속의 주인공 피터를 향

---

24) <스파이더맨(Spider-Man: The Motion Picture)>, 2002년 5월 3일 개봉, 감독: 샘 레이미, 상영시간 121분.

해 그의 삼촌이 이렇게 말했다. "큰 힘에는, 큰 책임이 따르는 법이다." 발전하는 생명공학 및 의료현장의 상황 속에서 대표적 전문직인 의료인들에게는 더 큰 책임이 부여되고 있다. 혹자는 개인적으로 풀 수 없는 우리 사회의 공동의 문제라고 치부하기도 할 것이다. 그러나 결국 우리 사회의 문제는 개인의 도덕적 노력에 기초한 해결 없이는 결코 풀어질 수 없는 문제이기도 하다.

참고문헌

김상득, 『생명의료 윤리학』, 서울: 철학과 현실사, 2001.

김일순 외, 『의료윤리의 네 원칙』, 서울: 계축문화사, 1999.

문국진, 『생명윤리와 안락사』, 서울: 여문각, 1999.

문시영, 『생명복제에서 생명윤리로』, 서울: 대한기독교서회, 2001.

한국의료윤리교육학회, 『의료윤리학』, 서울: 계축문화사, 2001.

윌리엄 슈바이커, 문시영 역, 『포스트모던시대의 기독교윤리』, 서울: 살림출판사, 2003.

Charles W. Colson and Nigel M. de S. Cameron, ed. *HUMAN DIGNITY IN THE BIOTECH CENTURY*. Inter Varsity Press, 2004.

R. M. Hare. *ESSAYS ON BIOETHICS*, CLARENDON PRESS · OXFORD, 1993.

제9장

배아줄기세포 연구 관련 윤리논쟁과 기독교신앙

1. 생명윤리의 필요성

생명 및 의료윤리(bio-medical)는 성격상 복잡한 문제 들을 함축하고 있으며, 그 논의에 있어서 상당히 전문적인 지식과 경험을 필요로 하는 특별한 분야이다. 그러나 동시에 우리의 일상생활 가운데서 폭넓게 발생하고 있으며, 윤리적 결정을 촉구하고 있는 문제이기도 하다. 2005년 2월 미국에서 있었던 영구식물인간 상태의 테리 시아보와 관련된 문제의 경우,[1] 우리나라 실정에서도 비슷한 경우가 야기되고 있

---

[1] 이 사건은 2005년 2월 미국의 플로리다 주 지방법원이 시아보 남편의 요구를 받아들여

는 문제이기도 하다. 생명공학 분야의 상당한 기술적 진보를 이루고 있으며 세칭 '시험관아기'[2]가 널리 행해지고 있는 현실 속에서 부각되고 있는 문제 중의 하나는 배아 줄기세포의 연구와 관련한 문제일 것이다.[3] 기독교윤리의 과제는 그 시대의 사회적 문제에 대한 응답이기에, 이 문제에 대한 기독교적인 통찰과 이해를 필요로 한다.

그런데 생명윤리 분야의 여러 주제 중에서도 배아 줄기세포 관련 문제는 안락사, 치료 중단 및 포기, 임신 중절 등의 문제보다도 훨씬 복잡하고 난해한 내용들을 함축하고 있다. 이 분야의 연구 및 논의가 부족한 데에는 여러 원인이 있겠지만, 그중 하나가 그 개념 및 용어, 기술적 과정 등의 복잡성과 난해성에 기인하고 있음을 간과할 수 없을 것이다. 이제 기독교윤리의 응답 및 주장이 현대과학 기술이나 의료적 진보에 대한 단순한 발목잡기로 여겨져서는 결코 안 될 것이다. 현실적으로 적용 가능한 윤리적 지침을 제공할 수 있어야 한다는 측면에서, 배아 줄기세포 연구 관련 윤리 논쟁의 내용을 개략적으로 살

급식튜브 제거를 판결한 일이다. 1990년 테리 시아보는 26세였을 때 거식증으로 인해 저칼륨혈증에 빠져 심장이 일시 정지하여 15분간 뇌혈류 공급이 중단돼 식물 간 상태에서 15년간 영양 공급 튜브에 의존해 연명해왔다. 당시 시아보의 남편은 의사를 상대로 소송을 제기해 100만 달러를 배상금으로 받았으며, 아내의 급식 튜브를 제거해 달라는 법원 소송을 통해 튜브 제거 명령을 받아냈다. 시아보의 부모와 종교계의 강력한 반대에도 불구하고 시아보는 급식 튜브를 제거한 지 2주 만에 결국 사망하고 말았다.

2) 난소 내에 있는 난자를 인위적으로 흡인하여 인위적으로 받은 정액과 배양 접시(시험관) 내에서 혼합하여 수정이 일어나게 한 다음 수정란(胚)을 인위적으로 질을 통하여 자궁강 내에 이식하여 착상시켜 임신케 하는 방법이다.

3) 2005년 4월 29일 광주 광신대학교에서 한국복음주의신학회 제45차 정기 논문발표회가 열렸는데, 그 주제는 21세기 세속화 시대와 기독교신앙- 배아줄기 세포의 연구와 생명 윤리-였다. 기독교윤리학 분과에서는 장도곤 교수의 발제가 있었으며, 필자가 논평을 맡았다. 본 논문의 일부는 논평문 중에 언급되었음을 밝히며, 좋은 논문을 발표한 장도곤 교수께 감사를 표한다.

펴보고 그에 대한 바람직한 입장 정리 및 해결책을 모색해 보고자 한다.

2. 배아 줄기세포 연구와 관련한 여러 문제들

1) 수정 후 14일설

배아 연구와 관련하여 가장 많이 논의되는 이론 가운데 하나는 '원시선(primitive streak)'의 출현을 기준으로 한 소위 '수정 후 14일설' 이다. 배아 복제나 줄기세포를 이용한 연구의 허용 여부와 관련된 연구 논문의 경우 대개 배아의 인격적 지위를 존재론적으로 살펴보고, 그 결과를 반영하여 줄기세포 연구가 적합한가를 윤리적으로 제시하는 경우가 많다. 우선, 첨예한 대결 양상을 보이는 이 문제에 있어서, 어느 한 쪽 논의에 편향되지 않고 배아 줄기세포를 이용한 연구를 찬성하는 측과 절대적으로 반대하는 입장 모두 귀 기울여 볼 필요가 있다.

장도곤 교수는 배아 줄기세포의 연구와 관련된 문제에 대해서 '언제부터 인간인가'라는 문제의 핵심에는 '배아가 인간인가' 혹은 '배아가 언제부터 인간인가'라는 존재론적인 질문이 들어 있다고 지적하고 있다.[4] 이와 관련하여 그는 '수정 후 14일설' 즉 수정란을 세포

---

4) 장도곤, 「배아줄기 세포의 연구와 윤리적 대안」, 『제45차 한국복음주의 신학회 논문 자료집』(서울: 한국복음주의신학회, 2005), 151쪽.

의 덩어리로 잠재성을 부정하여 배아연구를 찬성하는 이론과 수정란의 잠재성을 기초로 하여 배아 사용 및 연구를 반대하는 이론을 각각 소개한다. 우선, '수정 후 14일설'의 지지자들은 수정란이 '개체화 되는 시기'를 인간의 시작점으로 보기 때문에, 태속의 존재 중에 현대의학이 발견한 인간의 정체가 확정되는 시기를 인간이 되는 시기로 보는 것이 타당하다고 본다. 이들은 단순히 수정란을 인간 개체로 보는 것이 아니라, 발생학적으로 원시선이 출현하고 태아가 형성되기 시작하는 '수정 후14일'부터를 개체화의 시작으로 보는 것이다. 이런 경우 하나의 수정란에서 쌍둥이가 생성될 수 있는 가능성도 전거로 제시하는 경우가 많다.

반면에 수정란의 잠재성을 인정하는 학자들은 인간의 생명은 수태되는 순간부터 시작되는 것으로 보며, 특별히 그리스도께서 인성을 취하신 것이 "동정녀 마리아에게 수태되는 순간부터 임"을 주장한다.[5] 이들은 '수정 후 14일 기준' 등은 잠정적인 진리에 불과한 과학과 의학에 근거한 인간의 한정된 판단일 뿐이라고 말하며, 배아의 잠정적 생명체 됨을 강조하고 있다.

첨예한 대립을 피해서 중도적인 입장을 취하는 학자들도 여럿 있는데, 장도곤은 "생식세포와 성체세포의 기능이 모호해지는 현재의 상황에서 과학을 절대적인 기준으로 삼아 결정적인 판단을 내린다는 것은 우매한 처사이다"라며 과학과 조화되는 사상을 정립하고 삶의 방향을 제시하는 것을 신학과 윤리의 과제로 보는 다소 유연한 입장을 제시하였다.[6] 그는 배아 연구를 찬성하는 입장에 있는 학자로 피

---

5) 이승구, 『인간 복제, 그 위험한 도전』(서울: 예영커뮤니케이션, 2003), 23~24쪽.

터슨(Peterson) 등을 소개한다. 그들의 배아 연구를 잠재성을 근거로 반대하는 이들은 인간 생명과 인간 개체를 구별하지 못하고 있다[7]는 주장을 소개하면서, 동시에 잠재성에 근거하는 경우에 대해 피부 세포가 인간이 아니므로 배아도 인간이 아니라는 입장에도 비약이 있다고 비판하고 있다.

2) 인격주의와 비인격주의

배아의 연구적인 이용을 논의하는 경우에는, 철학적으로 인격주의와 비인격주의를 중심으로 전개되는 이론을 적용할 수 있다. 윤리학에서의 인격주의란 인간 존재와 인격을 동일시하는 것이다. 비인격주의는 인간 존재와 인격 존재의 동일성을 부정한다. 비인격주의 입장에 서 있는 동물권리(animal rights)론자로 널리 알려져 있는 공리주의자 피터 싱어(Peter Singer)는 모든 존재를 세 가지로 분류하는데, "무감각한 것, 감각은 있으나 자의식이 없는 것, 감각과 자의식을 가진 것"으로 설명한다.[8] 피터 싱어는 미래의 소망을 갖지 못하는 태아는 결코 인격이 아니기 때문에 인간처럼 생명권을 갖지 못한다는 입장이다. 그는 인간 중심적인 윤리설의 한계를 벗어나 생명 전체에 대한 폭넓은 관심을 갖고 있으나, 논리 전개상 배아에게는 생명권을 부여하지 못하게 된다.

---

6) 장도곤, 앞의 책, 157쪽.
7) 강도곤, 앞의 책, 156쪽.
8) 문시영, 『생명복제에서 생명윤리로』(서울: 대한기독교서회, 2001), 119쪽.

　인격주의에도 전개상의 차이는 있을 수 있는데, 현대의 인격주의는 인격을 어떤 속성이나 특징으로 제한하려는 인식론적인 시도가 결국 인간 존재와 인격 존재의 일치성을 부정하게 될 수도 있다며 거부하고, 수정체에는 무조건적으로 인격을 부여하는 입장도 있다. 그런데 『생명복제에서 생명윤리로』라는 책에서 문시영이 지적하고 있듯이, "생명에 관한 논의에서 인격성의 개념을 도입하는 것 자체가 생명의 존엄성 보다는 인격성을 우선시하려는 의도가 있다"[9]는 점에서 보면, 배아 연구와 관련된 이런 개념은 상업적인 악용의 소지를 갖고 있음을 분명히 고려할 필요가 있다.

　현대사회에서는 인공수정(artifical insemination), 특히 체외수정(In Vitro Fertilization, IVF)을 이용한 대리모에 의한 출산을 시도하는 경우도 많다. 그런데 체외 수정술은 필연은 아니지만, 실제에 있어서 '배아의 죽임'을 동반한다.

　즉 실제 체외 수정은 기술적인 불확실성으로 인해 잉여배아를 만들어내지 않을 수 없기 때문이다. 김상득 교수는 잉여배아가 죽임을 당하는 문제에 대해 자연 임신의 경우를 지적하면서 이렇게 설명하고 있다. "그런데 배아의 죽임은 체외수정술에서만 발생하는 것이 아니라 자연적인 임신과정에서도 발생함을 고려할 필요가 있다. 자연 임신의 경우 수정란 중 약 25% 정도는 월경 시에 자연적으로 자궁 밖으로 배출되며, 수정란 중 약 30% 정도만 아이로 출산한다는 보고가 있기 때문이다. 하지만 자연유산의 경우 수정란의 폐기는 인

---

9) 문시영, 위의 책, 125쪽.

간의 의도와 상관없이 일어나는 불가피한 현상이다. 그러나 체외수정시 잉여 배아는 다분히 인위적으로 파기되거나, 실험재료로 이용되고 있다."10)

그런데 '배아의 죽임'과 관련된 여러 문제가 있음에도 불구하고 배우자간 체외수정에 반대하는 기독교인 의사나 신학자들은 그리 많지 않다. 그 이유는 기독교인 의사들이 적어도 배우자간 체외수정을 시행하는 일은 '선행의 원칙'에 기여한다고 보고 있기 때문이다. 또한 배우자간 체외수정이 기독교적으로 허용될 수 이유는 바로 '이중효과의 원리(the principle of double effect)'가 있기 때문이다. 즉 이 원리를 받아들일 경우, '잉여 배아'의 문제를 예견할 수는 있지만, 이는 의도하지 않은 결과로 간주할 수 있기 때문이다. 그런데 '이중효과의 원리'에 의해보더라도 단순히 연구를 목적으로 한 배아 실험은 윤리적으로 허용될 수 없다. 단지 체외수정 과정에서 불가피하게 발생하는 배아 파괴만이 허용될 수 있기 때문이다.

하지만, 수정란을 완전한 인간 생명체의 시작으로 보게 되면 하나의 딜레마에 봉착하게 된다. 즉, 수정란을 인간 생명체로 보면 '대리모'를 이용하는 경우도 도덕적으로 지지해야 한다는 이상한 결론에 귀결될 수 있기 때문이다. 일반적으로 이미 태어난 인간 생명체는 생명권을 지니기 때문에 필요한 경우 입양이 적극적으로 권장되고 있지 않은가? 마찬가지로 수정란이 '인간 생명체'로 인정받게 되면 대리모는 새로운 생명을 만드는 자가 아니라 이미 형성된 인간을 양

---

10) 김상득, 『생명의료 윤리학』(서울: 철학과현실사, 2001), 98쪽.

육하는 특수한 형태의 보모에 해당되기 때문이다. 그러나 직관적으로 볼 때 이런 주장은 설득력이 부족하다.

여기서 우리는 기존 윤리설의 한계를 파악하게 된다. 사실 공리주의나 칸트주의 윤리설 등 기존의 윤리체계는 이미 주어진 생명체들 상호간의 관계에만 적용되는 윤리설이다. 따라서 기존의 윤리설을 그대로 현재의 생명, 유전공학 관련 문제에 적용하여 배아를 이용한 연구에 찬성하거나 반대하는 것은 적절하지 못하다. 아울러 생명 관련 윤리적 물음들은 그 대답을 단지 개인의 취사 선택에 내버려둘 수 없는 특징이 있다. 인간은 개인적 존재일 뿐만 아니라 넓게 보면 '생태계'의 일원으로 존재하기 때문이다. "태어난 생명체는 그 발생과 상관없이 생명권을 지니며, 또 개인의 행위는 사적 영역에 머무는 것이 아니라 공적으로 모든 인간에게 영향을 미치기 때문이다. 동물복제의 경우, 복제술은 동물의 권리, 생태계에 미치는 영향, 자연의 질서 등에 관한 윤리적 물음을 제기한다."[11]

3. 기독교윤리적 입장

필자는 배아를 이용한 연구에 관한 여러 윤리학적 논의를 검토해 보면서 윤리적 논의와 그 목적이 어디에 있는가를 되묻지 않을 수 없었다. 윤리학은 '당위의 학'으로서 행위나 행위의 판단 문제에 있어서 옳고 그름을 제시하며, 개인과 공동체가 나아가야 할 '가치'와

---

11) 김상득, 위의 책, 125쪽.

'명령'을 제시하는 과제를 안고 있다. 전통적인 기독교윤리는 이모티비즘(emotivism)이나 규정주의(prescriptivism)적 입장에 서는 것이 아니라, 특히 계시적 권위[12]에 근거하면서도 이성적 합리성을 동시에 추구해야하는 관계에 있다. 즉 기독교윤리적 입장이란 어떤 행위가 현실적으로 일어나는 일이기에 불가피하게 수용하고 받아들인다는 입장 및 윤리적 정당화 가능성에 대한 논의와는 분명히 차원을 달리해야 할 것이다. 배아 관련 연구의 경우, 잉여 배아의 '남용 가능성' 및 '미끄러운 경사길 논변'을 들면서 부정적인 방향으로의 이용 등에 대해서 우려와 지적을 하는 경우가 많다. 그러나 필자는 최근의 논의들 가운데 좀 더 보완하거나 분명히 해야 하는 문제들을 종합하면서, 다음과 같은 네 가지 기독교윤리적 입장을 제시하고자 한다.

1) 성서적, 신학적 전통

생명윤리 관련 문제를 제대로 풀기 위해서는 성서적·신학적 전통에 충실해야 한다. 성경과 기독교 전통적 입장에서 배아 줄기세포 연구의 가능성 및 윤리적 판단을 어떻게 해야 할 것인가에 대한 좀 더 깊은 연구가 필요하다.

성서적·신학적 입장은 다양성을 향해 열려 있기는 하지만, 지나치게 안이하게 성경을 아전인수격으로 해석해서는 안 될 것이다. 물론 성경 해석의 난해성 및 다양한 전통을 고려하지 않을 수 없으며,

---

[12] 기독교윤리의 특징 중 하나는 계시에 근거한다는 점이다. 계시는 '베일을 벗다'는 뜻으로 사람의 지혜로는 알 수 없는 진리를 하나님이 드러내어 알게 하신다는 것으로, 역사, 양심, 자연 등의 일반계시와 그리스도를 통한 특별계시 등이 있다.

"성경에는 배아나 태아가 언제부터 사람이 되는지를 확실히 규정하는 구절은 없다. 다만 이를 유추할 수 있는 관련 구절을 통해 해석을 하고 논쟁을 해 온 것이 사실이다"[13]는 점도 고려되어야 한다.

그러나 기독교 전통의 주류는 하나님의 섭리는 모태에서부터 시작하므로 수정되는 순간부터 배아가 생명과 인격을 가진 인간이 됨을 의미한다고 보는 것이며, 이런 입장에서 배아의 파괴나 살해는 인간의 살해와 같은 죄로 간주될 수 있다. 물론 성경은 배아가 언제 인간이 되는가에 대한 분명한 언급을 하고 있지 않다. 정통 유대교인들이 생명과 관련된 성경의 구절을 조사한 후 인간 생명은 40일 이후 보호되어야 한다는 데 동의하기도 했다고 한다. 아울러 기독교의 주류는 "수정 때부터 인간이다"에 있지만, 교부 토마스 아퀴나스는 남자는 40일, 여자는 90일부터 인간으로 간주된다는 특이한 기준을 제시하기도 하였다. 결국 장도곤 등이 "배아가 언제부터인가라는 존재론적인 접근을 일단 보류하고, 현재의 상황에서 배아의 생명과 인권을 최대한 존중하면서도 동시에 배아줄기세포의 연구를 가능케 하는 윤리적 대안을 제시하려고"[14] 시도한 데는 일리가 있다.

그러나 과연 이런 입장이 여러 이유를 들어 배아 연구 및 복제까지도 시도하려고 하는 입장에 있는 이들에게 얼마나 실제적인 영향을 줄 수 있을지 의심스럽다. 막아야 할 것이나 허용할 수 없는 것은 처음부터 분명한 반대 입장을 제시해야 할 것이다. 생명은 수단적 가치가 아닌 목적적 가치이며 본래적 가치임을 분명히 할 필요가 있

---

13) 장도곤, 「배아줄기 세포의 연구와 윤리적 대안」, 『제45차 한국복음주의 신학회 논문자료집』(서울: 한국복음주의신학회, 2005), 160쪽.

14) 장도곤, 위의 책, 162쪽.

다. "즉 생명이야말로 자연이 그것을 향해서 나아가는 목적인 동시에 존재 이유이며, 모든 생명체는 살아 있다는 점에서 동등하다. 모든 생명체는 자기의 고유한, 어떤 정당화도 필요 없는 목적이며, 이 점에서 인간은 다른 생명체에 비해 우선권을 가지지 않는다."[15]

한스 요나스(Hans Jonas)는 생명의 이러한 자기 목적성을 토대로 특유의 미래 윤리를 전개한 바 있다. 즉 요나스는 생명의 자기 목적적 가치야말로 모든 인간적 가치의 원천이라고 본다. 여기에는 설사 천연 자원의 낭비와 인류의 파괴에 대한 인류 전체의 합의가 있을지라도 다른 생물 종의 고유한 권리 침해라는 차원에서 비도덕적인 행위로 정죄할 수 있고 또 정죄해야만 한다는 요나스의 신념이 깔려 있다. 요나스는 생명의 의미에 대한 새로운 해석을 제공하고 있다. "생명, 특히 인간의 생명이 존재한다는 사실은 그 자체로 선하고 가치 있는 것이라는 믿음을 바탕으로 그것의 존속을 정당화하고, 그에 대한 책임을 요구하는 요나스의 시도는, 가능한 비판에도 불구하고 우리에게 여전히 많은 시사점을 던져주고 있으며, 나름대로 윤리적 중요성을 함축하고 있다 할 것이다."[16]

특히 요나스는 유전자 조작을 통한 인간의 생물학적 대상화 등이 이제까지 우리가 한 번도 마주친 적이 없는, 그래서 과거의 어떤 경험이나 사유도 우리에게 도움이 되지 못하는 매우 색다른 종류의 윤리적 물음을 촉발하게 될 것임을 경고한다. 따라서 인간 복제를 비

---

15) 장두곤, 위의 책, 168쪽.
16) 이진우 외, 『인간 복제에 관한 철학적 성찰』(서울: 문예출판사, 2004), 169쪽.

롯한 생명 공학 기술에 대한 요나스의 태도는 매우 단호하다. 행동하기에 앞서 그 결과를 미리 내다보는 것이 모든 지혜의 첫 걸음이라면 인간에 대한 생물학적 통제는 그 힘이 지나치게 커지기 전에 아예 시작하지 말아야 한다는 것이다. 인간이 소유하게 된 능력의 타락 가능성을 냉정하게 고려할 때 생명체 복제와 같은 능력은 처음부터 기르지 않는 편이 낫다고 보는 것이다. 요나스는 기존의 일반적인 기술과 생명 공학 기술의 차이를 다음과 같이 설명하는데, 배아연구에 있어서도 좋은 안목을 제공해 주고 있다.[17]

첫째, 일반적인 기술과 생명공학 기술은 대상과의 관계에서 차이가 있다. 생명을 갖지 않는 물질을 대상으로 한 기술의 경우 생산은 원료에서 최종 생산물에 이르기까지 각기 독립적인 부분들을 가공하고 조립함으로써 이루어진다. 이에 비해서 생명 공학 기술은 단순 조립을 넘어서 주어진 재료의 구조 자체를 변형시킨다. 이러한 변형이 문제되는 것은 두말할 나위도 없이 그 대상이 살아 있다는 사실에 기인하고 있다.

둘째, 간섭의 형태를 지니고 이루어지는 생명 공학 기술의 사용은 다른 기술에 비해 그 예측 가능성이 훨씬 떨어질 수밖에 없다. 안정되고 동질적인 질료를 대상으로 행해지는 기술의 경우 미지의 가능성은 거의 없다. 즉 기술자는 자기가 생산해내고자 하는 것의 속성과 기능, 그리고 결과를 정확하게 예견할 수 있다. 그러나 생명공학 기술은 예측하지 못한 결과가 나오기 쉬우며, 그에 대한 대응책 마련이 쉽지 않다.

---

17) 이하의 논의는 이진우 외, 위의 책, 172~174쪽 참조.

셋째, 생명공학 기술은 실험과 실제 행위 사이의 구분이 불투명하다는 것이다. 이러한 특징은 생명 공학적 간섭의 실험적 성격과 그 결과의 예측 불가능성에서 비롯된다. 일반적인 기술의 경우 실험은 글자 그대로 실험에 불과하다. 실험에 사용되는 대상들은 얼마든지 교체 가능하고 파괴와 검사 역시 반복 가능하다. 그러나 생명 공학적 실험에서 일어나는 조작, 특히 인간을 대상으로 한 조작의 경우에는 어떤 식의 대체도 불가능하다.

넷째, 생명 공학적 실험은 순수한 실험으로서의 성격을 상실한다는 것과 관련하여 '불가역성'의 특징이 드러난다. 기계적 구성에서는 모든 것이 가역적이지만, 생명체의 구조 변경은 돌이킬 수 없는 결과를 초래한다는 점에서 그렇다. 이 부분은 생명 관련 연구가 신중할 수밖에 없음을 가장 설득력 있게 보여주고 있다.

2) 다양한 윤리적 입장과 원칙

배아 연구에 있어서 고려해야할 윤리적 원칙과 입장은 무척 다양하다. 잉여 배아를 인정하고 이를 잠정적으로 허용할 수 있다는 윤리적인 입장에 서는 경우에도, 어떤 이유에서 이를 지지하는지, '논변'을 이용하는 경우 왜 우선적으로 채택된 논변인가에 대한 설명이 필요하다. 장도곤의 경우 어차피 영구적으로 냉동 보관되거나 파괴될 잉여배아를 연구에 이용하는 것은 '손해 볼 것이 없다'는 입장과 배아의 생명과 출산된 인간의 생명에 동일한 가치를 부여하는 경우 배아 연구는 가치 충돌을 발생시키지만, 건강을 회복할 수 있는 치료법을 개발하는 것을 거부하는 것은 곤경에 처한 이웃을 적대하는 잘못된 행위로 볼 수 있음을 지적한다. 즉 잠정적인 인간인 배아의 생명 보다는 '현존하는 인간의 생명이 중요'하므로 배아를 이용한 연구는 가능하다는 입장이다. 이런 입장에 서는 경우 "시험관 아기의 출산을 위해 사용하고 남은 잉여배아를 줄기세포의 연구에 사용하는 것을 허용하는 것은 현재의 상황에서 가능한 대안이라고 본다"고 주장한다.[18]

물론, 이런 경우에도 잉여배아의 존재론적 가치를 무시하는 것이 아님을 전제로 하고 있다. 그러나 생명의료윤리에서 고려되어야하는 윤리적인 원칙은 생명 존엄성의 문제, 자율성 존중의 문제, 악행 금지의 원칙, 사회정의와 관련된 의료자원의 거시적·미시적 분배 등과 관련한 논의 등 여러 가지가 있음을 기억해야 한다.

생명의료윤리에 있어서 여러 원칙을 언급할 수 있지만, 기본적인 것은 정의의 원칙이다. 정의는 다양한 방식으로 설명되는데, 네 가지 이론의 입장에서 살펴본다. 인간이란 기본적인 삶을 누릴 인격적인 존재라는 측면에서 다양한 설득력 있는 설명이 가능함은 물론이다.[19]

첫째, 공리주의적 이론(utilitarian theories)이 있다. 공리주의는 행위의 옳고 그름을 유용성 원칙(principle of utility)에 의해 결정하는 윤리이론을 말한다. 공리주의에서는 이 유용성의 원칙이 모든 행위나 제도의 궁극적인 판단 기준이 되므로, 정의의 이념도 하나의 독자적인 원칙으로 기능할 수 없고, '유용성 원칙'에 의해서 정당화되는 것이

---

18) 장도곤, 「배아줄기 세포의 연구와 윤리적 대안」, 『제45차 한국복음주의 신학회 논문 자료집』(서울: 한국복음주의신학회, 2005), 162쪽.

19) 이하의 논의는 김일순·손명세·김상득 공저, 『의료윤리의 네 원칙』(서울: 계축문화사, 1999), 146~151쪽 참조.

다. 즉 사회 전체의 유용성이 극대화되는 방향으로 의료 서비스가 분배될 때 정의가 실현된다.

둘째, 자유지상주의 이론(libertarian theories)이 있다. 이 이론에 따르면 정의는 자유시장에서 개인의 자유로운 거래에 의해 얻어진다. 자유지상주의자들은 외부적 강제 없이 자유시장에 의해 거래가 이루어지면 모두 정의롭다고 주장한다. 이 이론의 밑바탕에는 인간은 합리적이기 때문에 모든 거래는 아담 스미스가 말한 '보이지 않는 손(invisible hand)'에 의해 공정성을 유지하게 된다는 생각이 있다. 이런 관점에서 정의는 분배된 결과가 공정한가의 문제라기보다는 오히려 분배가 이루어지는 과정이 공정한가에 달려 있게 된다.

셋째, 공동체주의 이론(communitarian theories)이 있다. 공동체주의자들은 인간 관계를 권리와 계약에 근거하여 정의 이론을 하나로 구성하려고 하는 입장에 반대한다. 이들은 근본적으로 도덕 공동체의 다양성을 인정하므로 선(the good)에 대한 입장도 공동체에 따라 달라질 수밖에 없다고 본다. 따라서 공동체주의자는 보건의료 서비스나 의료자원이 개인의 자유 계약에 의해 분배되어야 한다는 입장에 반대할 수도 있다.

넷째, 평등주의 이론(egalitarian theories)이 있는데, 존 롤즈(J. Rawls)의 정의론이라고 할 수 있다. 『사회정의론』에서 존 롤즈는 기존의 자유지상주의나 공리주의적 정의론을 비판하면서, 새로운 정의론을 제시하고 있다. 한 마디로 기존의 정의론은 정의를 정의로운 결과에서 찾는데, 롤즈는 순수 절차적 정의론을 내세운다. 즉 롤즈는 분배 기준을 정하는 절차에서 정의로운 절차를 찾고자 하였다. 그는 원초적 입장(the original position)이란 개념을 도입한다. 자신의 개인적 상황에 대

해서는 아무것도 모르면서, 사회나 경제의 일반적 지식을 갖춘 당사
자들이 놓인 상황을 그는 원초적 입장이라고 부른다. 롤즈는 응분의
몫을 결정하는 원칙은 바로 이러한 무지의 베일(the veil of ignorance)을
쓴 당사자들이 원초적 입장에서 구성해 낸다고 본다. 또한 가능한 한
가장 불리한 처지에 있는 자에게 가장 큰 이득이 되도록 한다는 '최
소 극대화 원칙'에 분배가 합의되어야 한다고 주장한다.

롤즈의 정의론은 희귀 자원이나 치료를 어느 환자에게 할당할 것
인가하는 물음과 관련된다. 건강하고 싶은 욕구는 무한하나, 진료 기
회나 의료 자원은 수요에 비해 공급이 풍부한 경우도 있지만 많은
경우 공급이 부족한 경우가 많다. 특히 질병이 심각하고 그 희귀 자
원이 환자들의 생명 연장에 결정적으로 중요한 경우에는, 분배나 할
당의 결정은 상당히 어렵다. 한 가지 예로, 보건의료 예산 내에서의
우선성 물음과 관련하여 미국 오레곤 주 정부는 모든 주민으로 하여
금 최소한의 인간다운 의료에 보편적으로 접근할 수 있도록 해줄 사
회적 의미가 존재한다는 원칙을 실현한 바 있다.[20]
이런 접근은 평균 환자에게 특정 치료가 제공하는 건강 상태의 변
화와 이와 연관된 삶의 질에 미친 영향의 두 요소를 고려하여 치료
의 우선 순위를 결정하는 방법이다. 이런 접근에 따르면 중환자도

---

20) 미국에서 보건의료기금 할당을 제도적으로 체계화한 주가 오레곤이다. 오레곤 주가 표
본이 되어 미국의 다른 주에서도 보건의료를 합리적으로 다루게 되었다. 의료비용의 상
승과 주민들의 질 높은 의료 서비스의 요구에 직면하여, 오레곤 주는 1989년에 '보건의
료기본법(A Basic Health Services Act)'을 통과시켰다. 그러면서 오레곤 주는 Medicaid
에 이용될 수 있는 수백 종에 달하는 의료 서비스에 대해 '우선순위 목록(priority list)'
을 개발하였다. 김일순·손명세·김상득 공저, 위의 책, 168~169쪽 참조.

차별받지 않으며, 건강한 사람과 동등한 출발점에 서 있게 된다. 그래서 보건의료기금(Medicaid)은 정해진 우선성 원칙에 따라 제공되는 것이다. 이에 대해 비판가들은 오레곤 주의 계획은 생명유지 치료보다는 비교적 사소한 치료를 선호한다고 평가한다. 가난한 자에게 돌아가는 혜택에 초점을 맞춤으로 보건의료를 다분히 '우리 대 남'이라는 접근법으로 채택하고 있으며, 이렇게 되면 특수한 상황이나 포함된 치료와 포함되지 않은 치료를 정확하게 밝혀주지 못한다고 비판한다. 미국의 경우 65세 이상의 노인 인구가 3천만 명 정도인데 이들은 전인구의 12%에 불과하면서 국가 보건 예산의 1/3 이상을 사용하고 있으며, 노령 인구의 수는 계속 늘어날 전망이다. 한국은 세계 초유의 노령화현상을 경험하고 있기에 이와 관련된 문제들을 심각하게 고려해야 할 것이다.

3) 잉여배아의 진정성

잉여배아란 개념이 갖는 모호성과 이를 통제하는 제도적 장치 마련이 필요하다. 즉 과연 진정한 '잉여 배아'가 있는가에 대한 질문이다. 시험관 아기의 시술 과정에서 수술의 성공을 위해 실제 소요량보다 더 많은 잉여 배아를 만드는 현실에 대한 논의는 매우 민감하며 중요한 문제이다. 여러 요소를 감안할 때, 시험관 아기를 성공적으로 만들기 위해서 뿐 아니라 줄기세포의 연구를 위한 목적의 잉여 배아가 양산될 위험성이 도처에 있다. 이를 막기 위해서는 잉여 배아에 대한 근원적인 질문을 던져볼 필요가 있다.

배아를 일반적으로 '착상되는 배아'와 '잉여 배아'로 나눈다. 수정

확률을 높이고 건강한 배아를 얻고자 많은 배아를 체외에서 만들어 내는 것이다. 엄밀히 말해 모든 배아들은 착상을 위해 만들어지는데, 하나가 착상을 하면 나머지 배아는 '잉여 배아'가 되는 것이다. 그런데 다시 '잉여 배아'는 둘로 나누어 볼 수 있는데, 착상을 위해 만들어졌으나 착상되지 못한 '순수한 의미의 잉여배아'와 처음부터 '의도적으로 만들어진 소위 연구용 배아'의 가능성이다. 그런데 따지고 보면 이 둘은 만들어내는 자의 의도에서만 차이가 날 뿐, 실제에서는 아무런 차이가 없다는 문제점을 안고 있다. 김상득은 이에 대해 "배아 자체의 도덕적 지위에 있어서 아무 차이가 없을 뿐 아니라, 그 배아에 대해 실제로 일어난 것 역시 아무 차이가 없다"고 말한다.[21] 이런 측면에서 배아를 통한 실험이나 배아의 의도적인 복제까지도 가능하다는 주장도 제기 될 수 있겠으나, 필자가 지적하고 싶은 것은 '잉여 배아'의 개념적 모호성이다.

또한 잉여배아에 국한하여 연구를 허용한다고 하더라도, 현실적으로 담당자들의 양식과 양심에만 호소할 수는 없는 일이 아닌가? 이를 위한 제도적 차원에서의 접근이 필요하다. 즉 배아에 대한 통제와 연구적 이용은 개인의 양식과 양심에만 호소해 될 일이 아니다. 특히 관련 연구자들의 연구 및 이용 동기와 부수적인 이해 관계를 살펴보고 이에 대한 보완책을 마련해 주어야 한다. 즉 통제와 조정을 확보할 수 있는 안전 체계 및 법률의 제정 등이 선결되어야 할 것이다.

배아를 전배아(Pre-embryo)와 후배아로 나누는 경우가 많은데, 그

---

21) 김상득, 『생명의료 윤리학』(서울: 철학과현실사, 2001), 122쪽.

과정을 살펴보면 다음과 같다.22) 수정란은 수정 후 약 30시간에 걸쳐 유사분열을 하여 두 개의 세포로 되며 계속 분열하여 16개가 된다. 이러한 현상을 난할(卵割)이라 한다. 수정 후 3일간에 걸쳐 할구(割球)가 16개가 되면 뽕나무 열매 같은 모양을 한다고 해서 이를 상실배(桑實胚, Morula)라고 한다. 즉, 상실배는 16개의 할구로 구성되는 세포집단이기 때문에 장기의 수준에서 생명을 지녔다고도 볼 수 있다. 그러나 이 무렵은 난관(卵管)을 거쳐 자궁 내에 떠돌이 상태로 있으며 자궁 내막에 들어가지는 못하고 있는 상태이다. 할구, 상실배 및 배반포의 형성까지를 전배아라고 부른다. 수정 15일경에 이르면 배반의 등 쪽 정중선상에 원시선조(原始線條)가 출현되고 제3주에는 3층의 원시배엽(原始胚葉)으로 되는 삼층성 배반이 형성된다. 장차 사람으로 발생, 분화하는 것은 삼층성 배반의 부분이며 다른 부분은 장차 태반, 양막 및 양수 등이 되어 분만 후의 후산(後産)으로 만출된다. 초기 태아에 관해 다음 사항이 의학적으로 수용되고 있다.

첫째, 그 발달 중 가상 초기의 과정은 배아 내부의 조직 및 기능에 관계되는 것이라기보다는 배아 외부의 조직 및 기능에 관계되는 것이므로 최초로 형성되는 것은 배아가 아니라 영양공급층(feeding layer), 즉 영양막(trophpblast)인 것이다. 수정 후 2주일이 지난 후 나타나는 개체로서의 배아와 대비시켜 전배아라는 개념을 사용하는 것이다.

둘째, 착상전배아(preimplantation embryo) 혹은 전배아(pre-embryo)는 아직 개체가 아니라는 점이다. 전배아는 개체가 아닌 바, 즉 이 전배

---

22) 이와 관련된 의학적 논의는 문국진, 『생명윤리와 안락사』(서울: 여문각, 1999), 66~86쪽을 참고하였다.

아가 두 개의 개체인 쌍둥이로 될 것인지 또는 불완전 개체인 모자이크 조직(mosaicism)으로 될 것인지 하는 것은 아직 결정되지 않았다. 척추와 신경조직이 생기기 시작하는 것은 임신 후 상당한 기간 즉 6주 내지 8주 후이다. 착상 전 배아는 아직 신경조직의 원형구조(rudimentary structures)가 발달되지 않았기 때문에 고통을 인지할 능력이 결여되어 있다는 점에 대하여서는 의견의 일치를 보고 있다. 이런 이유 때문에 '수정 후 14일'이 설득력을 갖고 있는데, 반론의 여지는 충분하다.

4) 분배와 관련된 의료적 사회 정의

분배와 관련된 의료적 사회 정의라는 측면에서 고려할 문제가 있다. 특히 우리나라 및 지구촌 상황을 놓고 볼 때, 현재 배아 줄기세포의 연구가 꼭 필요한가에 대한 근원적인 질문을 던져보게 된다. 물론 소수라고 하더라도 난치병 환자들을 치료하기 위한 지속적인 연구는 필요하다. 그러나 이미 밝혀진 의료적 연구 및 성과에 대한 기본적인 혜택조차 받고 있지 못한 사람들도 많다는 점을 고려할 필요가 있으며, 이를 분배와 관련된 의료적 사회 정의라는 측면에서 고려할 필요가 있다. 특히 줄기세포 등의 효능 등이 관련 산업 경영자들에 의해서 과장되고, 이를 상품화하기 위한 지속적인 의도가 있음을 간과해서는 안 될 것이다. 특히 '손해무 입장'에서 보더라도 분명한 답을 내기에는 아직 이르다고 보아야 할 것이다.

정의가 각자에게 필요한 각자의 몫을 돌려주는 것이라면, 그것을 결정하는 방법은 무엇인가? 이에 대해 우리는 "같은 것은 같게 취급하고 다른 것은 다르게 취급하라(Equal must be treated equally, and unequal must be treated unequally)"고 일단 말할 수 있을 것이다. 이것이 바로 아리스토텔레스(Aristoteles)가 말하는 형식적 정의 원칙(principle of formal justice)이다. 그런데 각자에게 적당한 몫을 나누어주는 실질적인 기준이 제시되지 않는 한, 이런 형식적 정의는 아무런 쓸모가 없다. 따라서 불평등을 극복하는 실질적인 분배 기준, 즉 정의의 실질적 원칙들(material principle of justice)이 요구된다.

우리나라는 사회보험 성격의 의료보험을 채택하고 있으며 2000년부터는 직장의료보험까지 통합하여 국민건강보험관리공단으로 운영되고 있다.[23] 치료비 청구심사는 신설된 건강보험심사평가원에서 담당하고 있다. 의료보험의 급여는 피보험자 및 피부양자의 질병, 부상, 분만 또는 사망에 대하여 의료보험자가 의료서비스 또는 현금(분만비, 요양비, 장제비 등)을 제공하는 것이다. 그러나 의료자원의 공정한 분배라는 측면에서 몇 가지 개선되어야 할 점들이 남아 있다.

첫째, 의료보험제도는 국민의 욕구 충족뿐만 아니라 의료인 측면에서도 만족할 만하여야 하는데 현재 여건은 의료 산업을 위축시키는 부분도 있다. 의료기관에 대한 적절한 보상은 확대 재생산을 꾀하고 의료의 향상을 가져오는 길임을 고려해야 할 것이다. 부유층은 고급 의료혜택을 기대하고 있기에 공공성에만 치중할 경우 의료관련 경비로 상당액의 외화 낭비를 초래할 수도 있다.

둘째, 의료기관수의 절대적인 증가와 취약지에 대한 공공 보건조직

---

23) 우리나라의 의료보험은 1977년에 시작하여 12년 후인 1989년에 전 국민이 가입할 수 있게 되었는데, 이는 세계적으로도 유례없는 일이다. 모든 국민이 필요할 때 의료를 손쉽게 이용할 수 있게 되었다는 점에서 일단 긍정적으로 평가할 수 있다.

의 확충으로 접근도가 많이 향상되었다고는 하나, 아직도 시설과 인력에 대한 지역간 불균형이 존재한다. 중요한 점은 현재 실시되고 있는 의료전달 체계는 환자의뢰 체계의 구실을 하고 있을 뿐 실제적으로 진료권별 의료공급체계 구축의 장기적 구상 하에서 확충되지 못하고 있다는 점이다. 그 원인을 파악하여 고급 의료인력 및 장비의 중앙 집중화로 인한 부작용을 최소화하여야 한다. 또한 희귀 질병 보유자에 대한 순발력 있는 대책을 강구하여, 소수라고 하여 고통을 담보하는 이들이 발생하지 않도록 정책을 수립해야 한다.

4. '실천적 무신론'의 극복

결론적으로, 배아 줄기세포 연구에 대해 분명한 입장의 정리가 필요하다. 윤리에 있어서 '현실주의적(realistic)' 판단이란 고려할 모든 요소들을 고려하여 종합적 판단을 하는 것이지 결코 현실과의 타협을 의미하는 것이 아니다. 여러 유용성이 있음에도 불구하고, 생명의 존엄성과 기독교적인 가치를 강조할 때는 반대의 입장을 갖게 된다. 이런 면에서 배아 줄기세포 연구와 관련된 기독교윤리적 논의는 '14일 이전의 배아' 연구에 대해서 그 현실적인 필요성에 상당히 수긍이 가는 측면이 있는 것도 사실이나, 성서적 가르침과 전통적인 기독교 가치관에 입각하여 원칙적으로 반대하는 입장에 서는 것이 일관성 있는 결정일 것이다.

최근 성체 줄기세포를 이용한 연구를 하나의 대안으로 제시하는 이들이 있으나, 이 역시 상당한 문제를 함축하고 있는 것도 사실이다. 현대 우리 사회는 윌리엄 슈바이커(William Schweiker)의 지적대로 도덕적 관심과 영성에 관한 많은 말들이 큰소리로 들려옴에도 불구하고, 선의 실재를 부정하기 쉽고, 인간의 힘이 우리의 삶을 의미 있고 목적 가득한 것으로 만들어 가려는 기대가 팽배해 있는 '실천적 무신론(practical atheism)'에 빠져들고 있음을 새겨볼 필요가 있다.[24] 이런 현대 사회를 위한 윤리적 충고라는 차원에서 기독교는 인간 배아를 이용한 연구에 대해서 반대 입장에 서면서, 다른 차원에서의 의료·생명공학적 보완책을 찾아야 할 것이다.

---

24) 윌리엄 슈바이커, 문시영 역, 『포스트모던 시대의 기독교윤리』(서울: 살림출판사, 2003), 20쪽.

참고문헌

구인회, 『생명윤리의 철학』, 서울: 철학과 현실사, 2002.

김상득, 『생명의료 윤리학』, 서울: 철학과 현실사, 2001.

김일순 외, 『의료윤리의 네 원칙』. 서울: 계축문화사, 1999.

문국진, 『생명윤리와 안락사』, 서울: 여문각, 1999.

문시영, 『생명복제에서 생명윤리로』, 서울: 대한기독교서회, 2001.

이진우 외, 『인간복제에 관한 철학적 성찰』, 서울: 문예출판사, 2004.

장도곤, 「배아줄기 세포의 연구와 윤리적 대안」, 『제45차 한국복음주의 신학회 논문 자료집』, 서울: 한국복음주의신학회, 2005.

한국의료윤리교육학회, 『의료윤리학』, 서울: 계축문화사, 2001.

윌리엄 슈바이커, 문시영 역, 『포스트모던시대의 기독교윤리』, 서울: 살림출판사, 2003.

제이홀맨 편, 박재형 역, 『의료윤리의 새로운 문제들』, 서울: 예영커뮤니케이션, 1997.

Charles W. Colson and Nigel M. de S. Cameron, ed. *HUMAN DIGNITY IN THE BIOTECH CENTURY*. Inter Varsity Press, 2004.

R. M. Hare. *ESSAYS ON BIOETHICS*. CLARENDON PRESS · OXFORD, 1993.

Tom L. Beauchamp & LeRoy Walters. *CONTEMPORARY ISSUES IN BIOETHICS*, Wadsworth Publishing Company Inc. ,1994.

제4부

글로벌시대의 윤리적 책임

제**10**장

외국인 결혼이민자 문제에 대한 기독교의 과제

1. 결혼이민지의 증가

1) 급속한 결혼이민자의 증가

지난 2006년 4월에 있었던 미식축구(NFL) 유명 선수인 하인즈 워드의 방한으로 혼혈인에 대한 새로운 시각과 관심이 생겨났다. 이 사건은 여러 의미가 있으나 한국사회가 이미 다민족, 다문화, 다인종 사회로 변화하고 있다는 것을 일깨운 측면이 있다. 그러나 이런 변화에도 불구하고 우리 사회는 아직도 단일 민족이라는 뿌리 깊은 '순혈주의'로 혼혈인과 이주자들을 차별하는 경향이 있다. 이러한 문제를 타개하기 위해 정부는 2006년 4월 26일 "여성 결혼 이민자[1] 및 혼혈인·이주자에 대한 차별해소와 사회통합 대책"을 내놓았다.[2] 조금 늦은 감도 있지만 결혼 이민자에 대한 구체적인 관심을 갖기 시작했다는 점에서 의미 있는 일이다. 지금 우리가 살아가는 공동체는 개인이나 공동체의 선호 여부와 상관없이 "다민족·다문화·다인종 사회"이며, 이런 말들은 이제 21세기 한국사회의 새로운 화두 중 하나가 되어 있다.

한국 사회가 지난 20세기 초반과 중반에 '기독교'·'제국주의'·'전쟁'이라는 매개를 통해서 다른 문화, 민족, 인종을 만났다면, 1990년대 이후에는 '외국인이주자들의 노동'과 '여성결혼이민자 국제결혼'을 통해 이전과는 전혀 다른 방식으로 접하게 되었다. 특히 외국인 이주노동자들의 급격한 유입과 그에 따른 국제결혼 증가는 우리가 일찍이 경험하지 못했던 일이다. 한국 사회는 이전의 세계와 소통하던 방식과는 전혀 다른 패러다임을 필요로 하고 있다. 이제 국제 결혼의 수용과 그 의미를 중점적으로 살펴보는 가운데, 세계화 시대의 의식 변화와 기독교적 책임 등에 관해 논의해 보고자 한다.

한국에서 국제결혼은 사회적으로 어두운 이미지를 담고 있다. 일제 강점기에는 '내선일체(內鮮一體)'라는 식민지 정책의 일환으로 조선인 처녀들과 일본인과의 준 강제 결혼이 행해졌다. 그리고 미 군

---

1) 여성결혼이민자에 대해 '이주결혼여성', '제3세계 국제결혼 여성' 등으로 표현하기도 한다. 여기서는 국정홍보처에서 발간되는 국정브리핑의 표기와 정의를 따라 '여성결혼이민자'로 사용하기로 한다.

2) 국정브리핑 2006년 4월 26일, 「국제사회 '인권 후진국' 오명 씻는다. 여성결혼이민자·혼혈인 등 사회통합 정책배경·주요내용」, http://news.go.kr/warp/webapp/agenda/view?package_id=625fcd0d27d2dc4615204baf

정 시기와 한국전쟁 이후 상당 기간 동안 가난하고 어려운 한국의 여성들은 가족과 자신의 생계를 위해 미군, 군속 등과 결혼하였다. 한국 사회는 이들을 '양공주'라고 부르며 사회적으로 소외 시켰다. 이런 류의 결혼은 결코 정상적인 결혼 관계로 볼 수 없는 일이었으며, 한국 사회의 안정과 경제적인 성장과 함께 이런 류의 결혼은 거의 사라졌다. 하지만 최근 들어 한국 사회에서는 국제결혼이 폭발적으로 증가하고 있다. 2006년 3월에 발표된 통계청의 "2005년 혼인·이혼통계 결과"에 따르면 2005년의 국제결혼은 총 316,375건 중 13.6%에 이르는 43,121건이다. 그 중 한국 남성과 외국 여성과의 결혼은 72%에 해당하는 31,180건이다. 이 통계 자료는 한국의 국제결혼 실태에 커다란 변화가 일어나고 있음을 보여준다. 이전에는 주로 한국 여성이 미국, 일본, 호주 같은 이른바 '선진국' 남성과 결혼하는 경우가 주를 이루었는데 반해, 이제는 한국 남성이 한국계 중국인(조선족), 필리핀, 베트남, 말레이시아 등과 같은 이른바 '후진국' 여성과 결혼하는 경우가 압도적인 비율을 차지하고 있다.

1990년대 초반의 국제결혼은 한국으로 몰려든 외국인 이주 노동자와 한국인 여성 사이에서 또는 외국인 여성 이주 노동자와 한국인 남성 사이에서 자연발생적으로 일어나기도 하였다. 정부와 매스미디어에서 '농촌총각 장가보내기' 캠페인의 일환으로 장려하기도 하였다. 하지만 이런 일들은 한국 사회를 국제결혼 중개업소 난립과 상업적 국제결혼의 홍수 속에 빠져들게 하였다. 국제결혼 중개업소들의 영역은 농촌 총각 뿐 아니라 경제적, 문화적 여건으로 결혼이 늦어진 도시 중하층 남성들까지 국제결혼의 장으로 끌어들였다. 또 다른 면에서 국제결혼은 침체가 계속되고 있는 국내 경제 환경을 등에

업고 현지인과 결혼하는 것이 제3세계 투자 환경을 조성하는 가장 좋은 방법이라는 전략까지 구사하며 젊은 층으로 파고들고 있다.[3]

2) 국제결혼의 문제점

고려할 것은 국제결혼의 이러한 양적 증가 추세에 따라 여러 가지 문제점이 심각하게 야기되고 있다는 사실이다. 여성 결혼이민자는 농촌과 도시, 산촌과 어촌 전국 곳곳으로 퍼져 들어가고 있다. 그런데 이들이 들어간 지역은 경제적 여건과 생활 기반이 상대적으로 취약하고 가부장적 가족 구조와 성역할이 여전히 중요하게 작용하는 농어촌 지역이 많다. 이런 지역에서는 의사소통의 어려움, 문화적 갈등, 취약한 경제적 기반 등으로 인하여 한국 가족 특유의 문제가 여성 결혼이민자에게 가중되어 나타나고 있다. 즉, 그동안 많은 국제결혼 가정에서 남편의 일상적인 구타와 음주, 성적 학대와 인격 모독 그리고 소외와 경제적 빈곤의 문제가 비일비재하게 일어나고 있다. 오늘날 국제결혼과 관련된 문제에는 제3세계 여성(여성결혼이민자)에 대한 비인간적인 억압과 차별이 관련되어 있다. 결혼 대상의 여성이나 태어난 자녀들을 대함에 있어서 서구 중심주의적 시각(이라고 할 수 있을 것이다)이나 서양을 흠모나 맹종의 대상으로 만든 '서구신화'에 빠져 있는 우리의 모습을 볼 수 있다. 이와 관련된 한국인들의 정서와 태도를 러시아 출신 귀화 한국인인 박노자는 그의 소설 『하얀가면의 제국』[4]에서

---

3) 신란희(2005), 「국제결혼 여성의 가족, 일 그리고 정체성: 우즈베키스탄과 필리핀 여성의 생애사 연구」, 서울대학교대학원 석사논문, 1쪽.
4) 박노자, 『하얀가면의 제국』(서울: 한겨레신문사, 2003), 296~297쪽.

다룬 바 있다. 즉 서구 열강에 의해 상당한 수탈을 당했으면서도 제3세계나 아시안들을 바라봄에 있어서 약자를 배려하지 않는 논리에 길들여져 있는 우리의 모습을 반성할 필요가 있다는 것이다.

또한 기독교인들에게 국제결혼은 단순한 외국인과의 결혼이라기보다는 종교가 다른 이들과의 결혼, 즉 혼종결혼(混宗結婚)의 문제로 다가온다. 여성결혼이민자가 다행히 같은 종교 특히 개신교인이라면 이 문제에 대한 고민을 덜어줄 수 있겠지만, 현재 행해지는 제3세계 여성 또는 남성과의 국제결혼의 경우 종교가 같은 경우가 거의 없다는 데에서 고민이 커질 수밖에 없다. 교회는 결혼의 문제에 있어 책임 있는 가이드라인을 제시할 수 있어야 하는데, 아직은 개인과 목회자의 신앙 양심에 따라 이루어지고 있는 경우가 대부분이다.

지금까지의 국제결혼에 관한 연구는 재야 인권 단체를 중심으로 한 국제결혼(내국인)의 경우와 여성결혼이민자(외국인)의 피해사례 수집 및 대책 중심의 연구와 사회복지학 및 인류학 그리고 여성학에서 진행한 국제결혼 님녀의 국직에 따라 외국인 남성과 한국인 여성의 결혼 연구, 한국인 남성과 결혼한 여성결혼이민자에 관한 연구를 중심으로 이루어진 학계의 연구가 대부분이다.

이러한 문제에 대해 한국교회는 다양한 방식으로 접근하고 있다. 특히 NGO 중심의 활동을 많이 하고 있다. 이들은 단순히 여성결혼이민자의 문제에만 관심을 갖는 것이 아니라 코시안(Kosian)[5]에게 발

---

5) 코시안(Kosian)은 Korean과 Asian의 합성어이다. 코시안은 1996년 안산 외국인노동센터의 소장인 박천응 목사에 의해 최초로 만들어진 용어이다. 1990년 이후 외국인 이주노동자들의 국내 유입이 활성화되면서 장기 체류자들도 늘어났다. 이들 중 결혼적령기에 있었던 일부는 국내인 또는 외국인 이주노동자 간의 결혼으로 2세를 출생하였다. 그러나 새롭게 형성된 외국인 이주노동자 가정에 대한 적절한 표현이 없었다. 이에 우리

생하는 일들에 대해 해결책을 내놓기 위해 고민하고 노력하고 있다. 그러나 이와 달리 많은 교회나 선교단체의 활동에는 일방적이며 시혜적 관점이 포함되어 있는데서 그 한계를 드러내기도 한다.

필자는 이주 결혼 여성들의 국제결혼을 기독교윤리적 관점을 통해서 다민족, 다문화, 다인종의 사회로 편입되고 있는 한 예로 보고, 이와 관련하여 한국사회와 한국교회가 가지고 있는 문제들을 어떻게 풀어나갈 것인가에 대한 논의를 하고자 한다.

2. 1990년대 이후 국제결혼과 한국에 정착한 여성 결혼이민자

1) 한국사회에서의 국제결혼

국제결혼이란 단지 국적이 다른 두 사람의 결합일 뿐만 아니라 상이한 두 나라의 문화가 결합하는 과정이기도 하다.[6] 그러나 역사적으로 한국에서는 국제결혼에 대하여 심각한 편견을 갖고 있었다. 외국인과 결혼한 한국여성은 외국인에게 정복당했다고 비난을 받는 경향이 있었다. 상당수의 국제결혼은 일제강점기 동안 조선인 남성과

사회의 구성원으로서 외국인 이주노동자를 긍정적으로 수용하기 위하여 '코시안'이란 호칭을 만들고 사회적 관심을 불러일으키게 되었으며, 현재는 외국인 이주노동자 관련 가정을 부르는 대명사로 '코시안'이 사용되고 있다.(http://kosian.urm.or.kr) 하 밍 타잉 (2005), 「1992년 이후 한국과 베트남 사이의 국제결혼에 대한 연구—베트남 여성의 문화적 적응을 중심으로」, 서울대학교 국제대학원 석사학위논문. 71쪽에서 재인용.

6) 문화는 사회성과 종교성을 갖는 특징이 있다. 서로 다른 문화권에서 성장한 사람들의 결혼이란 상당히 복잡한 문제들을 야기하게 마련이다.

일본인 여성 또는 일본인 남성과 조선인 여성으로 이루어졌기 때문이다. 1945년 이래로 한국여성과 미군사이에서 이루어져 왔다. 양공주라는 말과 GI신부라는 말은 한국에서 미군을 대상으로 성노동을 하였다거나 미군과 결혼하였다는 의미를 지닌다.

한국의 이주노동자의 수가 증가하면서 국제결혼 또한 증가하게 되었다. 이주노동자들 사이에서는 두 가지 형태의 결혼이 존재한다. 같은 민족 사이의 결혼, 그리고 다른 민족 사이의 국제결혼이 그것이다. 이주노동자의 대다수가 불법체류자나 일시적인 거주자로 간주되고 있기 때문에 한국인과 결혼하지 않는 한 그들의 결혼은 공식 집계가 되지 않는다. 그러므로 실제로 한국에서 얼마나 많은 국제결혼이 이루어지고 있는지는 알기가 쉽지 않다.

한국인과 외국인 사이의 국제결혼은 일정한 형태를 보여준다. '젊은' 남성 한국인 공장노동자들은 여성 이주노동자와 결혼하려고 하지 않는다. 대신 사회 경제적으로 하층의 중년 남자, 다시말해 한국인 여성들이 결혼하려하지 않는 농부, 장애인 또는 가난한 사람늘은 외국인 '사진신부'를 수입하는 경향이 있다.[7] 박희정은 '여성주의 저널'에서 외국인 여성의 결혼 행태에 관해 다음과 같이 적고 있다.

국제결혼업체는 자사에서 소개하고 있는 필리핀 여성의 장점에 대해 이렇게 적고 있다. "필리핀은 전 국민의 90프로 이상이 가톨릭 신자임

---

7) 여기서 인용한 글(「여성, 이주 그리고 한국의 시민운동」)은 이혜경 교수가 *Asian and Pacific Migration Journal*(Vol.12, No.1~2, 2003)에 영문으로 기고한 글을 (사)한국이주여성인권센터에서 번역한 것을 발췌한 것이다. 이혜경 교수의 글은 (사)한국이주여성인권센터이 사이트 중 이주여성자료실 http://www.wmigrant.org/bbs/view.php?id=data4&page에 게재되어 있다.

니다. 그래서 필리핀 사람들은 낙태나 이혼 등은 생각지도 못합니다. 그리고 자식에 대한 사랑이 지나칠 정도여서 아무리 힘들거나 어려워도 자식들을 위해 고생하는 걸 당연하게 받아들이고 있고요." B업체는 베트남 여성의 장점에 대해 "신체적인 특징 중 하나가 출산 후에도 몸매의 체형이 임신 전 체형에서 크게 변하지 않는다는 점"이라고도 말한다.[8]

한국 사회에서 국제결혼은 이제 특별한 이들 만의 일이 아니라 수와 영향력이 증대되고 있는 사회적 문제라는 인식과 이해를 필요로 하며, 이에 대한 지속적인 관심이 요청되고 있는 것이다.

2) 여성 결혼이민자들의 결혼 동기와 가족의 현황

국제결혼 건수와 비율

(단위: 건, %)

연도	총 결혼 건수	국제결혼	외국인 아내	외국인 남편
1990	399,312	4,710(1.2)	619(0.2)	4,091(1.0)
1995	398,494	13,494(3.4)	10,365(2.6)	3,129(0.8)
2000	334,030	12,319(3.7)	7,304(2.2)	5,015(1.5)
2003	304,932	25,658(8.4)	19,214(6.3)	6,444(2.1)
2004	310,944	35,447(11.4)	25,594(8.2)	9,853(3.2)
2005	316,375	43,121(13.6)	31,180(9.9)	11,941(3.8)

자료: 통계청, 「2005년 혼인·이혼통계 결과」, 05.3
※ 통계청의 「인구동태」 통계는 단순 혼인건수의 합계로서 현재 외국거주자, 국내에서 결혼하여 출국한 자, 사망한 자, 귀화한 자를 삭제하지 않고 국내 호적에 신고된 자를 모두 합산.

---

8) 『연합뉴스』, 2006년 4월 12일 보도자료.

한국 남자와 혼인한 외국 여자의 국적별 혼인

구분	2000	2001	2002	2003	2004	2005	구성비	전년대비 증감률
계	7,304	10,006	11,017	19,214	25,594	31,180	100.0	21.8
중국	3,586	7,001	7,041	13,373	18,527	20,635	66.2	11.4
베트남	95	134	476	1,403	2,462	5,022	18.7	136.5
일본	1,131	976	959	1,242	1,224	1,255	4.0	2.5
필리핀	1,358	510	850	944	964	997	3.2	3.4
몽골	77	118	195	318	504	561	1.8	11.3
우즈베키스탄	43	66	183	329	247	333	1.1	34.8
미국	235	265	267	323	344	285	0.9	-17.2
태국	270	185	330	346	326	270	0.9	-17.2
기타	509	751	716	936	996	1,022	3.3	2.6

※ 2000년 이전까지는 일본, 중국, 기타로 구분 조사하여 세부적으로 파악불가.
※ 1999년의 국적별 분포는 중국 2,883명, 일본 1,248명 미국 280명, 기타 1,364명임.

농림어업종사자(남자)와 혼인한 외국 여자의 국적별 혼인 건수

구분	2004년					2005년				
국적	계	베트남	중국	필리핀	기타	계	베트남	중국	필리핀	기타
건수	1,814	560	879	195	180	2,885	1,535	984	198	168
비율	100.0	30.9	48.5	10.7	9.9	100.0	53.2	34.1	6.9	5.8

자료: 통계청, 「2005년 혼인·이혼통계 결과」, 06.3.

양적으로 급속하게 국제결혼을 위해 이주하는 여성들이 증가하고 있는 것을 볼 수 있다. 그런데 이들은 잘 적응하는 경우도 있겠으나 상당수가 여러 차원의 어려움을 겪는 것으로 보여진다. 구체적인 통계를 제시하고 있는 베트남인 하 밍 타잉의 연구 결과를 살펴보면 중요한 시사점들을 발견할 수 있다.[9]

첫째, 사회문화적 고립과 관련된 문제를 생각해 볼 수 있다. 여성 결혼이주자들은 결혼 한 이후에도 언어소통 문제, 생활 전반의 문화적 차이 때문에 불편을 겪거나 가정이 파탄되는 등의 곤란한 상황에 노출되어 있다. 한국사회 내에서의 각종 정보, 자원, 취업으로부터도 소외되어 있다. 여성 결혼이민자 50% 이상이 기초생활보장제도 자체를 모르고, 23.6%가 건강보험 가입이 안 되는 것으로 잘못 알고 있다는 통계가 있다. 사회복지 서비스 제공 기관을 이용하지 않는 경우가 86% 이상이며, 기관이 있다는 사실을 몰라서 이용하지 못하는 경우도 39.2%로(복지부 실태조사, 2005) 상당수이다. 부부간 대화 언어는 주로 한국어인데, 재중 동포 이외에 일본, 베트남 등 출신 여성의 한국어 실력은 현저히 낮다는 데 문제가 있다. 이러다보니 시부모와 주된 갈등 요인도 언어 소통, 문화 차이(45%)로 발생한다.

둘째, 자녀양육의 환경이 취약하다는 점이다. 상당수 여성결혼이민자 자녀들은 부모의 낮은 경제 및 사회적 지위, 언어·문화·교육 방식의 차이 등으로 가정 및 학교 교육에서 문제를 겪고 있다. 6세 이하 미취학 자녀의 유치원이나 보육시설(어린이집, 놀이방)이용률은

---

9) 하 밍 타잉, 「1992년 이후 한국과 베트남 사이의 국제결혼에 대한 연구」, 서울대학교 국제대학원 석사학위 논문(2005년 8월, 서울대학교) 참조.

국제결혼 가정은 27.3%, 일반가정은 56.8%(복지부 실태조사, 2005) 수준으로 집계되어 있다. 이들은 언어발달 지체 및 문화 부적응으로 인해 학교수업에 대한 이해도가 낮으며, 지나치게 소극적이거나 반대로 폭력성 또는 과잉행동장애(ADHD)를 보이는 등 정서 장애도 나타낸다. 교과서를 비롯한 교재와 일부 교사들의 다문화주의를 포용하지 못하는 데서 오는 '차별'과 '배제' 때문에 아동들이 조기에 사회적 소외를 경험할 가능성이 높다. 실제 여성결혼이민자 자녀 가운데 '집단 따돌림'을 경험했다는 비율은 17.6%이며, 그 이유는 엄마가 외국인이라서(34.1%), 의사소통이 잘 안 되어서(20.7%)순이었다.(복지부 실태조사, 2005)

셋째, 낮은 경제적 수준과 관련된 문제들이 있다. 그들은 저소득가구가 다수이나, 기초생활보장 수급자는 소수이다. 전체 여성결혼이민자 가구 중 소득이 최저생계비 이하인 가구가 50%를 넘어섬에도 불구하고 기초생활보장 수급가구는 13.7%에 불과하였다. 최저 생계비 이하인 전체 가구는 52.9%, 18세 미만의 아동이 있는 가구는 57.5%이며, 경제적 이유 때문에 끼니를 거른 경험이 있는 경우도 15.5%(복지부 실태조사, 2005)에 달한다. 아울러 의료 서비스에 대한 접근성이 낮고 모성건강 위험도가 상당히 높은 것으로 나와 있다. 여성결혼이민자의 23.6%가 실질적인 의료보장 체계(건강보험, 의료급여) 안에 들어가 있지 못한 상황이다. 의료보장을 못 받은 경우는 비귀화자(27.2%)가 귀화자(7.2%)보다 크게 높은데 이들이 의료보험제도에 가입되어 있지 않은 이유는 외국인은 본래 가입이 안 되는 것으로 잘못 알고 있기 때문인 것으로 나타났다. 여성결혼 이민자는 국민건강보험의 임의 가입 대상이다.

넷째, 가정폭력과 불화 등으로 이혼이 급증하고 있는 문제가 있다. 특히 한국 사회의 전반적인 가정파괴와 이혼율의 증가가 영향을 주고 있는 것도 사실이다. 돈을 매개로 이루어진 상업화된 결혼, 시댁과 친지의 비우호적인 환경, 남편의 정서적 불안정 등 때문에 가정폭력과 불화로 이어지는 경우가 적지 않다. 알코올 중독, 이상 성행위자, 습관화된 폭력 등으로 결혼이 불가능한 상태에 이른 사람이 국제결혼 시장에 유입되어, 결혼 생활을 유지하기위해 외국인 배우자를 철저히 통제하고, 성적 학대의 양상과 정도가 심각한 수준에 이르는 경우가 많은 것으로 나타났다. 복지부 실태조사(2005)에 따르면 가정폭력 경험은 언어폭력(31%)이 가장 많았고, 신체적 폭력(26.5%), 성적학대(23.1%), 위협(18.4%) 등의 순이었다.

3. 국제결혼 또는 여성결혼이민자와 한국교회

앞장에서 한국에서 이루어지는 국제결혼의 다양한 실태와 그와 관련된 가정생활 및 여러 문제점들에 대하여 개괄적으로 살펴보았다. 왜 이러한 문제들이 발생하고 있는가? 여러 각도에서 질문과 대답을 던져 볼 수 있겠으나 필자는 이제 결혼에 대한 신학적 이해를 바탕으로 어떻게 이 문제들에 대해 기독교가 응답하여야 하는가 하는 문제를 다루어 보고자 한다.

1) 혼종혼인의 문제

먼저 정리해야할 문제는 기독교인들이 타 종교인 혹은 무종교인과의 결혼에 있어서 어떤 입장을 취해야하는가 하는 문제를 숙고해야 한다. 즉 한국인이 제3세계출신 여성과 결혼하는 것은 부당혼인인가 하는 문제가 제기되는 것이다. 이 문제에 대해여 로마 가톨릭은 분명한 입장을 취하고 있는 것이 사실이다. 혼종혼인에 관한 교서는 가톨릭 교인이 아닌 배우자와의 결혼 승인이 상당히 제한적일 수밖에 없음을 명시하고 있다. 다음과 같이 구체적으로 말하고 있다.[10]

> 실상 교회는, 종교의 차이와 그리스도교 신자들 간의 분리로 기인된 혼종혼인이, 예외적인 경우를 제외하고서는, 모든 그리스도교 신자들의 제일치의 유조하지 못함을 알고 있다. 혼종혼인에는 수다한 곤란이 내재되어 있은즉, 의당히 크리스찬 가정이라 불리는 교회의 산 세포 속에 분리가 도입되이, 특히 교회의 예배와 자녀교육에 관한 일 등 종교사의 차이 때문에, 가정 안에 있어서 복음의 가르침의 준수를 더 어렵게 만든다.
>
> 그럴지라도, 세례 받은 자들 사이의 혼종혼인에 내재하는 곤란을 간과할 수 없다. 혼인의 성사적 본성에 관해서 교회 안에서 거식된 결혼의 고유한 의의에 관해서 혼인과 가정에 관련된 어떤 윤리원칙의 해석에 관해서, 가톨릭교회에게 바쳐야 될 순명의 한계에 관해서, 교회 권위의 관할에 관해서, 빈번히 의견의 차이가 있다. 그러기에 이러한 곤란은 그리스도교 신자들의 일체가 재건되어야만 비로소 온전히 해소될 수 있음이 명백하다.

---

10) 『사목』 제24집 정진석 역, 「혼종에 관한 법규를 제정한 자발교서」 자료.

가. 세례 받은 양인 중, 한편은 가톨릭 신자이고, 다른 편은 비 가톨릭 신자인 경우의 혼인은 그 본성상 배우자들의 온전한 영적 결합이 장애되므로, 교구정당권자의 사전 면제 없이 체결함은 불가하다.

나. 양인 중, 한편은 가톨릭교회에서 세례를 받았거나 혹은 가톨릭교회로 들어온 자이고, 다른 편은 세례 받지 않은 자인 경우, 교구정당권자의 사전면제 없이 체결된 혼인은 무효이다.

2) 성서에서 말하는 결혼의 언약성

결혼에 관해 성서는 어떻게 말하고 있는가? 성서의 처음이야기가 인간의 창조와 결혼에 관한 것임을 주목할 필요가 있으며, 기독교는 세계종교 중 가장 강하게 가정과 결혼의 소중함과 독특성을 말하고 있음에 주목할 필요가 있다. 성서에 나오는 예수의 행적 중 첫 이적이 가나의 혼인잔치에서 물로 포도주를 만드는 사건임을 상기할 필요도 있다. 성서의 해석에 따라 다양한 의미와 상징성을 갖게 되는 것은 사실이지만 기본적인 의미를 간과해서는 안될 것이다.[11] 많은 사람들이 결혼의 신성한 의미를 이해하지 못하고 매우 실용적이고 이기적인 동기에서 결혼이 아닌 '결혼예식'만을 행하는 경우가 많다. 강인한 교수는 계약이 아닌 언약으로서의 결혼이라는 차원에서 기독교적 결혼의 의미를 주장한 바 있는데, 결혼의 중요성에 대해 이렇게 언급하고 있다. "사실 결혼이 무엇인지, 왜 결혼을 하는지도 모르고 결혼하는 사람들이 적지 않다. 결혼의 근본적인 의미에 대한 무지가 결혼의 파탄과 가정의 비극을 초래한다. 많은 사람들이 결혼의

---

11) 신약성서 요한복음에 나오는 이적이다.(요한복음 2: 1~11)

의미를 이해한다고 해도, 대부분 그것을 세속적인 개념으로 파악하고 있다. 그 결과, 우리의 사고방식과 정신세계는 이미 헤어나기 어려운 자아중심성(self-centeredness)에 깊이 물들어 있다."[12]

그는 언약으로서의 결혼에 대해 ① 언약은 다른 사람의 유익을 위한 동기에서 시작된다. ② 언약은 서로 무조건적인 약속을 맺는다. ③ 언약은 불변적인 사랑에 기초해 있다. ④ 언약은 헌신을 영원한 것으로 본다. ⑤ 언약은 대면과 용서를 구한다 등을 특징으로 제시한 바 있다. 사회적 계약 행위의 하나로서 결혼의 신성함이 파기의 위협을 받고 있는 상황 속에서 비현실적인 이상론이라는 비판을 받을 수도 있겠으나, 다시 한 번 결혼의 가치를 생각하게 해주는 지적이다. 그는 결혼에 관해 이렇게 말한다. "결혼은 모든 사회가 인정하는 제도이다. 하지만, 그것은 인간의 고안물이 아니다. 결혼은 하나님의 아이디어다. 결혼은 하나님에 의해 사람의 무죄시대에 제도화된 것으로서 한 남자와 한 여자 간에 평생 동안 유지되는 신비한 연합이며 배타적인 언약이다."[13]

결혼에 관해서도, 지나치게 이기적이고 인간중심적인 동기가 '윤리적 정당화'의 근거가 되기 쉬운 현대 상황 속에서, 기독교의 결혼이 하나님과의 약속에 관계되는 언약적 특징과 의미가 있음을 강조하는 것은 매우 의미 있는 일이다. 물론 여러 이유 때문에 결혼하지 못하거나 파국을 맞고 있는 이들에게 문자적인 율법주의로 다가서는

---

12) 강인한, 「언약으로서의 결혼이해」, 『기독교사회윤리』 제9집, 한국기독교사회윤리학회. 82쪽.
13) 위의 글, 108쪽.

근거가 되어서는 안 될 것을 전제로 해야 할 것이다. 어떤 면에서 다양한 인간사 속에서 아가페의 사랑을 완성할 수는 없지만, 단순한 상호애가 아닌 아가페 사랑을 사랑의 목표나 지향으로 삼아야 한다는 라인홀드 니버의 지적을 적용해 볼 수도 있을 것이다.

3) 한국교회는 국제결혼 또는 여성결혼이민자를 이방인으로 둘 것인가?

한국 교회는 외국인 노동자들을 위한 선교 및 봉사에 많은 노력을 할애하고 있는 것이 사실이다. 그러나 이에 비해 국제 결혼한 외국인 여성에 대한 선교 및 프로그램에는 상당히 소극적인 측면이 없지 않다고 볼 수 있다. 여기에는 그들 대분이 폐쇄적인 생활을 하는 특징의 영향이 있기도 하다. 한국 사회에 속해 있으면서도 이방인과 같은 존재로 있는 코시안들의 문제를 해결하기 위해서는 한국사회의 문화적 편견 타파와 국제 결혼한 이들의 적응능력 강화가 가장 핵심적인 해결책으로 제시되고 있는데, 신앙 또한 매우 중요한 요소로 작용하고 있음을 국제결혼한 이들의 구체적인 이야기에서 볼 수 있다.[14]

처음에는 현재의 주택으로 이사 오는 것도 싫어했다. 남편은 부모님을 모시고 살기 위해 새 주택을 구입했다. 마리와 한마디 상의도 없었

---

[14] 아래의 이야기는 신란희씨의 우즈베키스탄 여성과 필리핀 여성의 생애사를 결혼을 중심으로 내러티브식으로 소개한 형식의 논문에서 인용한 것이다.(신란희, 서울대학교 대학원 석사논문 2005년 2월).

다. 사람들을 만나는 것도 싫었고 왕래도 하지 않았다. 하지만 마음이 열리면서 모든 삶이 달라지기 시작했다. 상문이가 아프면서 신앙심이 더 깊어졌다. 시어머니는 상문이가 아프니까 이름을 바꾸자고 했다. 하지만 마리는 신앙에 더욱 절실하게 매달릴 뿐이었다.

"남편하고 싸워서 힘들 때마다 하나님을 찾거든요. 그러니까 하나도 안 미워요. 걱정하다가도 하나님 말씀 생각하면 걱정이 없어져요. 응답이 있어요. 아기 아픈 거 다 나를 위해서예요." (중략) "아이고 우리남편, 불쌍해라. 아직까지 밥도 못 먹고 일하느라 고생이 많았다." 마리의 마음에는 착한 남편이라는 생각과 바람피우는 남편이라는 생각이 교차하고 있었다. 하지만 마리는 든든한 믿음을 달라고 기도한다. 그래서 바람을 피든 술을 마시든 나에게 돌아오게 해 달라고 기도할 수 있길 바란다. 술 마셔도 사고 없이 돌아올 수 있게 해달라고 기도할 수 있도록 더 깊은 믿음을 달라고 기도한다.

4. 기독교저 결혼관의 정립

다민족, 다문화, 다인종 사회로 변해가고 있는 한국사회를 한국교회는 어떻게 볼 것인가? 그리고 그것에서 파생되는 문제에 대해 어떻게 대응할 수 있을까? 한국 사회는 지금 중요한 기로에 처해 있다. 내외적으로 문화에 대한 입장을 제대로 정리하지 못하면 기독교는 외면 받는 종교가 될 것이며, 사회적 영향력을 행사할 수 없게 된다. 위기는 또 다른 기회라는 면에서 급속한 개방과 자유화 상황 속에서 국제결혼과 관련한 문제에는 다음과 같은 윤리적 판단 및 행위의 결단이 요구된다고 생각한다.

  첫째, 한국교회는 결혼관에 대한 확고한 입장 정리 및 표명을 할 필요가 있다. 이는 개인의 문제만이 아니라 교회 공동체의 운명이 걸린 문제이기도 하다.[15] 국제결혼 또는 여성결혼이민자의 문제를 이제 교회 밖의 문제로만 볼 것이 아니다. 즉 이 사회를 통합하고 안정을 기하기 위해 국제결혼을 바라보고 적극적으로 해석해 '성문 밖의 사람들'이 아니라 '성문 안 사람'으로 만드는 일에 심혈을 기울여야 할 것이다. 교회 헌법에 있어서나 지 교회의 규정 및 방침도 좀 더 그들에 대한 이해와 배려를 전제하면서도 일관되게 유지될 필요가 있다.

  둘째, '제3세계'에서 온 여성결혼 이민자들의 자국문화에 대한 이해와 한국문화에 대한 이해를 돕는 방안이 필요하다. 구체적으로, 그들을 교회공동체 또는 지역공동체 속으로 들어올 수 있게 하는 문화적 접근이 필요하다. 시대를 앞서던 교회의 교육과 봉사 프로그램들이 현재는 시민단체나 행정기관의 활동보다 뒤쳐지는 경우도 많다. 문화의 상호 이해와 언어 및 사회 적응능력 힘양을 위한 프로그램들이 좀 더 적극적으로 교회 내의 프로그램으로 상설화될 필요가 있다. 나름대로 축적된 경험을 갖고 있는 외국인 근로자 사역과 상호연대하면 상승 효과도 있을 것으로 보인다.

  셋째, 한국교회는 우리 사회의 지나치게 물질화되고 세속화된 결혼관에 대한 경계와 대안모색을 제시해야 한다. 그리고 교회공동체 속에서부터 타자를 소외시키는 것이 아니라 함께 하는 '배려의 윤리'

---

15) 극단적이고 잠정적인 추청이기는 하지만 현재 우리나라의 결혼과 출산율이라고 하면 2800년경이 되면 한국 땅의 인구는 0명이 된다고 한다. 결혼의 여러 의미를 발견하기에 앞서 인류의 종족보존이라는 측면에서도 결혼은 매우 신비롭고 종교적인 의미를 담고 있다고 보아야 할 것이다.

를 확립하는 교육을 강화해야 할 것이다. 외국인과의 결혼동기 자체가 아주 실용적인 성격을 갖거나 광의의 매매혼으로 발생하는 경우도 있다. 사람들은 무엇을 위해 어떤 입장에서 결혼을 하는가? 다시한 번 결혼에 대한 근원적인 성찰을 던져볼 필요가 있다. 특히 단순히 인간의 양심과 덕성에만 호소하는 차원에 머물지 말고 사실상의 매매혼을 차단하기 위한 사회윤리적 접근이 요청된다. 불건전한 결혼 관련 비즈니스들이 성행하지 못하도록 법과 제도적인 장치를 마련하는 일도 병행되어야 할 것이다.

참고문헌

박노자,『하얀가면의 제국』, 서울: 한겨레신문사, 2003.

신란희,「국제결혼 여성의 가족, 일 그리고 정체성: 우즈베키스탄과 필리핀 여성
    의 생애사 연구」, 서울대학교대학원 석사논문, 2005.

하 밍 타잉,「1992년 이후 한국과 베트남 사이의 국제결혼에 대한 연구-베트남 여
    성의 문화적 적응을 중심으로」, 서울대학교 국제대학원 석사학위논문,
    2005.

박종삼,「한미국제결혼에서 나타나는 의사전달 갈등의 임상적 고찰」,『사회사업학
    회』, 4호, 1983, 1~13쪽.

여성주의 저널『일다』,「국제결혼 이주여성의 신분은 며느리?」, 2006년 8월 14일
    자.

연합뉴스,「미혼자 54% 외국인과 결혼 가능」, 2006년 4월 12일자.

여성주의 저널,『일다』,「국제결혼? '상표'로 취급되는 여성들」, 2006년 4월 20일자.

정진석 역,「교황 바오로 6세의 혼종혼인에 관한 법규를 제정한 자발교서」,『사목』
    제24집, 한국천주교중앙협의회, 1972.

『한겨레21』 450호, 2003년 3월 13일자.

『한국일보』(신년특집)「가족 형태가 바뀐다」, 2004년 12월 31일자.

제11장

성 의 매 춘 화 와 성 매 매 에 대 한 윤 리 적 고 찰

1. 성매매의 개념과 역사

1) '성산업'의 역사와 개념

'성매매특별법'이 발효되기 시작하면서 성매매 및 집창촌에 더욱 많은 관심이 쏠리고 있다. 성매매란 성적 행위에 대해 금전적 대가를 지불하고 지불받는 거래를 통칭하는 개념으로 기존에 사용해 온 윤락, 매춘, 매매춘, 매음 등의 개념을 포함하고 있다. '성매매특별법'이 제정되기 전에 있었던 '윤락 행위 등 방지법'에서 규정하고 있는 윤락(淪落)이라는 용어는 성매매를 사회문제가 아닌 개인의 도덕적인 측면에서 정의하고 있기 때문에 적절하지 않다. 매음(賣淫)이나 매춘(賣春)은 '성을 사는 행위'를 덮어주고 '성을 파는 것'에만 초점을 맞추고 있기 때문에 역시 적절하지 않다. 매매춘(賣買春)은 여성의 성과 몸을 봄이나 꽃으로 비하하는 일본식 표현이기도 하다.[1] 매춘을 영어로 표기하면 harlotry; prostitution; streetwalking이 된다. 그리고 매춘방지법은 the Anti-Prostitution Act, 윤락은 ruin으로 표기한다. 성매매를 sex trafficking이라고 표기한 것은 2001년 7월 미 국무부의 「인신매매보고서」에서 우리나라를 국제적 인신매매의 출발지이자 경유지로 발표한 이후이다. 2002년 월드컵 개최로 국내에서도 이 문제에 대한 관심이 높아진 가운데 여성부에서 제작된 첫 번째 외국인을 위한 안내 리플렛에 "STOP SEX TRAFFICKING, 성매매는 국경 없는 인권침해입니다"라는 타이틀이 사용되면서 부터라고 할 수 있다.[2] 그동안

---

1) '성매매'는 '성을 파는 행위'에만 초점을 맞추는 것에서 벗어나서 '성을 사고파는 행위' 모두를 다루고 있으며, 여성을 봄이나 꽃으로 비하하는 표현에서도 벗어날 수 있다. 그러나 이 용어도 역시 한계를 가지고 있다. '성을 매매하는 행위'만을 강조하고 있을 뿐, 성매매가 성적 착취를 목적으로 가해지는 인권침해라는 점이 드러나고 있지 않기 때문이다. 송인환, 「성매매 필요악? 절대악?」, 월간 『말』 2004년 10월호, 124~125쪽 참조.

   국어사전을 보면 윤락(淪落)은 '(몰락하여 타향에서 떠돎의 뜻으로) 타락하여 몸을 버리거나 몸을 파는 처지에 빠짐'으로, 매음(賣淫)은 '여자가 돈을 받고 몸을 파는 일'로 정의하고 있다. 성매매라는 항목을 찾으면 없는 것으로 보아 아직 그 뜻이 정의되지 않은 것으로 보인다.

   성매매 피해 여성의 자활지원을 위한 '다시함께센터(http://www.dasi.or.kr:)'의 성매매 상식 코너에서는 '윤락 행위'등의 용어는 성매매를 매개로 하여 부당한 이득을 취하는 사람들의 범죄를 은폐하며, '매매춘'이라는 말은 성을 봄에 비유하고 있는 등, 성매매로 인해 발생하게 되는 문제점까지 자연스러운 것으로 생각하게 될 소지가 있을 것이라고 지적하고 있다. 따라서, '성매매'란 용어가 성을 사고 파는 행위와 이들을 연결하는 알선 행위 등을 모두 포함하는 표현으로, 자본주의 사회에서 인간의 몸이 상품처럼 매매되는 현실을 명확히 하는 올바른 표현이라고 주장하고 있다.

소위 '집창촌'에서는 많은 사건들이 있었다. 2000년 9월 군산 대명동 '쉬파리 골목'의 화재로 5명의 여성이 사망, 2001년 2월 부산 완월동의 한 여관에서 화재가 발생하여 4명이 사망, 2002년 1월 29일 군산 개복동 성매매 업소에서 화재가 발생하여 14명의 여성이 질식사 하는 등의 사고가 발생하였다. 특히 군산 대명동 '쉬파리 골목'화재 참사는 성매매와 관련된 여성들에 대한 사회적 관심을 한층 높이는 계기가 되었다. 즉 성매매는 하나의 인신매매일 뿐 아니라 이로 인한 불법감금, 강간, 폭력, 경제적 착취 등 여성에 대한 여러 형태의 인권 유린을 발생시키고, 더 이상 방치할 수 없는 시급한 사회문제라는 인식을 확대시켰다.

여성계, NGO, 현장 활동가 집단과 정부는 힘을 모아 군산 대명동 화재사건이 발행한지 4년이 지난 2004년 3월에 '성매매 알선 등 행위의 처벌에 관한 법률'과 '성매매 방치 및 피해자보호 등에 관한 법률'(이하 '성매매 방지법')을 제정 하였다. 그런데 이 법률은 상당히 진보된 법으로 지금까지 성매매 알선 범죄를 용인하면서 무분별하게 성산업이 확산되도록 방치하고, 나아가 성매매 여성의 인권 침해를 외면해 왔던 과거를 반성하면서 새롭게 제정된 인권법이라고 할 수 있다. 이 법의 제정으로 성매매 피해자 여성들을 '윤락녀'라고 하여 처벌했던 '윤락행위 등 방지법'은 역사 속으로 사라졌다. 하지만 윤락행위, 매춘, 매음, 매매춘 등 다양하게 불려온 '성매매' 또는 '성 노

---

2) 이것의 내용은 국내법에서 규정하고 있는 성적 착취를 목적으로 한 약취 · 유인, 윤락여성의 해외 송출 및 국내 이송, 매춘 강요, 감금 등 불법행위 금지와 강력한 처벌조항에 대한 설명과 함께, 국제적 성매매 범죄로 인한 외국인 피해자를 위한 신고 및 상담 전화 안내를 담고 있다. 이는 성매매가 국내 문제에 국한되지 않음을 보여주고 있으며, 본 글에서도 성매매의 영어 표기는 sex trafficking이 가장 적절하다고 판단되었다.

동 매매'는 아직도 다양한 형태로 우리 사회 속에서 일어나고 있는 것이 현실이다. 전국적으로 보아도 '성산업'이 지방 경제를 이끌고 있다는 말이 나올 정도로 특정 구역뿐 아니라 주택가에서까지 성을 사고파는 일들이 다양한 방법으로 발생하고 있다. 성매매 특별법의 발효와 대대적인 집창촌의 단속이 이루어지면서 다양한 방법으로 변형된 성매매가 일어나고 있는 것이 현실이다.

이미 상당수의 사람들에게 익숙해진 성산업은 여성에 대한 분명한 폭력인 성매매를 정상적인 성관계로 오해하도록 만드는 경향도 있다. 그런데 성매매의 문제는 단순히 개인들의 성윤리 의식 차원에서 해결될 수 있는 문제가 아니다. 즉 개인적인 관계에 관련된 문제라기보다는 인간에 대한 이해와 인간의 욕구, 인권, 폭력, 경제 구조, 정치적 역학, 노동의 문제, 남성다움의 문제 등을 어떻게 이해하고 그 답을 찾아 실천하는 가에 대한 복합적인 윤리적 비판 및 분석을 요청하는 문제라고 할 수 있다.

그동안 한국의 기독교 주요 교단과 윤리학계는 한국기독교의 중요한 공헌[3] 가운데 하나인 여성운동 특히 '여성의 인권 문제와 관련이 깊은' 성매매 문제보다는 사회 정의, 생명윤리, 환경 윤리, 대중문화

---

[3] 한국 기독교는 선교 초기부터 여성의 사회적 지위확보나 기본적 인권의 회복에 많은 기여를 하였다. 가톨릭의 전래가 시작되면서 남녀는 모두 똑 같은 하나님의 피조물이라는 사상적 배경 하에 남녀평등의 인식이 형성되었다. 그러나 여성 지위 향상의 본격적 계기는 개신교의 선교와 함께 시작되었다. 개신교는 선교 초기부터 미국에서 여성 운동을 경험한 여성 선교사들이 입국하였으며, 그들은 교육, 의료 선교 활동 등을 통한 방법으로 여성운동을 적극적으로 전개하였다. 또한 일제 식민지 시대에는 근우회, YWCA 등을 통해 '인신매매와 공창제 폐지 운동', '축첩제 폐지'에 앞장섰으나, 일제 말기와 해방 그리고 한국전쟁 이후에는 '여성이 처해있는 현실의 문제'에 대해 관심을 갖기보다는 '교회 내에서 여성의 역할'을 주로 강조해왔다.

등과 같은 거대담론에 많은 관심을 두었다고 할 수 있다. 아마도 성
매매 문제는 특별한 현장 활동가의 영역이거나 사회복지 차원의 영
역으로 보아온 견해도 많았다. 기독교윤리학에서 다루는 '성(性)'담론
의 주요 주제도 '동성애', '성과 결혼', '혼전 순결', '낙태', '이혼 및
혼외정사' 등에 치우친 경향이 있다. 물론 성산업의 번성에 대한 우
려를 나타내며, 윤리적 실천이나 문화 운동을 펼치는 단체들도 있으
나 아직도 여러 면에서 부족한 측면이 많다.

2) 성의 매춘화 과정

이제 성의 매춘화 과정과 성매매에 대한 윤리적 문제들을 논의해
보고자 한다. 이러한 성매매 문제에 대한 대답은 어떻게 제시할 수
있을 것인가? 필자는 생명과 책임윤리의 관점에서 이 문제를 바라볼
수 있다고 본다. 거스탑슨(Gustafuson)은 생명에 대해 논의 할 때 "우
리 인간은 생명에 대한 청지기이며 동시에 그 생명을 어떻게 영위히
나갈 것인가에 대해 하나님께 책임을 져야한다. 참여자로서 우리는
생명은 하나님께로부터 주어진 선물이며, 또 생명의 힘은 하나님께
있음을 자각하고 그의 인도하심에 따라 생명을 발달시키고, 또 생명
을 주신 목적을 이루도록 응답해야 한다"4)고 주장한 바 있다. 책임
은 하나님 및 우리와 더불어 사는 인간들 앞에서, 인간 삶의 공동체
앞에서 및 하나님의 피조물들 앞에서 이루어진다. 이런 시각을 통해

---

4) J.M. Gustafuson, "God's Transcendence and the Value of Human Life", in *Christian Ethics and the Community*(Philadelphia: Pilgrim Press, 1971), p.141 스콧래 & 폴 콕스, 김상득 역, 『생명윤리학』(서울: 살림, 2004), 62쪽에서 재인용.

우리는 우리 사회의 고질적인 성매매 행위가 인간과 생명에 대한 존중, 사회 정의의 차원 등 다양한 차원에서 논의될 수 있음을 확인하게 된다.

2. 성매매의 실태와 이를 바라보는 다양한 입장[5]

성매매는 매매춘, 혹은 매춘, 매음, 윤락 등으로 표현되어 왔다. '성매매방지법'이 제정, 시행되기 전 한국에서 성매매와 관련된 중심적인 법률은 '윤락 행위 등 방지법' 이었다. 이 법 제2조에서는 성매매를 다음과 같이 정의하고 있다. "본 법에서 윤락행위라 함은 불특정인으로부터 금전 및 기타 재산상의 이익을 수수하는 약속을 하거나 기타 영리의 목적으로 성행위를 하는 것을 말한다." 그리고 '성

---

5) 성매매에 대한 법제도는 금지주의, 규제주의, 합법화로 나눌 수 있다. 현재 널리 적용되고 있는 매매춘에 관한 국제적 협약은 1950년에 제정된 "인신매매 금지 및 타인의 매춘 행위에 의한 착취 금지에 관한 협약(Convention for the Suppression of the Traffic in Persons and of the Exploitation of Others)"이다. 이 협약은 체결당사국이 다음과 같은 행위를 하는 자를 처벌하도록 되어 있다. (1) 매춘을 목적으로 타인을 합의여부에 불구하고 소개하거나 유혹 또는 유괴하는 자; (2) 합의여부에 불구하고 타인의 매춘행위를 착취하는 자; (제1조) (3) 매춘숙을 소유하거나 경영하고 또는 그에 필요한 재정을 의식적으로 제공하거나 또는 제공하는데 관여한자; (4) 타인의 매춘을 목적으로 가옥이나 장소 또는 그 일부를 대차 또는 제공한 자(제2조) 또한 제6조 에서는 매춘종사자 또는 종사용의자들이 특별등록, 특별문서의 소유 또는 감독과 통고에 관한 특별한 요건에 따르도록 하는 취지를 규정한 모든 현존 법규나 행정규정을 폐지하는 조치를 취하도록 하고 있다.

　매매춘에 관한 또 하나의 국제적 기준은 여성차별철폐협약(CEDAW: Convention on the Elimination of All Forms of Discrimination Against Women)에 포함된 매춘에 관한 조항이다. 여성협약 제6조에 "당사국은 여성에 대한 모든 형태의 인신매매 및 매춘

매매 방지법' 제2조에서는 다음과 같이 성매매를 정의한다. "성매매라 함은 불 특정인을 상대로 금품 그 밖의 재산상의 이익을 수수·약속하고 다음 각목의 어느 하나에 해당하는 행위를 하거나 그 상대방이 되는 것을 말한다. 가. 성교행위, 나. 구강·항문 등 신체의 일부 또는 도구를 이용한 유사 성교행위"이다. 여기서 우리는 두 법의 정의 상의 차이를 통해 성매매와 성행위에 대한 견해가 어떻게 변천했는지를 알 수 있다. 그런데 이렇게 성매매는 불법행위로 규정되어 있음에도 불구하고 사회적인 묵인 하에 공공연하게 일어나고 있고, 나아가 소위 향락산업, 유흥산업이란 이름으로 불리며 거대한 하나의 업종으로 자리매김을 한 것이 현실이다.

이러한 성매매는 아주 다양한 형태로 존재하고 있는데, 흔히 '원조교제'라 불리는 십대 성매수에서부터, 속칭 '미아리 텍사스', '청량리 588', 등의 집창촌 성매매, 티켓다방, 기지촌의 미군전용클럽, 룸살롱, 안마 시술소, 퇴폐이발소 등 기업형 성매매까지 다양한 형태로 나타

에 의한 착취를 금지하기 위하여 입법을 포함한 모든 적절한 조치를 취하여야 한다"고 규정되어 있다. 이 협약을 준수하는지에 대한 점검을 위하여 협약당사국은 4년마다 여성차별 철폐위원회에 보고서를 제출하도록 되어있다.

위의 두 국제협약에서 볼 수 있는 것과 같이 국가 간에는 매춘을 목적으로 한 인신매매나 타인의 착취, 중간알선자를 처벌하는 것을 골자로 하고 있고, 매춘을 하는 당사자에 대한 규제여부는 국내법에서 처리하고 있는 것을 알 수 있다. 우리나라는 매매춘협약에는 1962년에, 여성차별 철폐협약에는 1984년에 가입하였으며, 국제협약은 국내법과 똑같은 효력을 가지므로 이 법의 모든 조항을 지킬 의무가 있는 것이다.

국제협약이 아니라 법적인 구속력이 있는 것은 아니지만 매매춘에 과한 또 하나의 국제적 기준은 1995년에 개최되었던 제4차 세계여성회의에서 채택된 "북경선언문과 행동강령"에 명시된 매매춘관련 항목이다. 즉 여성의 인신매매와 강제매춘을 여성에 대한 폭력으로 규정하고, 그 피해자들을 지원하기 위한 특별방안을 채택할 것을 촉구하고 있다.(정무장관실, 1995: 66, 73, 74). 신혜수, 「매매춘 문제의 올바른 해결을 위한 방안 매춘여성의 현실과 사회복귀 방안」, 한국교회여성연합, 2~3쪽.

나고 있다.

1) 성매매의 실태

한 연구에 따르면 1980년대에는 87퍼센트의 한국 남성이 혼전 성관계 경험이 있으며, 이중 50퍼센트의 남성이 그들의 첫 성관계를 매춘 여성과 한 것으로 나타난 반면[6], 1990년대에는 68퍼센트에 달하는 젊은 군인들이 성경험을 갖고 있었으며, 이 중 22퍼센트가 성매매를 통해 첫 성관계를 한 것으로 알려졌다. 이 같은 일련의 연구를 반영하면 약 백만 명의 여성들이 한국 성매매 산업에 종사하고 있는 것으로 추정되고 있으며, 이는 15세에서 29세 사이의 한국 여성 중 20퍼센트에 달하는 숫자이다.[7] 1994년 4월 『한겨레21』에 따르면, 성매매 산업의 자본 규모가 1년에 약 43조원에 달하는 것으로 추산된다고 보도했다. 1999년 한 해 동안 국세청은 총 23만 9,241개의 음식점과 술집과 숙박업소 허가를 해주었는데, 이는 1998년보다 14,439여 곳이나 늘어난 것이다. 특히 룸살롱의 경우 1998년 2,016개였던 것이 불과 1년 후인 1999년에는 4,275개로 112퍼센트나 늘어나기도

---

6) 장필화·조형, 「한국의 성문화 -남성 성문화를 중심으로」, 한국여성연구원 편, 『여성학논집』 제8집, 1991, 127~170쪽.

7) 한국에서 성매매 산업에 대한 정확한 통계 자료는 없다. 기존의 조사들도 상업적인 성매매 지역들의 숫자를 근거로 여러 여성 단체들이 대략적으로 추정한 것이다. 만약 이같은 숫자가 사실이라면, 이는 15세에서 29세까지의 한국 여성 중 20퍼센트가 성매매 업에 관계되어 종사하고 있음을 의미한다. 한국여성개발원이 1998년에 발간한 『성산업에 유입된 여성』에는 위와 같은 기존 연구들의 결과가 요약되어 있다. 쳉 실링(Cheng Sealing), 「한국 남자들의 '남자다움'을 향한 끝없는 욕구: 한국 사회 속의 성매매와 애국심」, 『당대비평』 20, 해외 기고, 256쪽.

했다.[8] 1990년대 후반 성행하기 시작한 십대 소녀들의 성을 사고파는 이른바 '원조교제'[9] 문제는 한국 사회에 뜨거운 논쟁을 불러일으켰다. 뿐만 아니라 이 무렵 색다른 쾌락을 좇는 남성들이 늘어나면서 해외 여성 성 노동자들이 유입되기 시작하기도 하였다. 이 같은 성매매 산업의 확대는 1980년대 이후 경제 성장으로, 생계비 이외의 지출이 가능해진 중산층의 폭이 확대되는 것과도 깊은 연관이 있다고 할 것이다. 이런 한국의 성매매 실태에 대한 이해를 바탕으로 성매매에 대한 자유주의, 사회주의 페미니스트들, 급진적 여성해방론의 입장들을 살펴보고자 한다.

2) 성매매에 대한 자유주의적 입장

자유주의적 입장에서는 성매매에 관한 법적 제재는 부당하다고 판단한다. 각 개인은 자신에 대해서, 자신의 육체와 정신에 대해 주권자로서 목숨이나 노동, 사유재산과 같이 자신에게만 연관된 부분에 한해서 절대적 독립성을 갖기 때문이다. 성의 매매는 다른 상품의 매매와 다를 바가 없으며, 법은 다른 계약에 관여하는 범위 내에서만 관여해야 한다는 것이다. 이러한 입장에 따르면 성매매는 합법화되어야 하며, 성매매에서 일어나는 성행위는 다른 노동과 구분될 필요가 없게 된다. 자유주의적 입장에서 성매매에 대한 법적 제재를 반대하는 주요 논거는 대략 세 가지로 정리될 수 있다. 첫째는, 여성

---

8) 『조선일보』 2000년 1월 21일자.
9) 1999년에 개봉한 장선우 감독의 <거짓말>과 2004년 개봉한 김기덕 감독의 <사마리아>는 원조 교제를 통한 성매매에 대해 다루고 있다.

에 대한 법적 불평등이라는 입장이다. 둘째는, 성매매에 대한 법적 제재는 성매매 여성의 지위 자체를 하나의 위반 사항으로 간주하는 것이므로, 즉 창부가 된다는 것만으로도 위반 사항이므로 창부에게는 '잔인하고 이례적인 벌'을 가하는 꼴이 된다는 주장이다. 셋째는, 개인이 자신의 몸에 대해 갖는 권리를 침해하는 것이라는 주장이다.

이렇게 되면 성매매를 일체의 국가적 제재 없이 직업으로 인정하고 자유로운 영업까지도 보장할 것을 요구하는 것이다. 1980년대에 유럽에서 모인 World Whore's Congress에서 이 입장이 표출되었다. 이 회의에 참석했던 사람들 중에는 성매매 여성들과 여성 운동가들 이외에 성매매업을 하는 포주들도 포함되었다고 한다. 성매매 여성들 중에서도 고소득을 올리는 고급 콜걸들이 이 입장을 취하고 있는 것으로 알려져 있다.

그런데 이러한 자유주의적 입장의 약점은 설사 개인간의 성매매가 사회의 다른 성원들에게 해악을 끼치지 않고 상호 자발적이고 자유로운 계약 관계 속에서 이루어진다고 할지라도 계약 발생 이전부터 존재하는 불평등의 상황에 대한 고려가 없다는 것이다. 즉 한 개인이 어쩔 수 없이 그러한 계약을 맺게 되는 상황이나 그러한 계약에로 이끄는 경제적 강제를 고려하지 않는다면, 자유로운 동의에 기초한 계약 관계란 말은 환상에 불과한 것이다. 즉 사회 안에서 여성이 경제활동을 할 수 있는 영역이나 기회가 극히 제한되어 있는 상황 하에서 맺게 되는 성매매의 계약은 설사 그것이 자유로운 동의의 형태를 취한다 하더라도 강제로 간주되어야 할 것이다.[10] 이런 경우를

---

10) 김혜숙, 「경제적 합리주의와 매춘」, 『철학과 현실』 17권, 1993, 189~191쪽.

주변에서 어렵지 않게 볼 수 있다.

3) 사회주의적 페미니스트들의 입장

사회주의적 페미니스트의 입장에서, 성매매는 자본주의 체제의 부산물이기 때문에 사라져야 한다는 주장들이 많다. 이러한 논리는 "성매매가 노동자의 일반적인 성매매의 특정한 표현일 뿐"이라는 마르크스의 주장에서 도출되며, 성매매에 대한 비판은 자본주의 체제와 사유 재산 그리고 가족 관계에 대한 전반적인 비판 속에 포함되어 있다. 엥겔스는 성매매를 계급 사회의 부산물로 보았기에, 성매매는 사유 재산제와 자본주의 체제가 몰락하면 함께 사라진다고 보았다. 영국의 메리 울스턴크래프트(Mary Wollstonecraft)는 결혼을 "합법적 성매매"라고 간주하기도 했다. 또 골드만은 결혼한 여성이 한 남자에게 몸을 파는 것이나 성매매 여성이 여러 남자에게 몸을 파는 것은 정도의 문제일 뿐 다를 것이 없다고 하기도 했다.

경제적 필요에 의한 여성의 결혼과 경제적 필요에 의한 여성의 성매매 논리는 사회주의 페미니스트들에 의해 더욱 정교해졌다. 이런 입장에서 사회주의 페미니스트들은 성매매와 임금 노동을 동일하게 간주했다. 이런 주장은 실라 로보탐(Shila Rowbotham)에 의해 계승 발전되어, 성매매 여성은 돈을 위해 사랑을 제공하며 노동자는 임금을 위해 그들의 손과 삶을 제공한다는 것이다. 성매매는 경제적인 강압, 착취와 임금 노동의 소외를 표상하며, 자본주의 사회에서 여성과 임금 노동자의 일반적 상태는 비인간적이라는 것이다. 성매매 여성은 도덕적으로 타락한 사악한 존재일 뿐만 아니라 계급적으로도 가장

비참하고 저급하다는 것이다.

성매매에 대한 마르크스주의 또는 사회주의 페미니스트들의 비평과 분석은 성매매에 뿌리 깊게 자리 잡고 있던 도덕주의 논리와 다음과 같은 면에서 결별한 측면이 있다.

첫째로, 여성을 공적인 여성과 사적인 여성, 즉 타락하고 더러운 여성과 깨끗하고 정숙한 여성으로 나누었을 때, 성매매 여성을 전자의 여성으로 범주화시킴으로써 성에 대한 이중적 태도 또는 도덕중심주의의 허울을 단호히 걷어냈다고 할 수 있다.

둘째로, 성매매를 하나의 고립된 현상으로 파악한 것이 아니라, 사회 경제적 상황과 결부시켜 파악했다는 점이다. 사회주의 페미니스트들은 성매매를 자본주의 세계에서만 존재하는 제도로 간주했다. 그러므로 사회 제도의 자본주의적 성격 자체가 변화되면 성매매는 필연적으로 사라질 것이고, 여성은 자유를 획득하게 된다고 생각했으며, 그때 남녀 간의 사랑은 순수한 상호 이끌림의 동기에 의해 이루어질 것으로 낙관하고 있다.

이성숙은 사회주의 페미니스트 비평의 단점에 대해 다음과 같이 세 가지로 설명하고 있다.[11] 첫째는, 성매매의 사회 경제적 상황을 너무 일반화시켰다는 것이다. 이들의 비평은 너무나 일반화되었고 덜 구체적이다. 이러한 주장은 결국 성매매 자체에 대한 비평이 아니라 자본주의에 대한 비평이라고 할 수 있다. 둘째는, 임금 노동자와 성매매 여성의 차이를 명확히 구분하지 못했다. 임금 노동자는 계급에 의해 착취당하지만 성매매 여성은 성과 계급에 의해 이중적

---

11) 이성숙, 『매매춘과 페미니즘, 새로운 담론을 위하여』(서울: 책세상, 2002), 53~58쪽.

으로 착취당한다는 것이다. 셋째는, 자본주의 생산 양식이 전복되고 사유 재산제가 폐지되면 성매매가 필연적으로 사라질 것이라고 했지만 그들의 예언은 크게 빗나갔다. 성매매에 대한 엥겔스의 주장은 실증적인 자료와 역사적인 경험에 비추어볼 때 유효하지 못했다. 성매매의 오래된 형태인 사원(Temple) 성매매는 사유 재산제에 의해 형성된 것이 아니라 종교적 신념과 재생산을 위한 사회적 역할에 의해 생겨난 것을 예로 들 수 있을 것이다.

4) 급진적 여성 해방론의 입장

급진적 여성 해방론자들은 계급 문제가 해결된다고 하더라도 여성 문제는 여전히 남을 것이라는 통찰에서 임금노동과 성매매 사이에는 차이가 있다고 본다. 성매매는 남녀 관계의 원형을 구성하는 것으로서, 여성들은 오랫동안 여러 가지 역할 속에서 자신의 성을 팔아왔던 것이라고 주장한다. 경제력의 남성 독점과 생물학적으로 여성보다 남성의 성욕이 강하다는 편견, 여성이란 무엇보다 성적 대상이라는 관념이 남아 있는 한 성매매는 사라지지 않을 것으로 본다. 그러한 편견이 있는 한 평등한 두 개인으로서의 남녀 간의 사랑이란 하나의 허구에 불과하게 될 것이라는 것이 급진적 해방론자들의 주장이다.

아울러 성매매를 여성의 선택으로 간주하는 것은 남성의 지배 이데올로기를 그대로 대변하는 것이라고 비판한다. 빈곤 때문에 먹고 살기 위해서, 또는 강간 등의 성적 학대를 당한 후에 성매매를 하는 경우 등을 놓고 볼 때, 과연 이를 자유의지에 의한 선택이라고 할 수 있는가에 대해 의문을 제기한다. 구체적으로 성매매를 '일'로서 인정할 때 그 '일'을 하는 개인에게 매춘의 경험이 실제로 어떻게 인식되는지를 질문해야 된다고 본다. 이 입장은 캐슬린 배리(Kathleen Barry)를 중심으로 1980년에 말에 창립된 ICATW(International Coalition Against Trafficking in Women)이 취하고 있으며, 미국과 유럽, 아시아에도 조직이 있다. 이 단체는 성매매 협약을 대신할 새로운 국제협약의 시안을 만들어 이를 선전하는 활동을 주로 해 왔다. 이제 성이 어떻게 매춘화(상품화)되는가를 캐슬린 배리의 견해를 중심으로 살펴보기로 한다.

3. 성의 매춘화 및 상업화

현대 사회에서는 마르크스가 교환의 제2단계로 묘사했던 상황이 벌어지고 있다. 즉 모든 것들이 교환의 대상으로 등장하는 시대, 물질적인 것이든 도덕적인 것이든 모든 대상이 그 가치를 가장 정확하고 엄밀하게 평가받기 위해서는 상업적 가치로서 시장으로 이동하지 않으면 안 되는 시대[12]라고 할 수 있다.[13] 사고팔 수 없는 것들을 사고파는 시대가 되고 말았다는 데 우리의 고민이 있다.

1) 성의 상업화 과정

---

12) 마르크스, 강민철·김진영 역, 『철학의 빈곤』(서울: 아침, 1988), 31쪽.
13) 김기덕 감독의 영화 <나쁜 남자>의 경우 여성은 모두 성매매의 대상이 될 수 있음을 보여 주는 작품이라고 할 수 있을 것이다.

오늘날 우리는 온갖 것들을 사고판다. 상점에 진열되어 있는 상품들 뿐 만 아니라 기술, 정보, 아이디어, 지식, 여가, 혈액, 장기, 서비스, 가상 공간에서 통용되는 가치 등 인간의 욕구와 필요가 발생하는 곳이면 어디에서든지 매매 및 교환이 이루어진다. 그러나 어떤 것들에 대해서는 아무런 거리낌 없이 매매하지만, 또 다른 어떤 것들에 대해서는 죄의식을 갖고 매매를 한다. 수요가 있으면 공급이 따르는 것은 당연한 것인가? 성의 매매는 다른 상품의 매매와 어떻게 다른가? 또 정상적인 성관계라고 불리는 것과는 어떻게 다른가?

필리핀의 앙겔레스에 붙어 있는 간판에는 이렇게 적혀 있다고 한다. "문: 여자란? 답: 섹스해 주는 기구" 여기서의 여성은 과연 인간인가라는 물음을 던지게 된다. 성을 상품화한 사회는 여성성을 하나의 획득물로, 여성은 섹스화된 몸으로서 보편화시킨다. 섹스를 위해 쉽게 접근할 수 있는 여성들은 서로 구별이 될 수 없게 만들어서 일종의 성 본질주의(sexual essentialism)가 되고 있다. 이런 경우 여성의 성적 정체성은 사회적으로 부여된 반면, 남성은 행위 하는 존재로서 자신의 정체성을 갖고 있다. 결국 이런 성 본질주의는 불평등을 촉진하는 것을 넘어서 억압을 생산해 낸다.

사회정치적으로 구성되지 않고 생물학적으로만 주어지는 섹스는 없다. 이런 점에서 사회적 조건은 생물학적 조건보다 우선한다. 성 상업화는 대중매체, 포르노그라피, 그리고 섹스의 '과학적인' 구성물 안에서 드러나는 여성의 신체 이미지를 통해 사회에 전달된다. 나아가 섹스를 사물로, 여성을 대상물로 환원시키는 성의 구성물은 개인들의 삶에 다양한 영향을 미치게 된다. 캐슬린 배리는 "여성을 섹스화 된 몸으로 가부장적으로 가장 완벽하게 환원시킨 것이 성매매"라고 보며, "인간이 육체로 환원되고, 동의가 있건 없건 타인의 성적 서비스를 위한 도구로 변화할 때, 거기에는 이미 인간에 대한 폭력이 자행된 것이다"라고 말하고 있다.

인간 경험의 전체성에서 보면 여성이 그들의 몸으로 환원될 때 그리고 섹스화 된 몸에 대한 성적 착취가 이루어질 때, 여성들은 열등한 사람 및 타자로, 결국은 남성에게 종속된 자로 취급된다. 이것이 성적 착취이고 존엄성과 평등이라는 여성 인권의 침해이다. 따라서 포르노그라피 매체들은 성적 탐닉에 빠져 있는 사회의 도구이며 강간은 성 착취의 전형적인 증거인 한편, 성매매는 여성의 동의가 있건 없건 여성 억압의 제도적 · 경제적 · 성적 모델이다.

억압자들에게 성적 차이, 인종적 차이는 백인 남성과 다른 모든 여성과 유색인들은 타자이며 열등한 사람이라고 보는 명분들이다. 이렇게 차별과 성적 탐닉에 빠져 있는 사회에서 여성을 섹스화된 몸으로 환원하는 것은 심각한 문제이다. 여자가 무엇을 하든 또 누구이든 상관없이 여자는 그렇게 여겨진다. 억압자들은 피억압자들을 생물학적으로 혹은 문화적으로 다르다고 표현함으로써, 차이라는 수단을 통해 인간으로부터 고유의 인간성을 빼앗고 있다. 해외 주둔 미군 병사들의 여성묘사에서 인종차별적 또는 성적 차이로 동양인, 유색인들을 억압하는 것을 볼 수 있다. 이들은 동양인에 대한 경멸적 호칭으로 잘 알려진 slope, slant 등 인종차별적 용어를 오랫동안 일상적으로 사용했다. 미군들은 한국에서 모든 여성을 mouse, 남베트남 지역에서 house-mouse, 필리핀에서는 LBFM(Little Brown Fucking Machine: 쌀로 힘을 내는 작은 갈색 섹스기계)라고 불렀다고 한다.[14]

2) 성매매의 단계들

캐슬린 배리는 한 사회의 성적인 탐닉 상태를 남성 지배의 정치적인 결과로 본다. 성 차별주의와 함께 남성의 지배는 성적인 상호 작용을 통해 여성의 몸에 전달된다. 섹스가 대상화되고 인간이 단지 그것을 획득하기 위한 매개물로 환원될 때, 성적 지배는 몸 안으로 들어가고 점차 그 안에서 뿌리를 내린다. 이것이 성매매의 기본 토대이고 성의 매매화를 통해 성매매가 정착화되어 가는 과정이다. 또한 배리는 성매매라는 여성에 대한 성 착취를 사회적으로 구성해가는 과정을 거리두기, 이탈하기, 분리하기, 탈신체화 등의 네 가지 단계로 설명한다.[15]

성매매는 오랜 기간 지속되어 온 성에 대한 착취이다. 상품화는 대상화의 극심한 형태 중 하나인데, 성매매 속에서 일어나는 성의 상품화는 마케팅을 통해 섹스를 인간으로부터 분리시킨다. 결국 성적인 대상화는 여성을 그들의 자아로부터두 분리시키게 된다. 네 단계는 다음과 같다.

첫째는, 거리두기(distancing)의 단계이다. 성매매 행위는 여성들이 자기 자신에 대한 감각 즉 자신의 고유한 인간적이고 개인적인 정체성과 자신이 누구인지를 아는 방법을 그 성매매 행위로부터 떨어뜨려 거리를 두게 하는 전략을 통해 이루어진다. 여성들은 성매매를

---

14) 산드라 스터드반트, 브렌다 스톨츠퍼스, 김윤아 역, 「하나의 이야기 속에 서로 다른 실마리―해석적 소론」, 『그들만의 세상―아시아의 미군과 매매춘』(서울: 잉걸, 2003), 408~409쪽.

15) 이하의 논의는 캐슬린 배리, 정금나·김은정 역, 『쎄슈얼리디의 매춘화』(서울: 삼인, 2002), 39~57쪽 참조.

하면서 자기 자신과 그로부터 분리된 성매매 피해여성으로서의 자신을 연결시키지 않는다. 이런 거리 두기는 여성과 소녀들에게 상처를 입히고, 해로운 영향을 미치는 성매매의 복잡한 그물망 안에서 서로 연결되어 있다. 이런 여성들로 하여금 자기 자신을 구하기 위해 자신으로부터 떨어져 나오도록 만드는 것이 '거리두기'이다.

둘째는, 이탈하기(disengagement)의 단계로, 이탈하기는 성매매 피해여성의 중요한 전략이다. 성매매라는 성행위를 하는 여성들은 자신들의 몸과 섹슈얼리티가 수반되는 상품의 교환에서 자신을 분리시킴으로써 감정적인 거리를 만든다고 보고되었다. 이런 면에서 이탈하기는 좀 더 의식적이고 의도적인 행위이다. 이것은 성매매에서 일어나는 섹스에서 핵심적인 것이다. 섹스는 상호 작용이기 때문에 기계적인 상품으로 재생산되기 위해서 여성은 그곳에 있을 것과 '행위하기'를 요구받는다. 그런데 여성의 입장에서 그것이 그들 안에서, 그들 위에서, 그들을 통해서 행해질 때 그들은 "그곳에 없다". 실제로 없는 것이 아니다. "그곳에 없다"고 받아들임으로써 성매매의 권력 관계에 들어가게 되는 방식이다. 성적 권력 관계에서 여성의 몸과 남성과의 행위가 동반되기 때문에, 여성은 이탈하기를 통해 자신의 진정한 자아와 하나의 상품으로서 섹스를 위해 사용되는 자아를 구분하기 위해 감정적인 거리를 두는 것이다.

셋째는, 분리하기(dissociation)의 단계이다. 한나 올슨은 성매매에서 남성의 섹슈얼리티를 "여성의 몸 안에서 일어나는 남성의 자위행위"라고 묘사하기도 하였다. 섹스가 한 인간으로서의 여성과 아무 관계가 없는 남성의 자위행위로 환원될지라도, 구매자는 일반적으로 성매매 여성에게 연인처럼 가장하거나 또는 환상을 가정하여 정서적으로 신체적으로 몰입한 것처럼 행동하기를 요구한다. 결국 남성들은 여성의 자아를 사는 것이 아니라 자아처럼 행동하는 몸을 사는 것인데, 이러한 대상적 자아는 가장 해롭고 피해가 심한 인종 차별적이고 성 차별적인 개념과 맞아떨어진다. 성 착취와 마찬가지로 인종 차별주의도 성매매 산업의 토대이다. 성매매에 참여한 유색인 여성은 자신의 일부로서 자기가 팔고 있는 몸으로부터도 역시 분리하기를 실행하는 것이다.

넷째는, 탈신체화(disembodiment) 및 가장하기(dissembling)의 단계이다. 이 단계로 인해 성매매 행위가 활발하게 이루어진다고 볼 수 있다. 성매매에서 남성은 여성에게 정서적·성적으로 몰입하는 시늉과 기뻐하면서 스스로 바라는 것처럼 행동할 것과 상품을 거래하는 순간에 마치 진짜인 것처럼 대할 수 있는 시늉을 기대한다. 이제 성매매 여성들은 자신의 자아를 육체로부터 이탈시키는데, 그런 가운데 종속되고 비인간화된 자아가 재구성되기 시작하는 것을 발견할 수 있게 된다. 거리두기, 이탈하기, 분리히기의 단계를 통해 자신의 자아를 방어하지만, 또한 가장된 행위를 통해 경제적 대가를 얻기 위한 성매매의 섹스를 만들어 낸다.

자신을 비인간화하는 성행위 내에서 이런 과정으로 여성이 반응한다는 것은 정상적 섹슈얼리티가 나름대로의 정상적인 자리매김을 위해 몸부림치는 과정이라고 볼 수 있다. 그러나 여성의 경험 가운데 익명의 상품 교환에서 일어나는 육체적이고 성적인 모든 행동과 연기를 포함한 것이 바로 성매매이며, 윤리적으로 많은 문제를 야기하게 된다.

4. 성매매와 관련된 윤리적 논점들

성매매 문제에 있어 윤리적으로 고려되어야 할 요소가 많지만, 그 중 '자율적 의사결정' 및 '인간의 존엄성' 문제를 우선적으로 고려해야 한다. 실제로 성매매에서는 구타, 강간, 심지어 살인조차도 단지 직업상의 위험 정도로 간주되는 것을 볼 수 있다. 이렇게 되면 성 매매가 이루어지는 현장에서는 의사 결정과 관련하여 돈의 지불여부가 성매매 섹스와 강간 섹스를 구분하는 요소가 되는 것이다. 성매매 여성의 삶과 경험 안에서 그것들은 거의 분명하게 구분되지 않는다. 어떤 성매매 여성은 "자신과 섹스한 후 구매자가 돈을 주지 않거나 돈을 다시 빼앗아 가는 것"으로 강간을 정의한 경우가 있을 정도이다. 성매매 여성이 강간범에게 더 큰 폭력을 당하지 않기 위해 섹스를 제공하였지만, 저항하지 않았다면 동의에 의한 섹스인 양 취급되는 경우도 있을 수 있다. 성매매는 남성이 산 섹스이고, 강간은 남성이 강취하는 것으로 구별하기도 한다. 그러나 성매매에서 남성이 산 섹스는 그들이 강간으로 강취한 섹스와 같은 것이다. 이런 면에서 성매매 여성에 대한 강간은 난해한 사회적 문제이다. 그러나 현실적으로는 섹스의 경험이 동의냐 강제냐의 이슈로 축소되는 것을 볼 수 있다. 이것은 성매매에 대한 남성 위주의 오해에서 시작된다고 할 수 있다. 많은 남성들은 돈을 주고 성을 사는 것을 여성의 '동의'라고 해석한다. 이것은 국제 사회가 이미 성매매에 있어서 여성의 동의 여하를 불문하고 '불법'으로 명시하고 있기에 무의미한 일이지만, 우리의 현장에서는 미성년을 제외하고는 그렇지 않다.

결론적으로, 성매매의 자의 혹은 타의를 구분하는 것은 한국 사회의 성매매에 대한 이중적인 시각을 반영한 결과물이라고 할 수 있다. 대부분의 성매매 시장은 비밀리에 운영된다. 손님은 익명성과 비밀, 즉 자신들의 정체가 노출되지 않도록 매춘 여성이 보호해 줄 것을 요구한다. 성매매는 대부분 남성 위주의 소비자 시장이며 비밀 유지를 요구하는 것도 성적 권력의 기본 토대이다. 여성의 의지, 여성의 선택 또는 여성의 '성매매자가 될 권리'에 여론이 집중적으로 조명됨으로써, 먼저 남성의 수요가 있기 때문에 매춘이 존재한다는 가장 일차적인 요소를 간과하는 우를 범하고 있다. 대부분의 여성들은 '자율적 의사결정'에 반하여 인간의 존엄성을 파멸당하고 있는 것이다.

또한 성매매는 사회적, 경제적 체제의 전반적인 왜곡과 깊은 관련이 있다. 성매매 여성이 돈을 벌지 못하게 직접적으로 통제, 착취하는 집단은 포주나 업주, 알선업자 등에 국한되지만, 성매매 여성의 존재와 수입에 기생하여 이를 착취하는 집난은 옷가게, 화장품 가게, 미용실, 포장마차, 숙박업, 고리대금업자 등으로 확장된다. 이들은 일종의 먹이사슬을 형성하여 여성이 성산업에 이용되는 것에 기식하고 있기 때문에, 성 산업을 유지, 보호하고 성매매 피해여성의 탈 성매매를 방해하는 데 공동의 이해관계를 갖고 있다. 특히 성산업 주변의 먹이사슬은 성매매 여성을 미모에 대한 과도한 투자나 퇴폐 문화에 쉽게 젖어들도록 만들고 결국은 자립을 불가능하게 하고 더욱 무력한 존재로 만들어 가고 있다. 결국 성산업은 여성의 성매매 동기와는 별도로 성매매 여성을 돈을 벌 수 없는 구조 속에 몰아넣음으로써 유지되고 있는 것이다.

우리 사회에서 성매매 여성은 전에 비해 개선되었다고는 하지만 포주나 업주, 알선업자 등에 의해 직접 통제되는 경우가 많다.[16] 그런데 대다수 성매매 여성이 포주, 업주, 알선자들을 착취적인 관계로 인식하기보다는 공생 관계로 인식하고 친밀한 관계를 유지하고 있다고 볼 수 있다. 대다수 성매매 여성들은 감금이나 인신매매에 의한 것은 아니더라도 자신이 극악한 착취 구조 속에 놓여 있다는 사실을 자각하지 못하고 있으며, 오히려 숙소를 제공해주고 목돈을 빌려주는 업주와 알선자, 포주에 대해 신뢰, 의리, 정 등의 긍정적 감정을 갖고 있기도 하다. 이들 착취자들은 효과적인 통제와 착취를 위해 매춘여성들이 가정에서의 학대나 성폭력 등으로 애정에 갈증을 느끼고 있다는 사실을 이용해 폭력과 친밀한 관계를 동시에 구사하는 것이다.

그러나 성매매 여성들은 그들의 폭력이나 경제적 착취를 사적인 관계로 인식할 뿐 자신들을 강제하기 위한 수단으로 인식하지 않는 경우가 많다. 중간 착취자들은 남성 구매자와 직접적인 이해관계에 있다. 따라서 성매매 여성이 화대도 못 받고 강간을 당하는 경우에도 그들을 보호해 주기는커녕 오히려 책임을 뒤집어 씌워 소위 '벌금'을 받아내는 것이 다반사라고 한다. 이들 중간착취자들에게는 남성 구매자를 확보하는 것이 무엇보다 우선이기 때문에 그들과의 원만한 관계를 유지하기 위해 성매매 여성이 원하지 않을지라도 성적 서비스를 강요하기도 한다.[17] 이렇듯 여성의 성매매는 집창촌 또는

---

16) 성매매 업주들의 모임인 '한터'에서는 성매매 종사자 여성들의 명단을 공동 작성하여 관리하기도 했으며, 대정부 차원의 대책 요구와 시위 주도 등 집단의 이익을 위한 행위를 하기도 하였다.

17) 홍성호 · 이지혜, 「매춘 여성에 대한 복지정책－인권유린의 실태와 대안을 중심으로」,

성매매가 이루어지는 지역을 둘러싼 복잡한 경제 기반 아래 이루어진다.

사실 성매매와 관련된 인간 소외와 인권의 박탈, 다양한 수준의 가족 공동체 및 인격적 붕괴로 인한 육체적, 정신적 상처에 대해 실상을 구체적이며 정확하게 알기는 어렵다. 그렇지만 성의 상품화를 통해 이루어지는 사회의 부조리, 억압 구조, 인권 유린에 대해서는 쉽게 짐작할 수 있으며, 그 실상이 다양한 경로로 여러 차례 공개되기도 하였다. 개인의 자율적 결정권을 박탈당하고 인격적 존엄성을 훼손당하는 심각한 일들이 성매매 가운데 발생하고 있는 것이다. 결국 이 문제는 한 개인의 양심과 도덕적 개선에만 맡길 수는 없는, 사회 구성원 전체의 인식과 구조적 개선을 위한 노력을 요청하고 있는 것이다.

5. 이중적 성의식의 극복

쳉 실링(Cheng Sealing)에 따르면, 한국 남성에게 전통적으로 요구되는 세 가지 기대 역할이 있다고 한다. 그것은 청렴한 선비, 근대 의식을 가진 기독교인, 그리고 애국자로서의 군인이다. 유교적 전통과 기독교윤리는 한국인을 국가의 과거와 미래로 이어주는 매개 역할을 해왔다. 유교적 가치는 한국인에게 과거의 유구하고 찬란했던 전통과 문화에 대한 자부심을 불러일으켰다. 그리고 기독교적 가치는 한

『이화행정』 10호, 2001 참고.

국이 근대 국가로 발전해 가는 데 필요한 비전을 제시해 왔다.[18] 정확한 통계는 어렵지만 대략 2,000만 명이 넘는 사람들이 기독교인이 되었다. 그러나 여전히 성 문제 있어서는 순결을 여성에게 요구되는 처녀성 정도로 생각하는 사람들이 많으며, 기독교적인 죄라는 의식도 여성들에게만 더욱 억압적인 성문화를 요구하는 경향도 있었다. 유교적 전통과 기독교윤리 속에까지도 녹아있는 여성의 순결 중시 풍조는 여성에 대한 뿌리 깊은 양분법 즉 '창녀 대 부인'을 낳았다. 이런 태도는 남자들만의 의식이라는 명목으로 묵인되는 술, 음식, 성을 사는 행위를 용인하게 만드는 요인이 되기도, 적극적인 성윤리가 정립되는 데 방해가 된 것도 사실이다.

한국 사회에 있어서 '남성성'에 대한 제대로 된 이해는 성윤리 및 기독교적인 성에 대한 이해를 세우는 데 있어서 중요한 출발점이다. 리처드 마우는 『무례한 기독교』에서 "성과 관련하여 옳고 그름을 근본적으로 혼동하는 사회는 결코 건강한 사회가 될 수 없다. 성적 순결에 대해 임의적인 태도를 갖고 있는 지도자는 다른 책임 영역에서도 신뢰할 수 없을 것이다. …… 확신 있는 그리스도인은 성적 가치관이 한 사회의 건강에 중요하다고 생각한다"고 주장하고 있다.[19]

우리는 성에 대한 기독교의 이해와 해석에 관심을 가질 필요가 있다. 중세기의 기독교는 출산을 목적으로 하지 않는 성행위는 모두 죄악이라고 보기도 했지만, 성서는 성을 바라보는 시각에 있어서 비교적 개방적이라 할 수 있다. 성서는 인간의 성에 대해 매우 적극적

---

18) 쳉 실링, 앞의 글, 259~260쪽.
19) 리차드 마우, 홍병룡 역, 『무례한 기독교』(서울: IVP, 2003), 92~93쪽.

인 입장을 제시하고 있다. 첫째, 성은 하나님께서 주신 자연의 일부이다. 둘째, 성을 부정적으로 금기시하지 않는다. 또한 인간의 성은 선한 것이지 악한 것이 아니다. 셋째, 성관계는 두 사람 간의 어떤 행위라기보다는 하나의 '관계'로 이해하는 것이 바람직하다고 할 수 있다. 넷째, 성관계는 두 가지 기본적인 기능을 하는데, 재생산과 남자와 여자의 연합을 확립하고 유지하는 기능이다. 다섯째, 성충동은 억제할 필요가 있으며 자발적인 한계 설정과 절제의 이행이야말로 성충동을 다루는 중요한 방법이다. 성서는 우발적이거나 난잡한 성행위를 금지하고 결혼에 있어서도 성관계는 핵심적인 것이다. 때문에 어떤 사람과 성관계를 갖는다는 것은 결혼관계 안에서의 사람과의 결합을 의미한다. 어떤 종류의 강제적인 관계도 인격적 존엄성의 훼손일 뿐 아니라 하나님의 뜻을 범하는 것으로 보고 있다. 이런 모든 요소들의 종합적 판단에 있어서 행위나 결과 자체 보다는 동기와 내노를 우선적으로 고려하는 경향을 갖고 있다.

대부분 사람들이 성매매를 근절시거아 한다는 네에는 이의가 없다. 물론 성매매는 결코 없어질 수 없다는 패배주의적 인식을 바탕으로 '필요악'임을 주장하는 사람도 있기는 하지만, 기독교적 가치판단으로는 용인될 수 없는 일이다. 그런데 문제의 해결과 종식을 위한 구체적인 방법론의 제시는 무척 어려운 것이 사실이며, 광범위한 논의를 필요로 한다. 아마 가장 진부하고 순진하게 보이면서도 실효를 거둘 수 있는 대책은 "성매매, 가는 사람 없으면 팔리는 사람도 없다"는 구호 속에 담겨 있지 않은가 생각된다.[20]

---

20) 현재 한소리회나 한국교회여성연합, 등등 많은 여성관계 NGO들이 '성매매 나부터

성매매의 문제는 남성의 문제이며 또한 여성의 문제이기도 하다. 성매매 문제에 대한 현실적인 최선의 대책은 어떻게 하면 성매매로 유입되는 처음의 경로를 차단할 것인기에 있다. 특히 성매매 여성의 절대 다수가 일단 가출을 한 후 성매매를 하게 되므로, 여성의 가출 요인을 방지하는데 역점을 두어야 한다고 본다.[21] 즉 기독교는 가정 내에서의 불화나 성폭행 등 학대를 제거할 수 있는 방안과 모자 가정, 여성 세대주 등에 대한 생계비 지원을 확대하여 가출을 방지하는 방향으로 정책이 수립되도록 적극적으로 후원해야한다. 또한 여성의 상품화를 조장하는 그릇된 성문화를 바로 잡는 일, 여성의 경제적 자립을 저해하는 성차별 문화 등을 개선하는 일이 함께 진행되어야 할 것이다.

---

stop'을 외치며 "성매매 안하기 100만인 서명운동"을 캠페인하며 서명에 동참해 줄 것을 호소하고 있다.

21) 한국여성개발원의 연구에서는 성매매를 방지하고 성매매 여성들의 사회복귀를 위해 정책대상자를 세 집단으로 분류하여 대책을 제시하고 있다. 먼저 성매매의 가능성을 가지고 있는 일반집단으로 가출 청소년, 성폭력 피해자, 미혼모, 결손가정 자녀, 빈곤여성, 결혼 파경 여성 등을 상정하고 이들에 대한 긴급전화, 상담서비스, 성교육, 의식 향상 프로그램 등을 제시하고 있다. 다음으로 특히 성매매에 노출될 위험이 있는 유흥업소 종사여성, 음식, 숙박업소 종사 여성들을 위험집단으로 상정하고, 이들을 위해서는 앞의 일반집단에게 하는 서비스에 덧붙여 현장지원 서비스와 일시보호 및 생애전환 서비스, 직업훈련, 약물 및 알콜 개입 서비스 등을 추가할 것을 제안하고 있다. 마지막으로 현재 성매매에 종사하고 있는 여성들을 위해서는 개인 보건 서비스와 탁아 서비스를 추가하여 제안하고 있다.

참고문헌

캐슬린 배리, 정금나·김은정 역, 『섹슈얼리티의 매춘화』, 서울: 삼인출판사, 2002.

이성숙, 『매매춘과 페미니즘 / 새로운 담론을 위하여』, 서울: 책세상, 2002.

한은경·이동우 공편, 『미디어의 성과 상』, 서울: 나남출판, 2003.

Martha C. Nussbaum, *Sex and Social Justice*, Oxford, New York, 1999.

Mark D. Jordan, *The Ethics of Sex*, Blackwell Publishers, Cambridge UK, 2002.

Judith Plaskow, *Sex, Sin and Grace*, University Press of America, America, 1980.

Susan Frank Parsons, *The Ethics of Gender*, Blackwell Publishers, Cambridge UK, 2002.

제**12**장

전 쟁 과 폭 력 에 대 한 기 독 교 적 입 장

1. 계속되는 분쟁

미국과 이라크 사이에 벌어진 전쟁은 초반의 분위기와는 다르게 상당히 지리한 상황으로 전개되고 있다. 계속적인 고유가 및 과격한 이슬람 단체들의 서방세계 전체를 향한 테러 위협 및 경고 등과 관련해서 지구촌 전체가 고통을 받고 있으며, 특히 한국 사회는 심각한 영향을 받고 있다. 오랜 논란과 주저함 끝에 파병 결정이 내려졌으며, 한국군 자이툰 부대가 이라크 북부의 아르빌 지역에 주둔한바 있다. 재건지원이란 전제가 있음에도 불구하고 이라크 및 주변 이슬람 세력 대다수로부터 철군 압력을 받았던 것도 현실이다.

그런데 최근의 국제 정세는 문제의 원인 및 해결책이 상당 부분 초강대국인 미국의 행보에 달려 있는데, 국제 질서 및 힘의 균형에 있어서 미국의 힘 및 영향력은 얼핏 생각할 수 있는 것보다 훨씬 더 복잡하고 광범위하다는데 주목할 필요가 있다. 어제 오늘의 이야기가 아닌 이스라엘 및 주변국들의 분쟁 문제에 대해 노엄 촘스키(Noam Chomsky)는 미국의 힘을 이렇게 설명한 바 있다.

> 그러니까 이스라엘 군은 사실상 미군입니다. 이스라엘은 현재 미군의 해외 군사기지와 다를 바 없습니다. 이스라엘 군이 취하는 행동은 미국이 허가하고 장려하는 것입니다. 이스라엘이 미국이 바라는 수준에서 1밀리미터라도 더 나간다면 워싱턴에서는 조용한 목소리로 "그만 됐다"고 말합니다. 그러면 이스라엘은 멈춥니다. 며칠 전에도 이런 일이 있었죠. 워싱턴에서 조용한 목소리로 딕 체니의 업무에 방해가 되니 팔레스타인 도시에서 탱크와 군대를 철수 시키라고 말하자 이스라엘은 즉시 철군했습니다. 말이 떨어지기가 무섭게요. 마피아하고 똑같습니다. 보스가 명령을 하면 부하들은 즉시 수행합니다. 이미 여러 차례 반복된 일입니다. 이스라엘의 만행이나 터키의 만행이라고 말하는 대신 미국의 만행이라고 해야 합니다. 근원이 미국에 있기 때문입니다. 콜롬비아도 마찬가지입니다.[1]

최근 우리 사회는 여러 면에서 진보와 보수, 기성세대 대 신세대, 성장주의 대 분배주의 등 이념적 경향성에 기인한 갈등과 대립이 드러나고 있다. 국가보안법의 폐기논란 및 충청권으로의 수도이전 등

---

1) 존 준커먼, 다케이 마사카즈, 홍한별 역, 『권력과 테러』(서울: 양철북, 2003), 146~147쪽.

과 관련해서도 지역 간, 계층 간의 상당한 대립이 상당했던 것 등을 들 수 있겠다. 이런 대립 속에서 대다수의 시민들은 상당히 혼란스러워하고 있으며, 기독교계조차도 통합과 수렴의 역할보다는 소위 보수 계열과 진보 계열로 나누어져서 갈등의 전면에 서 있는 양상을 보이고 있다.[2]

이 장에서는 우리 사회가 당면한 여러 대립적인 성향 중에서 폭력과 전쟁에 관한 문제를 어떻게 보아야 할 것인지 살펴보고자 한다. 전쟁과 폭력은 밀접한 관련이 있다. 모든 가용 수단을 동원하여 폭력을 사용하고, 때로는 이에 대한 필연성과 정당화를 주장하는 경우를 전쟁 상황에서는 볼 수 있기 때문이다. 전쟁에서는 인간이 범할 수 있는 모든 죄들이 '수단'이라는 미명 하에 적극적으로 자행되며, 도덕적 가치판단 자체가 거의 기능을 멈추는 상황이 되기 때문이다. 제2차 세계대전 때 민간인을 포함해 희생자가 6,000만 명에 달했고, 히로시마의 원자폭탄 투하로 78,000여 명이 죽고 9만여 명이 부상을 입었다. 6·25 한국 전쟁 때에도 군인 160만여 명, 민간인 100만여 명의 희생자가 났다.[3] 러스킨은 '전쟁'이란 글에서 "전쟁은 모든 위대한 예술의 기초이다"라고 말하기도 하였다. 그는 서구 문명사가 "전쟁을 위한, 전쟁 자체에 대한 열광적인 환희"로 인해서, 고딕 시대의 예술은 그 극치에 달했다가 쇠퇴되기 시작했다고 주장한다.[4]

---

2) 파병, 국가보안법 폐기 문제와 관련하여 한국기독교총연합회(대표: 길자연)을 위시한 주요 보수교단들은 반대의 소리를 내는 가운데, 대규모 가두집회를 2004년 10월 서울에서 개최하기도 하였다.
3) 김홍철, 『전쟁론』(서울: 민음사, 1991), 311쪽.
4) 제임스 레이첼스 편, 황경식 역, 『사회윤리의 제문제』(서울: 서광사, 1983), 353쪽.

유럽에 평화가 확장되고 확립되어 감에 따라 예술은 쇠퇴했다. 예술
은 사치의 극치, 전대미문의 극에 달했으나 생명을 잃었다. 예술은 마
침내 향락과 갖가지 타락에 몸을 맡겼어도, 완전히 평화로운 나라에서
는 전혀 시들어 버려서, 우리 민족이나 프랑스 민족처럼 군인의 삶을
완벽하게 살 수는 없지만, 아직도 군인 정신을 간직하고 있는 민족들
사이에서 부분적으로 남아 있는 것이다.[5]

이는 확실히 도발적인 주장이다. 그러나 러스킨은 이렇게 전쟁의
긍정적인 기여를 말하면서 문제성 있는 경우들이 있다고 인정하여
모든 종류의 전쟁들에 대해서 일반화가 타당하지 않다는 것을 수긍
한다. 그리고 결국, 러스킨은 역설적으로 전쟁의 파괴성을 말하고 있
는 것이다. 이제 폭력과 전쟁에 대한 기독교의 전통적인 주요 논의
들을 언급하며 미국-이라크 전쟁에서의 상황을 돌이켜 보는 가운데,
어떤 입장에서 이런 문제를 이해할 것인가를 살펴보고자 한다.

2. 정당전쟁론의 대두

1) 전쟁과 폭력에 관한 세 가지 입장

전쟁과 관련된 신학적인 입장은 전통적으로 세 부류로 나누어 볼
수 있다. 첫째로, 퀘이커교도 등의 경우에서 볼 수 있는 절대적인 평

---

5) John Ruskin, "War" The Crown of Wild Olive(1866). *Man and Warfare* (W. Irmscher
 ed. 1964), pp.35~41. 앞의 책에서 재인용.

화주의자들이 있다. 어떠한 이유에서도 전쟁이나 폭력은 정당화될 수 없다고 보는 것이다. 신약성경에 나타난 예수의 모습도 이런 시각으로 바라보는 이들이 많다. 물론 성전 정화 사건 속에 나타나는 예수의 모습은 좁은 의미의 절대적 비폭력 평화주의라고 할 수는 없다. 그러나 "원수를 사랑하라, 왼 뺨을 때리는 자에게 오른 뺨도 돌려대라"는 등의 예수의 가르침과 그의 삶을 통해 드러나는 전인적인 메시지는 평화지향적이다.

둘째로, 구약 성경에 주로 나타나는, 하나님께서 일으키시며 때로는 적군을 멸절시키는 '거룩한 전쟁' 또는 '여호와의 전쟁'에 관한 입장을 볼 수 있다. 강사문 교수는 신명기 20: 10-14에 기초해서 여호와의 전쟁을 세 가지 면에서 설명한바 있는데, 그 주요 내용은 다음과 같다.6) ① 여호와의 전쟁은 약속의 땅(창 15: 18-21)과 관련된 특징이 있다. 전쟁의 적들이 이스라엘의 적인 동시에 하나님의 적이 되는 경우라고 할 수 있다. 하나님의 적이란 하나님의 공의에 의하여 평가되는 깃으로 때로는 이스라엘 자신도 하나님의 적이 되어 심판을 받는다.(렘 25: 8 -11 참조) ② 여호와의 전쟁은 이스라엘의 생존권 확보를 위한 싸움이다. 여호수아는 아이성 공격에 실패하자 "가나안 거민이 우리를 둘러싸고 우리 이름을 세상에서 끊으려고 합니다"라고 하나님께 절규한다. 즉 생존의 위협을 느끼고 있다는 의미이다. ③ 승리와 함께 패배도 하나님의 역사 운행의 한 방편임을 시사한다. 하나님께 대한 배반으로 사울은 패배했다. 사울의 패배는 죽

---

6) 이와 관련된 논의는 강사문, 「전쟁할 때와 평화할 때」, 『한국기독교학회 논총』 26권(한국기독교학회, 2002), 39~41쪽 참조.

음으로 끝났으나 후기 이스라엘의 역사 속에서 나타나는 이스라엘의 패배는 고난과 시련을 통해 세계를 구원하고자하시는 하나님의 섭리에 의한 것이었다.

셋째로, 아우구스티누스, 토마스 아퀴나스 등을 통해 논의된 '정당 전쟁론'적 입장을 볼 수 있다. 그러나 결코 모든 종류의 전쟁이 정당화되는 것은 아니며, 일정한 조건을 갖춘 가운데 발생하는 무력의 사용 등 전쟁 행위에 대해 정당성을 부여하는 것이다. 종교개혁가 마르틴 루터는 군인들의 직업적 정당성 확보에 대해 언급한바 있으며, 초기 기독교 사상가 오리겐에서부터 이런 사상의 연원을 발견할 수 있는 것도 사실이다.

램지(Ramsy)의 일반적 논지에 의하면 전쟁은 도덕적일 수 있으며, 때로는 전쟁을 하는 것이 옳은 일이고, 전쟁 자체를 반박하는 모든 논증은 설득력이 없다. 램지는 그의 입장을 반박하는 가장 강력한 논증들 중 하나인 수소 폭탄과 원자 폭탄의 발달로 인해서 전쟁이 갖는 피해 부담이 지나치게 커졌다는 점에 대해서, 그런 경우는 이미 한계를 넘은 전쟁이라며 반박을 피해가고 있다. 만일 상당량의 핵무기가 사용된다면 '상호 파멸'되기 때문이다. 그러나 전쟁은 무력 또는 폭력을 사용하는 국제적인 행위라고 포괄적으로 표현할 수 있을 것이다. 리차드 와써스트롬(Richard Wasser strom)은 이렇게 말한다.

> 전쟁은 (반드시 그런 것은 아니라도 전형적으로는) 정당하다는 주장 하에 어느 정도의 살상 무기를 사용하는 것을 포함하는 국제적인 현상(international phenomenon)이다. 또한 전쟁의 구성 요소가 무엇인지에 관한 분석은 전쟁을 고도로 세련된 행위·규칙에 의거하는 행위·경기와 같

은(game-like) 행위로 보는가 아니면 한 나라가 다른 나라를 지배하기 위
한 전면적인 시도로 보는가에 따라 통상 다른 양상을 띠게 된다.[7]

위에서 언급한 세 가지 입장의 논의들은 나름대로의 배경, 설득력
과 약점을 갖고 있는 것이 사실이다. 서로 상충되는 부분도 있으며,
역사적 전통과 세계관 및 가치관에 따라서 수용 여부에 차이가 있을
수 있다. 그런데 기독교윤리학의 논의는 이런 입장들의 상충 및 약
점을 강조하기 보다는 상호 보완적인 측면이 있음을 고려할 필요가
있다고 보고 있다. 역사적 현실 속에서 어쩔 수 없이 등장할 수밖에
없었던 정황을 인정하게 된다면, 필자는 기독교현실주의적 시각을
통해 이런 이해들을 종합해 볼 수 있다고 본다. 기독교현실주의는
하나의 이상론에 치우치는 것이 아니라, 사회의 제 문제들에 대한
해결 방안을 단순한 인간의 도덕성의 총량 증가에서가 아니라 구조
및 체제와 관련된 문제 속에서 찾는다. 아울러 기독교현실주의는 인
간 및 집단의 근본적인 한계를 인정하는 인식과정이기 때문이다.[8]

특히 공존할 수 없는 것 같은 전쟁 및 폭력 문제에 대한 아우구스
티누스 등의 정당전쟁론적 시각과 자크 엘룰의 폭력에 대한 이해까
지도 종합적으로 되새겨 볼 필요가 있다. 이 두 입장이 갖는 현대적
의미를 성찰해 보면서, 가장 기독교적이면서도 실현 가능한 이해 및
대안 마련을 시도해 보고자 하는 것이다.

---

7) 제임스 레이첼스 편, 황경식 역, 『사회윤리의 제문제』(서울: 서광사, 1983), 355쪽.
8) "사회윤리학은 개인윤리의 사회적 영역에의 연장에 의해서가 아니라 사회적 시스템이
   나 구조와의 관련성 속에서 문제를 다루어야 한다는 특성을 가지고 있다는 사실을 밝
   힌 것에 주목해야 한다." 고범서, 『개인윤리와 사회윤리』(서울: 한국신학연구소, 1983),
   31쪽.

2) 정당전쟁론의 논변들

전쟁의 정당성을 논하게 될 때 대표적으로 떠오르는 사람은 아우구스티누스이다. 그런데 아우구스티누스는 전쟁에 대해 이렇게 말했다. "아무리 악한 개인이라 할지라도 자신이 속한 집단의 평화를 유지하기 위하여 전쟁을 벌이며, 가능하다면 모든 사람들이 그런 평화 안에 속하기를 바란다. 그리고 모든 사람과 모든 것들이 오직 한 사람의 지도자를 따르는 것도, 사랑 때문에 그렇게 하든 아니면 두려움 때문에 그렇게 하던 간에, 그 안에서 자신들의 평화를 얻기 위하여 그렇게 하는 것이다."[9] 즉 그가 정당전쟁론적 입장의 대표적인 사상가라고는 할 수 있지만, 평화를 향한 갈구와 강조가 그의 저작 여러 곳에 나타나고 있으며, 전쟁은 최후의 수단으로써만 정당화되고 있음을 놓치지 말아야 한다.

그는 선한 통치자는 전쟁의 이유가 정당할 때 전쟁을 치를 수 있으며, 전쟁을 수행할 때에도 애통한 마음을 가져야 한다고 지적하고 있다. 그의 논문 '파우스투스에 반대하여'에는 이렇게 기록되어 있다.

"군인들에게는 자신들이 치러야만 하는 전쟁이 무슨 명분과 누구의 권위로서 시작되는 것인가의 문제가 큰 차이를 준다. 인류의 평화를 위하여 고안된 사물의 자연적 질서는 전쟁을 수행하고, 그것을 계획하는 권위가 국가의 우두머리에게 있음을 요구한다. 군인들은

---

9) St. Augustine, *City of Gold in Basic Writings of saint Augustine,* vol.2. ed. Whitney J. Oates(New York : Random House, 1948), book XIX, chapter 12, p.487.

만인의 평화와 안전을 위하여 결정된 전쟁을 수행할 의무가 있다.”10)

인간의 행복을 바라는 보편적인 욕구는 결국 평화를 바라는 보편적인 욕구로 드러난다. 그리고 어떤 질서를 확립함으로써 평화에 도달하게 되는데, 이 질서 안에서 인간은 서로 간의 조화를 얻게 된다. 모든 것들의 평화란 곧 안정된 질서이다. 그리고 질서는 “동일한 것과 서로 다른 것들을 각각에게 그 위치에 맞게 할당하여 나주어 주는 것”이라고 아우구스티누스는 이해하고 있다. 진정 만족스럽고 참된 행복을 가져다주는 평화에 대해 아우구스티누스는 이렇게 언급한 바 있다.

“비이성적인 영혼의 평화는 욕구들이 조화롭게 평정을 이룸으로써 얻어지고, 이성적인 영혼의 평화는 지식과 행위의 조화를 통해서 이루어진다. 육체의 영혼과 평화는 살아있는 존재인 인간의 조화로운 삶과 건강이다. 신과 인간 사이의 평화는 잘 질서 잡힌 신앙을 가지고 영원한 법칙에 따르는 것이며, 인간과 인간 사이의 평화는 잘 질서 잡힌 화합이다.”11)

아우구스티누스가 400년경 발행한 ‘파우스투스에 반대하여’는 여러 논쟁거리를 제공하고 있는데, 그 중 한 가지는 전쟁의 동기와 정당화에 관한 것이었다. 아우구스티누스의 관점은 전쟁을 악하게 하는 것에 관한 그의 주목할 만한 입장과 연계되어 있다. 즉 전쟁을 악

---

10) *Against Faustus*, 22.75. 필립 워거만, 임성빈 역, 『기독교윤리학의 역사』(서울: 한국장로교출판사, 2000), 106쪽에서 재인용.
11) *City of God*, ed. Oates, Book XIX, p.488.

의 처벌을 위해서 하나님께서 선한 사람들을 사용하신 것으로 보는 것이다. 그가 말한 한 대목을 더 주목해 보자.

“전쟁에서 악이란 무엇인가? 어떻게든 곧 죽게 될 사람을 죽여서 다른 사람들이 평화롭게 살 수 있게 하는 것인가? 이것은 단지 겁쟁이처럼 혐오하는 것일 뿐 그 어떤 종교적 감정도 아니다. 전쟁에서의 진정한 악은 폭력을 즐기는 것(nocendi cupiditas)이요, 잔악한 복수심(ulciscendi crudelitas)과 격렬하고 식을 줄 모르는 적대감, 난폭한 저항, 그리고 권력에 대한 탐욕(libido dominandi)과 같은 것들이다.”[12]

정당전쟁론은 전쟁이 악행을 자행하는 것이라고 보거나 인간의 이익이나 생존을 위협하는 것이라고 생각하기 보다는, 오히려 영적인 관점을 유지하고 있으며 인간의 태도 교정이라는 교육적인 관점에서 바라보게 한다.

정당전쟁론에서는 합법적인 권위가 강조된다. 그런데 그 권위의 연원은 하나님에게로 거슬러 올라간다. 구약성서에 나오는 신의 섭리와 신비와 권능을 이루는 수단으로서의 전쟁은 ‘신의 명령’을 전제로 하는데, 세속 정부의 지도자도 대체로 자연과 세계의 질서 안에서 세워진다는 면에서 그 권위가 인정되는 것이다.

한 행위가 두 가지 결과를 갖게 되는 경우에 의도된 결과만이 도덕적으로 의미를 갖는다는 ‘이중효과의 원리’ 등으로 토마스 아퀴나

---

12) *Against Faustus*, 22.74. W. S. 뱁코크 저, 문시영 역, 『아우구스티누스의 윤리학』(서울: 서광사, 1998), 289쪽.

스에게도 계승, 발전되고 있는 정당전쟁과 관련되는 내용들은 결국 전쟁의 정당화 보다는 '마지막 수단'이나 '필요악' 차원에서 전쟁을 인정하는 수준에 머물러 있다. 역사적으로 살펴보면 전쟁에 관한 언급들은 시간이 지나면서 교회 및 정권 유지자들에 의해 더욱 정교화 및 확대되는 과정을 거쳤다고 할 수 있다.

3. 자크 엘룰의 폭력 이해

1) 엘룰의 생애 및 사상 개요

자크 엘룰(Jacques Ellul)은 1912년 1월 6일, 보르도에서 태어나 1994년 5월 19일 82세를 일기로 세상을 떠났다. 그의 아버지의 종교적 배경은 그리스정교였으나 철저한 볼테르주의자였고, 어머니는 신앙심 깊은 그리스도인이었지만 교회에는 나가지 않았기에 엘룰이 신앙적인 양육을 받았다고 할 수는 없다. 유년시절 그의 가정은 경제적으로 꽤 어려웠다고 한다. 역사학, 사회학, 법학 세 분야에서 박사학위를 취득했던 엘룰은 일생에 40권 이상의 저서를 통해 사회를 분석했는데, 그 중심 주제는 '기술에 의해 야기된 인간의 자유 및 기독교 신앙에 대한 위협'이었다. 현대사회에 있어서 기술이 지배적인 사회적 힘으로서 출현하였다는 사실을 파악하고, 기독교 신앙과 인간의 자유에 대한 위협에 대한 응답으로서의 기술에 대한 신학적 의미와 대안을 탐구했던 것이다.[13]

2) 폭력의 다섯 가지 법칙과 그 의미

엘룰이 언급한 폭력의 법칙은 다섯 가지인데, 오늘날의 폭력 및 전쟁 현상에도 적용되는 매우 설득력 있는 분석이라고 보인다. 엘룰이 말한 폭력의 첫 번째 법칙은 계속성이다. 즉 누군가 일단 폭력에서 출발하면 거기에서 떨어질 수가 없다는 것이다.[14) 폭력은 정치적, 사회적, 혹은 인간적 상황들을 단순화시키는 습관을 나타낸다. 하나의 습관이란 그 용어가 말해주듯 쉽게 파괴되어지는 것이 아니다. 어떤 사람이 한 번 폭력을 사용하기 시작했다면 그는 결코 그것을 끊을 수가 없게 된다. 여러 복합적인 이유가 있겠지만, 미국이 이라크를 자신 있게 공격할 수 있었던 주요한 요인 중 하나는 걸프전 등에서 드러난 무력 사용의 효과에 대한 확신이 작용하여 정치적, 사회적 판단이 매우 단순화 되었다고 볼 수 있다. 이를 계속적인 폭력 및 강제력의 사용이라는 측면에서 이해할 수 있을 것이다.

폭력의 두 번째 법칙은 상호성이다. 그것은 "칼을 쓰는 모든 사람은 칼로 망한다"(마태 26: 52)는 예수의 말씀에 표현되고 있다.[15) 이 구절과 관련하여 엘룰은 여기에서 '모든' 사람이라는 점이 지적되어야 한다는 것으로, 폭력은 좋은 의미로 쓰건 나쁜 의미로 쓰건 차이가 없다고 지적한다. 즉 식민주의자들의 폭력은 반식민주의자들의 폭력을 생산해 낸다는 것이다. 아래의 기사는 이라크 전쟁과 관련한

---

13) 정원범, 「자크 엘룰의 윤리사상」, 『현대기독교윤리학의 동향』(서울: 예영커뮤니케이션, 1997), 261~264쪽 참조.

14) 자크 엘룰, 최종고 역, 『폭력: 기독교적 반성과 전망』(서울: 현대사상사, 1974), 111쪽.

15) 자크 엘룰, 최종고 역, 앞의 책, 112쪽.

내용인데, 폭력의 계속성과 상호성을 잘 보여주고 있다.

이라크 주둔 미군 사망자가 7일전(현지시각) 1,000명을 넘어선 가운데, 이라크 전역의 저항세력의 전투가 격화되고 있다. 수도 바그다드 내 시아파 근거지인 사드르시티와 수니파 거점인 이라크 중부 도시 팔루자에서 각각 6일과 7일부터 대규모 교전이 이어져 400여명의 사상자가 발생했다. 미군이 전차 등을 동원한 사드르시티 전투에서는 저항세력 등 40여 명이 사망하고 부상했다. 미군은 7일 팔루자에 공중 폭력과 전차를 이용한 공격을 벌였다. 이로 인해 100여 명이 숨진 것으로 보인다고 AFP통신이 보도했다. 두 도시에서 민간인 다수가 사망 한 것으로 알려져, 인명 피해는 더 늘 것으로 보인다. 바그다드 시내에서는 바그다드 주지사를 노린 차량폭탄 공격이 발생했으며, 북부서도 저항세력의 공격이 이어졌다. 영국 공영방송 BBC 등 외신은 이번 사드르시티 교전은 나자프 대신 이 지역을 기반으로 재편하려는 과격 시아파 지도자 무크타다 알 사드르와 이를 묵과하지 않으려 충돌한 것이라고 분석했다. 또 미군의 7일 팔루자 공격은 전날 공격으로 미군 7명 희생에 대한 보복이라는 분석이다.[16]

폭력의 세 번째 법칙은 동일성이다. 여기서 엘룰은 정당한 폭력과 부정당한 폭력, 해방시키는 폭력과 예속시키는 폭력 사이에 아무런 구별을 할 수 없다는 점을 강조하고 있다.[17] 폭력은 어느 것이나 다른 폭력과 동일 한 것이다. 이는 매우 중요한 인식이다. 경찰의 폭력이나 혁명군의 폭력, 자본가들의 노동자를 향한 폭력 등 모든 종류

---

16) 『조선일보』 2004년 9월 8일자.
17) 자크 엘룰, 최종고 역, 앞이 책, 115쪽.

의 폭력은 일단 같은 것이다. 즉 폭력 자체는 본질적으로 모두 같다는 인식이다. 엘룰은 심리적인 폭력도 역시 동일성의 법칙에 종속된다고 보고 있다. 특히 국가들이 취하고 있는 모든 심리적 폭력은 폭력 중에 가장 극악한 것이다. 그것은 한 인간 전체를 사로잡고 그가 알지도 못하는 사이에 거세를 행하기 때문이다. 폭력은 이러한 모든 사실들을 의미하며, 폭력 가운데도 차별이 있다고 주장하는 것은 문제를 회피하기 위한 것이라고 볼 수 있다.

폭력은 오만(hubris)이요, 분노요, 광기(狂氣)이다. 폭력에는 대(大) 폭력이니 소(小)폭력이니 하는 것이 없다. 폭력은 단일체이며, 항상 동일한 것이다. 이 점에 있어서 또한 예수는 진실을 보여주었다. 그는 동료 인간을 죽이는 것이나 그에게 화를 내거나 모욕하는 것이나 차이가 없다고 선언하였기 때문이다.(마태 5: 21-22)

폭력의 네 번째 법칙은, 폭력은 폭력을 낳는 것이지 다른 아무것도 아니라는 점이다.[18] 폭력은 거짓의 방법을 능가함을 설명하려는 것이다. 역설적으로 대부분의 전쟁을 야기하는 사람들의 주장에는 폭력이란 수단을 통해 좋은 결과를 도출할 수 있다는 식의 무언가 공리주의적 계산이 담겨 있다. 많은 이들이 그런 이론으로 무장되어 있으며, 많은 경우 설득의 중요한 방법론 중의 하나이기도 하다. 폭력의 네 번째 법칙은 이라크 전쟁에서도 분명하게 드러나고 있다.

이라크 내 교도소에서 발생한 미군의 이라크 포로에 대한 가혹행위

---

18) 자크 엘룰, 최종고 역, 앞의 책, 119쪽.

장면을 담은 사진들이 연 3주째 지구촌을 충격으로 몰아넣었다. 그런데 지난 11일에는 이에 대한 보복이라며 아랍 테러리스트들이 바그다드에서 미 민간인 1명의 목을 베는 끔찍한 장면이 인터넷으로 공개됐다. 세계는 경악했고, 한창 달아오르던 미군에 비판 여론은 주춤하고 비난의 화살은 테러리스트들에게 집중됐다. 심지어 아랍 언론은 "왜 쓸데없는 행동을 했나"라는 비판이 비등했다. 그러나 다음날인 12일 미 의원들은 그동안 공개되지 않았던 이라크 포로 학대 사진을 공개로 관람하고 경악을 금치 못했다. '더 잔혹한' 사진들의 공개 여부를 놓고 미 의원들은 고민에 빠져 있다. 이런저런 이유로 인해 재선을 반년 가량 남겨둔 조지 부시에 대한 지지율은 사상 최저인 46% 수준으로 급락했다.[19]

폭력의 다섯 번째 법칙은 폭력을 사용하는 사람은 항상 폭력과 자기 자신을 '정당화' 하려고 애쓴다는 점이다.[20] 폭력은 원래 매력 없는 것이기 때문에 모든 사용자들은 사람들로 하여금 그것이 도덕적으로 정당하게 보장 받은 것이라고 장황한 설명을 늘어놓아 왔다. 실제의 예를 부아도 이는 사실로 드러난다. 미국은 이라크를 공격하면서 대량 화학 살상무기, 핵무기 보유 가능성 차단 등을 이유로 내놓은 바 있다. 북한에 대해서도 '악의 축'이라는 표현을 한동안 사용한 바 있다. 이외에도 전쟁을 일으키는 사람들은 여러 가지 이유를, 때로는 미사여구를 동원하여 설득하고 있음을 볼 수 있다.

---

19) 『조선일보』 2004년 5월 14일사.
20) 자크 엘룰, 최종고 역, 앞의 책, 123쪽.

4. 기독교현실주의적 인식의 필요성

현실주의는 다양한 정의와 설명이 가능하며, 일반적으로 정치적·사회적 상황에 있어서의 모든 요소들이 자기 이익과 권력이라는 요소에 의해 기존의 규범들에 대해 저항하는 경향성을 나타내고 있음을 가리키는 말로 쓰일 때가 많다.[21] 어떤 면에서 현실주의는 감상주의와 이상주의에 대한 비판과 견제를 목표로 하고 있는데, 특히 라인홀드 니버(Reinhold Niebuhr)의 기독교현실주의는 마르크스주의의 사회과학적 비판에서 한 단계 더 나아가 인간의 근본적인 문제를 지적하는 철학적·신학적 차원의 현실주의라고 할 수 있다. 특히 니버는 여러 사회적 문제에 있어서 한 개인의 이기심뿐 아니라 집단과 관련된 이해관계가 첨예하게 작용하고 있음을 간파하고 있는 것이다. 그런데 니버의 사회비판과 통찰력의 근원에는 항상 성서적 인간론이 자리 잡고 있음을 간과해서는 안 된다. 니버 하면 연상되는 '불가능한 가능성'이란 변증법적인 용어로 대표되는 그의 신학적 인간이해는 현실주의적 사회 비판과 이해의 기저가 되고 있다는 점을 간과해서는 안 된다. 지구촌에서 계속되고 있는 전쟁과 폭력의 문제를 어떻게 받아들여야 할 것인가? 결국 이 문제를 종식시키기 위해서는 '인간이란 무엇인가'라는 근원적인 질문으로 돌아가는 수순을 거쳐야 한다. 이 문제가 풀리지 않는다면 전쟁 극복과 평화에 관한 대답도 제대로 얻을 수가 없다. 이 세상은 '사랑'을 필요로 하고 있다.

---

21) D. Meyer, *The Protestant Search for Political Realism 1919-1941*(Connecticut Wesleyan Univ. Press, 1960), p.221.

　　그런데 사랑의 이상을 실현가능한 상호애에 두게 되면 그 사랑은 변질되거나 타락되므로, 사랑의 이상을 절대적 사랑인 '아가페' 사랑에 두어야 한다는 라인홀드 니버의 지적에 귀를 기울여 볼 필요가 있다. 전쟁, 폭력에 관한 입장 역시 처음부터 폭력과 전쟁의 정당성을 인정 지지하는 입장에 서게 되면, 기독교적 인간의 가치와 예수의 정신을 실현하는 것은 완전히 불가능해지고 말 것이다. 필자는 이런 면에서 하나의 절대적인 이상으로서 비폭력주의나 평화주의를 지지하는 것은 의미 있는 일이라고 본다. 연장선상에서 자크 엘룰이 지적한 폭력의 분석에 대한 틀을 갖고 '전쟁'을 바라보며 오늘날의 문제를 분석해 보는 것도 매우 의미 있는 시도라고 볼 수 있을 것이다.

　　그러나 이런 차원에서만 답을 찾을 수는 없다. 인간의 본성을 되돌아 보게 될 때 인간의 도덕적 관계에 기인해 악이 필연적으로 존재함을 인정하지 않을 수 없으며, 이를 다스릴 수 있는 권력과 통제의 필요성을 제시하지 않을 수 없다. 신학적, 철학적으로 현실주의적 안목이 요청되는 것이다. 결국, 기독교현실주의적인 입장에 서게 될 때 우리는 패배주의에 빠지지도 않고 세속주의에 물들지도 않는 건전한 통전적인 시각을 제시할 수 있을 것으로 보인다. 이제 좀 더 냉철한 현실의 분석과 판단을 통해 지구 공동체 전체에 미치는 폭력과 전쟁을 바라보며, 그 근원에 자리 잡고 있는 여러 문제들을 추적해 가면서 이를 극복하기 위한 힘의 균형을 추구해가야 할 것이다.

참고문헌

이장형, 『라인홀드 니버의 사회윤리 구상과 인간이해』, 서울: 선학사, 2002.
임성빈 외 저, 『현대기독교윤리학의 동향』, 서울: 예영커뮤니케이션, 1997.
로버트 L. 애링턴, 김성호 역, 『서양윤리학사』, 서울: 서광사, 2003.
롤즈, 황경식 역, 『사회정의론』, 서울: 서광사, 1977.
자크 엘룰, 최종고 역, 『폭력』, 서울: 현대사상사, 1998.
제임스 레이첼즈, 황경식 외 역, 『사회윤리의 제문제』, 서울: 서광사, 1977.
존 준커먼 · 데케이 마사카즈, 홍한별 역, 『권력과 테러』, 서울: 양철북, 2003.
한국기독교학회 역, 『한국기독교 신학논총』 Vol. 26, 서울: 대한기독교서회, 2002.
W.S. 뱁코크, 문시영 역, 『아우구스티누스의 윤리학』, 서울: 서광사, 1998.
Harry R. David and Robert C. Good, *Reinhold Niebuhr On Politics*, Charles Scribner's Sons, New York, 1960.
Kyle A. Pasewark, *A theology Of Power*, Minneapolis, 1993.
Roger G. Bestworth, *Social Ethics. Louisville*, Westminster / John Knox Press, 1990.